中国能源发展报告 2013

中国能源研究会

中国电力出版社
CHINA ELECTRIC POWER PRESS

图书在版编目（CIP）数据

中国能源发展报告．2013 / 中国能源研究会编．—北京：中国电力出版社，2013.6
ISBN 978-7-5123-4518-8

Ⅰ．①中…　Ⅱ．①中…　Ⅲ．①能源发展－研究报告－中国－2013　Ⅳ．①F426.2

中国版本图书馆CIP数据核字（2013）第116783号

中国电力出版社出版、发行
(北京市东城区北京站西街19号　100005　http：//www.cepp.sgcc.com.cn)
北京瑞禾彩色印刷有限公司印刷
*
2013年6月第一版　2013年6月北京第一次印刷
787毫米×1092毫米　16开本　13.5印张　206千字
定价498.00元

本书编委会

本书编写组

组　长　林卫斌

副组长　傅　强　李宏军

成　员　（按姓氏笔画排序）

王怀明　王宝乐　毛锡书　任静仪　刘　岩
刘文娟　刘淑琴　李　勇　李　靖　李建伟❶
李建伟❷　李润生　李雅雯　李瑞峰　杨紫馨
佟明冬　辛耀旭　张　克　张　蕾　张生玲
陈卫东　陈新华　郑新刚　赵克宇　施发启
夏健全　殷　立　谢丽娜　熊　伟

感谢美国能源基金会对本书出版的支持。

❶ 神华集团有限责任公司。
❷ 国家核电技术公司。

前言

2012年，国内经济增速放缓，能源需求回落，供需形势总体宽松。全年一次能源消费总量36.2亿吨标准煤，同比增长3.9%；一次能源生产总量为33.3亿吨标准煤，同比增长4.8%。能源结构调整呈现积极向好的势头，全年非化石能源占一次能源生产总量比重达到10.5%，比2011年提高1.7个百分点。

《中国能源发展报告2013》共分四篇，包括能源消费、能源投资与建设、能源生产与供应、能源价格与绩效，试图从客观准确的数据入手，以简要入理的分析，全面反映2012年中国能源发展的总体情况。

本报告在编写、出版过程中，得到了政府有关部门、能源企业和专家学者的支持与关注，在此表示衷心感谢。由于种种原因，报告难免有不足或疏漏之处，敬请谅解。

编　者

2013年6月

目录

第一篇 能源消费

2012年，中国[1]能源消费总量36.2亿吨标准煤，同比增长3.9%。其中，煤炭消费量35.15亿吨，同比增长2.5%；原油消费量4.66亿吨，同比增长6.0%；天然气消费量1480亿米^3，同比增长13.4%；非化石能源消费量3.46亿吨标准煤，同比增长24.5%。全社会用电量49591亿千瓦·时，同比增长5.5%。

2012年中国各能源品种消费量与增长率

项目	2011年	2012年	增长率（%）
能源消费总量（亿吨标准煤）	34.8	36.2	3.9
煤炭（亿吨）	34.3	35.2	2.5
原油（亿吨）	4.4	4.66	6.0
天然气（亿米^3）	1305.3	1480	13.4
非化石能源（亿吨标准煤）	2.78	3.46	24.5
全社会用电量（亿千瓦·时）	47026	49591	5.5

数据来源：2011年数据来自《中国能源统计年鉴2012》，2012年数据（不包括非化石能源）根据《2012年国民经济和社会发展统计公报》增长率计算得到，非化石能源2012年消费量为预计数。

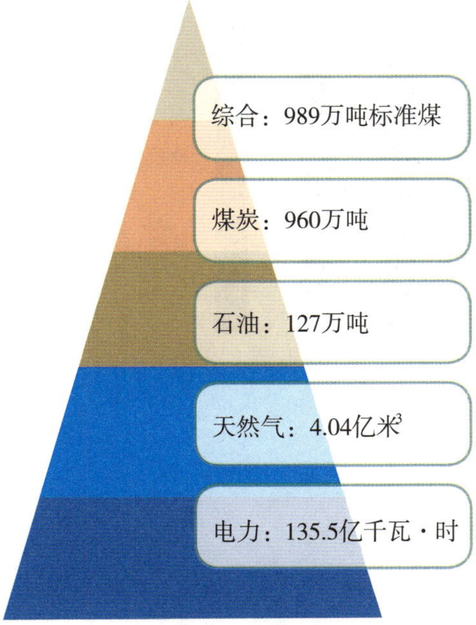

2012年中国日均能源消费

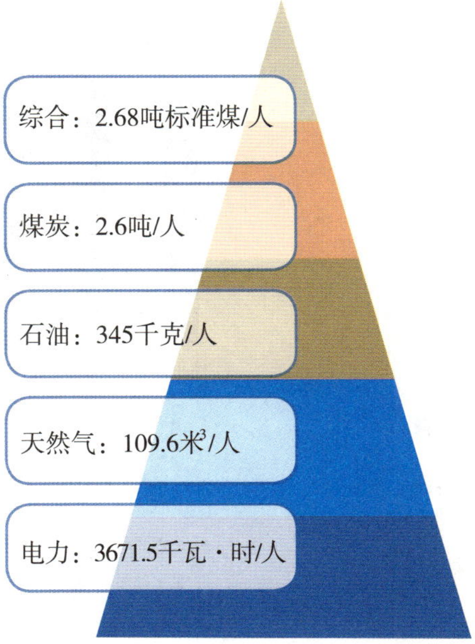

2012年中国人均能源消费

[1] 本书中除特别指明，中国的数据均为中国内地数据，不含港、澳、台数据。

第一章 综合能源消费

一、能源消费总量超36亿吨标准煤，增速明显回落

如图1-1所示，2012年中国能源消费总量36.2亿吨标准煤，比2011年增加1.4亿吨标准煤，同比增长3.9%，增长率比2011年回落了3.2个百分点，为2006年以来第二个增速较低的年份（2008年最低）。2012年，中国人均能源消费2.68吨标准煤，比2011年增加0.09吨标准煤；日均能源消费989万吨标准煤，比2011年增加36万吨标准煤。

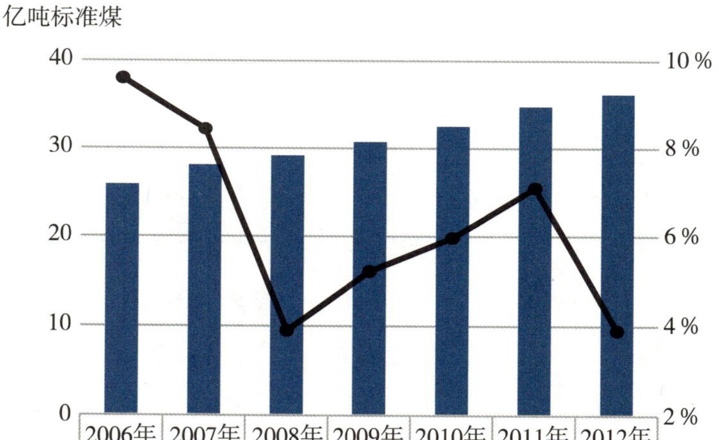

	2006年	2007年	2008年	2009年	2010年	2011年	2012年
■ 能源消费总量（亿吨标准煤）	25.87	28.05	29.14	30.66	32.49	34.80	36.20
—●— 增长率（%）	9.6	8.4	3.9	5.2	6.0	7.1	3.9

图1-1　2006～2012年能源消费总量与增长率

数据来源：2006～2011年数据来自《中国能源统计年鉴2012》，2012年数据来自《2012年国民经济和社会发展统计公报》。

根据英国石油公司（BP）2012年6月公布的BP Statistical Review of World Energy 2012中的统计数据，2011年中国一次能源消费总量为37.33亿吨标准煤（或26.13亿吨标准油），排名世界第一，占世界一次能源消费总量的21.3%，比2010年上升了1个百分点，较世界排名第二的美国高2.8个百分点，如表1-1所示。

表1-1　2006～2011年世界及主要国家一次能源消费量　单位：亿吨标准煤

国家/地区	2006年	2007年	2008年	2009年	2010年	2011年	2011年占比（%）
世界	157.83	162.11	164.18	162.73	171.11	175.35	100.0
OECD国家	81.05	81.69	80.87	76.98	79.61	78.97	45.0
非OECD国家	76.78	80.42	83.31	85.75	91.50	96.38	55.0
中国	26.17	27.87	29.17	31.58	34.33	37.33	21.3
美国	33.32	33.90	33.15	31.51	32.54	32.42	18.5
俄罗斯	9.58	9.63	9.70	9.21	9.55	9.79	5.6
印度	5.46	5.94	6.37	6.97	7.44	7.99	4.6
日本	7.54	7.47	7.36	6.77	7.19	6.82	3.9
加拿大	4.60	4.68	4.68	4.49	4.51	4.72	2.7
德国	4.85	4.63	4.67	4.39	4.61	4.38	2.5
巴西	3.04	3.22	3.37	3.35	3.69	3.81	2.2
韩国	3.18	3.31	3.38	3.39	3.65	3.76	2.1
法国	3.70	3.67	3.68	3.49	3.60	3.47	2.0
伊朗	2.70	2.79	2.87	3.04	3.19	3.27	1.9
沙特阿拉伯	2.25	2.35	2.55	2.66	2.89	3.10	1.8
英国	3.22	3.12	3.07	2.91	2.99	2.83	1.6
墨西哥	2.35	2.41	2.44	2.38	2.43	2.48	1.4
意大利	2.64	2.60	2.58	2.40	2.47	2.41	1.4
印度尼西亚	1.74	1.85	1.76	1.91	2.13	2.12	1.2
西班牙	2.22	2.28	2.22	2.07	2.13	2.08	1.2
南非	1.65	1.74	1.81	1.73	1.78	1.80	1.0

注：OECD，即经济合作发展组织（Organization for Economic Co-operation and Development）。
数据来源：根据 BP Statistical Review of World Energy 2012中相关数据折算。

从人均能源消费量来看，2012年中国人均能源消费量为2.68吨标准煤/人，而根据BP统计数据，2011年中国人均能源消费量为2.59吨标准煤/人，已略高于世界平均水平（2.50吨标准煤）；在“金砖国家”中，高于巴西、印度，低于俄罗斯，如图1-2所示。

另外，2012年中国人均能源消费2.68吨标准煤/人，与IEA（International Energy Agency，国际能源署）公布的2010年世界人均能源供应量相当。如表1-2所示，2010年世界人均能源供应量为2.66吨标准煤/人，人均能源供应量超过10吨标准煤/人的国家有加拿大和美国，分别为10.55吨标准煤/人和10.05吨标准煤/人，同期中国人均能源供应量为2.59吨标准煤/人，仅为同期美国人均能源供应量的25.8%。

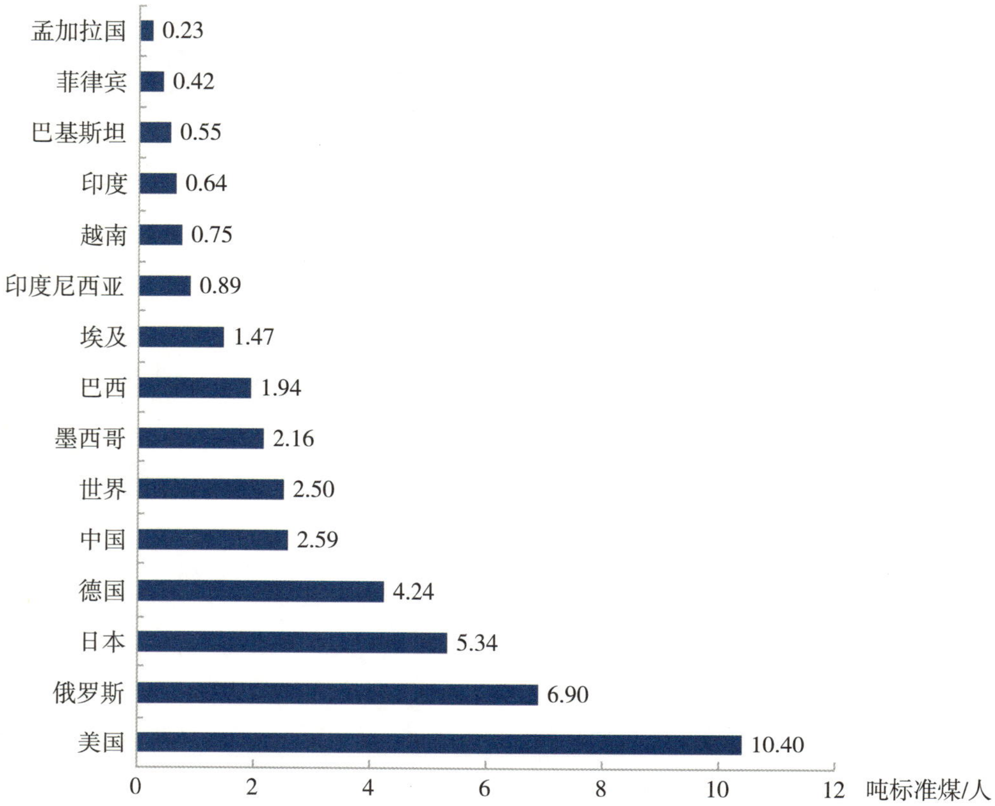

图1-2　2011年世界部分国家人均能源消费量比较

数据来源：根据《BP世界能源统计2012》、联合国人口统计数据库、《中国统计年鉴2012》、《2012年国民经济和社会发展统计公报》中相关数据计算得到。

表1-2　　2006～2010年世界及主要国家和地区人均能源供应量　　单位：吨标准煤/人

国家/地区	2006年	2007年	2008年	2009年	2010年
世界	2.57	2.60	2.61	2.57	2.66
OECD国家	6.63	6.64	6.41	6.10	6.27
加拿大	11.81	11.80	11.44	10.62	10.55
美国	11.06	11.06	10.71	10.06	10.05
比利时	8.26	7.67	7.82	7.56	7.99
澳大利亚	8.44	8.41	8.64	8.12	7.90
瑞典	8.07	7.81	7.65	6.98	7.81
韩国	6.40	6.55	6.67	6.72	7.31
荷兰	7.00	7.00	6.92	6.76	7.17
法国	6.16	5.91	5.94	5.61	5.78

续表

国家/地区	2006年	2007年	2008年	2009年	2010年
德国	6.05	5.78	5.83	5.53	5.72
日本	5.90	5.76	5.55	5.29	5.57
瑞士	5.33	4.82	4.95	4.94	4.81
英国	5.45	4.92	4.85	4.56	4.65
以色列	4.23	4.31	4.30	4.11	4.29
意大利	4.47	4.31	4.20	3.91	4.02
西班牙	4.69	4.58	4.35	3.96	3.96
墨西哥	2.42	2.38	2.42	2.32	2.35
非OECD国家	1.59	1.64	1.69	1.70	1.77
沙特阿拉伯	8.63	8.76	8.41	8.41	8.81
俄罗斯	6.73	6.76	6.93	6.51	7.07
中国台湾	6.57	6.87	6.59	6.37	6.73
伊朗	3.66	3.90	4.03	4.16	4.03
南非	3.89	4.01	4.33	4.19	3.91
委内瑞拉	3.21	3.30	3.59	3.53	3.81
中国香港	2.77	2.96	2.90	3.04	2.79
阿根廷	2.67	2.66	2.76	2.66	2.64
中国	2.01	2.13	2.24	2.41	2.59
泰国	2.14	2.21	2.26	2.23	2.43
巴西	1.70	1.77	1.86	1.77	1.94
埃及	1.16	1.20	1.31	1.29	1.29
印度尼西亚	1.16	1.20	1.14	1.20	1.24
印度	0.73	0.76	0.79	0.83	0.84

数据来源：根据《中国能源统计年鉴2012》中有关数据折算。

如图1-3所示，尽管中国的能源消费总量位居世界前列，占世界一次能源消费总量的21.3%，但由于中国人口数占世界人口总数的比重接近20%，人均能源供应量仅相当于世界平均水平。2010年中国的人均能源供应量为美国的25.8%，为OECD国家平均水平的40.8%，在“金砖国家”中低于俄罗斯和南非，高于巴西和印度。

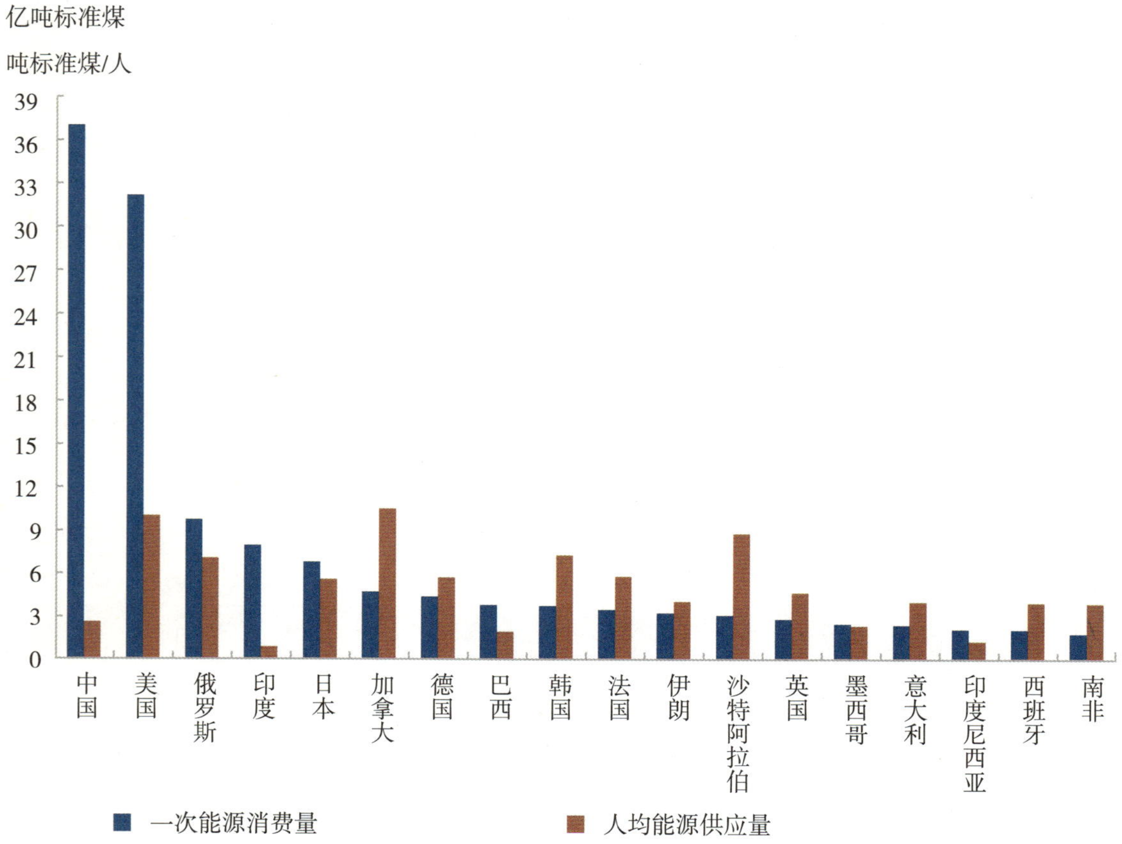

图1-3 部分国家一次能源消费量与人均能源供应量

数据来源：一次能源消费量为2011年数据，根据BP Statistical Review of World Energy 2012中相关数据折算；人均能源供应量为2010年数据，根据IEA统计数据折算。

二、煤炭消费增速放缓，结构有所优化

2012年，中国能源消费总量增速回落至3.9%，主要原因是煤炭消费增长率（2.5%）明显放缓，但天然气、石油和非化石能源消费仍保持了较快的增长，其中天然气消费增长13%，原油消费增长6%，非化石能源消费增长24.5%。天然气、石油、非化石能源增速高于能源消费总量增速，而煤炭消费增速小于能源消费总量增速，这意味着在能源消费结构中，天然气、石油、非化石能源消费比重有所提高，而煤炭比重则有所下降，结构有所优化。根据各能源品种消费量增长率初步测算，2012年中国能源消费总量中，煤炭占比66.2%，比2011年下降了2.2个百分点，石油和天然气分别占能源消费总量的18.8%和5.4%，分别提高了0.2个和0.4个百分点，水电、核电和风电等非化石能源消费量占能源消费总量的比重为9.6%，提高了1.6个百分点，如图1-4所示。

纵观全球一次能源消费结构，中国以煤为主导的能源消费结构特征十分明显。如图1-5所示，世界煤炭消费量占一次能源消费总量的比重不到1/3，这一比重在美国、日本和俄罗斯均不到25%，在中国却占到了70.4%。世界一次能源消费以油、气为主，占到56.8%，俄罗斯油、气消费比重更占到了75.5%，而

在中国，这一比重仅为22.2%，特别是天然气消费比重仅为4.5%，大大低于世界平均水平（23.7%）。非化石能源方面，中国的非化石能源消费比重低于世界平均水平（12.9%），主要是由于核电比重较低，仅为0.7%，较世界平均水平低4.2个百分点。

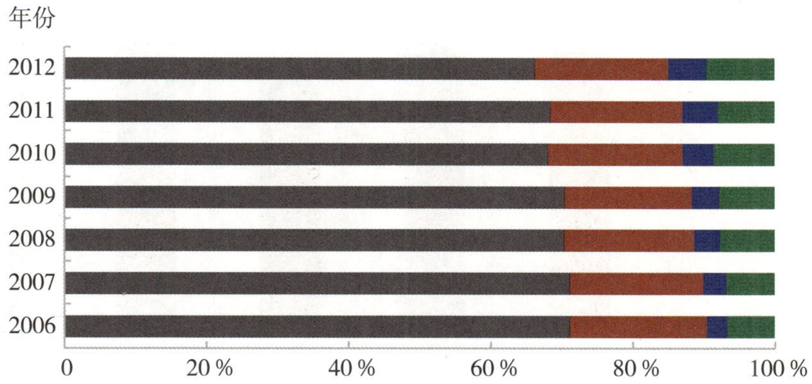

	2006年	2007年	2008年	2009年	2010年	2011年	2012年
煤炭（%）	71.1	71.1	70.3	70.4	68.0	68.4	66.2
石油（%）	19.3	18.8	18.3	17.9	19.0	18.6	18.8
天然气（%）	2.9	3.3	3.7	3.9	4.4	5.0	5.4
其他（%）	6.7	6.8	7.7	7.8	8.6	8.0	9.6

图1-4　2006～2012年中国一次能源消费结构

数据来源：2006～2011年数据来自《中国能源统计年鉴2012》，2012年数据为预计数。

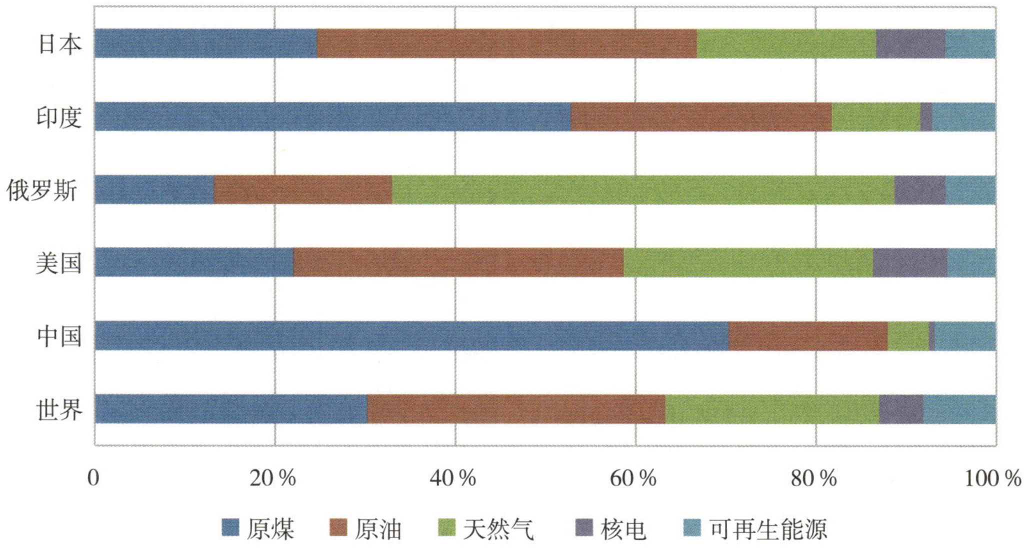

图1-5　世界及主要国家一次能源消费结构

数据来源：BP Statistical Review of World Energy 2012。

从终端能源消费看，按照IEA的统计口径，2010年煤炭在中国终端能源消费中所占的比重接近33.9%，而同期世界平均水平不到10%，在美国则仅为1.8%。按热当量核算，油、气在世界终端能源消费中占主导地位，2010年世界终端能源消费中油气所占比重为56.3%，在美国为71.2%，在中国仅为28.2%，如图1-6所示。

	世界	中国	美国	印度	俄罗斯
其他（%）	16.2	18.3	5.2	37	26.2
电力（%）	17.7	19.6	21.8	13.4	14
天然气（%）	15.2	3.8	21.3	5	32.1
石油（%）	41.1	24.4	49.9	28.1	23.3
煤炭（%）	9.8	33.9	1.8	16.6	4.4

图1-6　2010年分品种终端能源消费结构国际比较

注：其他能源包括热力、地热能、生物质能和垃圾。

数据来源：IEA，Energy Balances of OECD Countries 2012，Energy Balances of non-OECD Countries 2012。

三、地区间能源消费差异较大

分地区看，中国的能源消费主要集中在东部地区重工业较为发达的省份。2011年能源消费总量排名前六名的省份分别是山东、河北、广东、江苏、河南和辽宁，这些地区的能源消费总量都超过了2亿吨标准煤。海南、青海、宁夏、甘肃、江西和北京排在后六位，其能源消费总量均低于7000万吨标准煤。能源消费总量最大的山东是能源消费总量最小的海南的23倍[1]。

如图1-7所示，从人均能源消费量看，2011年人均能源消费量在4吨标准煤/人以上的省份有9个，相比2010年增加了新疆和河北；排名后四位的是江西、安徽、海南和广西，这些省份2011年的人均能源消费量在2吨标准煤/人以下。能源消费总量排名第一的山东，其人均能源消费量排名第十。

[1] 由于数据缺失，部分中国分地区能源消费分析中没有西藏相关数据。

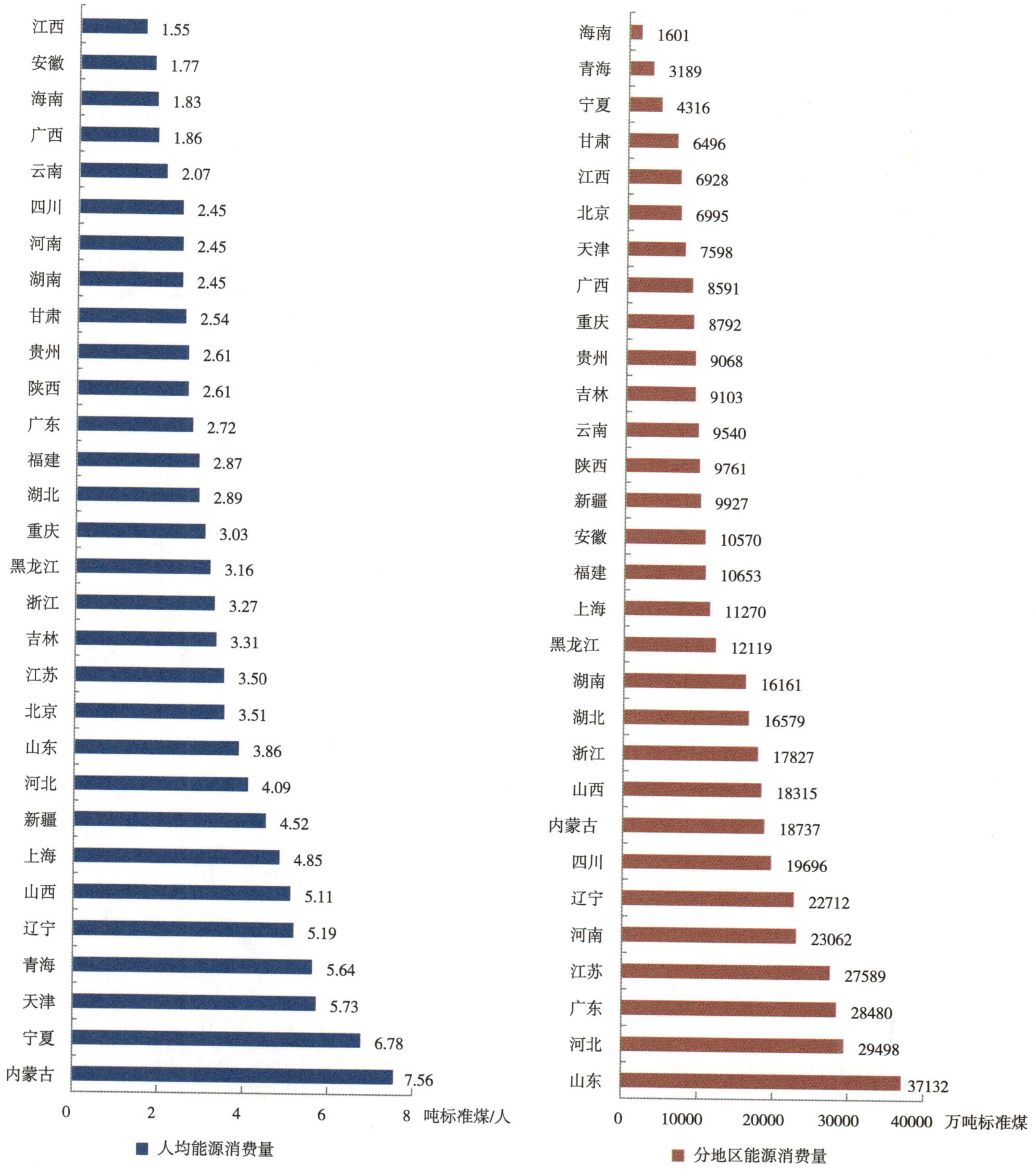

图1-7 2011年中国分地区能源消费量与人均能源消费量

数据来源：能源消费量数据来自《中国能源统计年鉴2012》，人口数来自《中国统计年鉴2012》，人均能源消费量根据相关数据计算得到。

四、工业用能占主导，六大高耗能行业占比超50%

分行业看，中国能源消费主要集中在工业领域，多年来工业用能占能源消费总量的比重始终在七成以上，2011年为70.8%，较2010年下降了0.6个百分点，其中，钢铁、化工、建材、电力、石油加工和有色六大高耗能行业占能源消费比重总量超过50%，如表1–3所示。2011年，第一产业、第三产业和居民生活能源消费量占能源消费总量的比重分别为1.9%、14.8%和10.7%。

表1–3　2006～2011年中国分行业能源消费结构　单位：%

行业	2006年	2007年	2008年	2009年	2010年	2011年
农、林、牧、渔、水利业	2.4	2.2	2.1	2.0	2.0	1.9
工业	71.5	71.5	71.8	71.5	71.4	70.8
采掘业	5.5	5.4	5.9	5.7	5.7	5.8
制造业	58.5	58.8	59.1	58.9	58.3	57.6
纺织业	2.4	2.3	2.2	2.0	1.9	1.8
石油加工、炼焦及核燃料加工业	4.8	4.8	4.7	5.0	4.9	4.9
化学原料及化学制品制造业	10.0	10.2	9.9	9.4	9.6	10.0
非金属矿物制品业	8.8	8.2	8.7	8.8	8.5	8.6
黑色金属冶炼及压延加工业	17.3	17.9	17.8	18.4	17.7	16.9
有色金属冶炼及压延加工业	3.4	3.9	3.9	3.7	4.0	4.0
金属制品业	1.0	1.0	1.0	1.0	1.1	1.0
通用设备制造业	0.9	0.9	0.9	1.0	1.0	1.1
交通运输设备制造业	0.9	0.9	0.9	1.0	1.2	1.1
电力、煤气及水生产和供应业	7.5	7.3	6.9	6.9	7.4	7.5
建筑业	1.5	1.5	1.3	1.5	1.6	1.7
交通运输、仓储和邮政业	7.8	7.8	7.9	7.7	8.0	8.2
批发、零售业和住宿、餐饮业	2.1	2.0	2.0	2.1	2.1	2.2
其他行业	4.0	4.0	4.0	4.1	4.2	4.4
生活消费	10.7	11.0	10.9	11.0	10.6	10.7

数据来源：根据《中国能源统计年鉴2012》中数据计算。

以工业为主导的能源消费结构还体现在终端能源消费中[1]。如图1–8所示，在中国终端能源消费[2]中，工业所占比重为47.1%，而工业用能占终端能源消费总量的比重，世界平均水平为27.9%，在美国仅为18.7%。

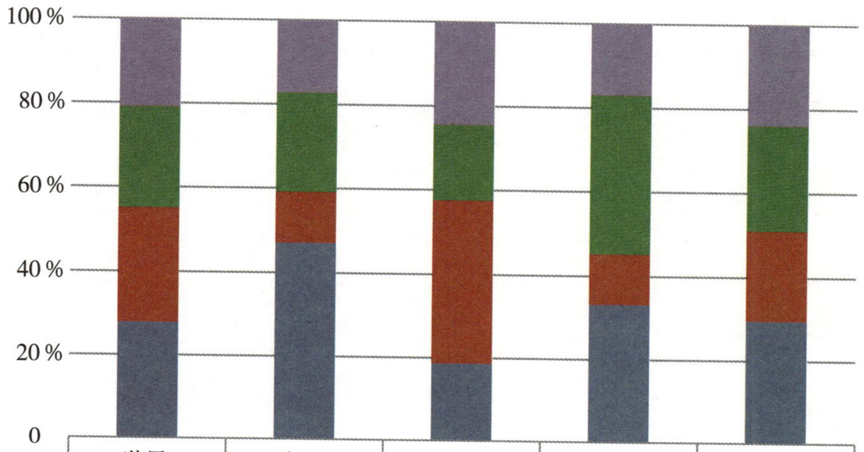

	世界	中国	美国	印度	俄罗斯
其他（%）	20.9	17.3	24.5	17	23.9
居民生活（%）	23.9	23.5	17.9	37.7	25.0
交通（%）	27.3	12.1	38.9	12.1	21.6
工业（%）	27.9	47.1	18.7	33.2	29.5

图1–8　2010年分行业终端能源消费结构国际比较

注："其他"为除工业、交通、居民生活外的其他终端能源消费。

数据来源：IEA，Energy Balances of OECD Countries 2012，Energy Balances of non–OECD Countries 2012。

五、能耗强度下降3.5%，节能减排成效明显

2012年，中国能源消费弹性系数为0.5，较2011年回落0.26；能耗强度下降3.5%，降幅较2011年增加1.5%。按照2010年价格计算，2012年每万元GDP能源消费量为0.765吨标准煤（如表1–4所示）。按照"十二五"规划中提出的能耗强度下降16%的目标，平均每年能耗强度需要降低3.4%，2012年能耗强度下降幅度基本满足规划目标（如图1–9、图1–10所示）。

"十一五"以来，中国实施节能减排的战略举措，2005～2010年能耗强度累计下降19%，年均下降4%，基本实现了"十一五"既定的能耗强度下降20%的目标。在"十二五"开局之年，能源消费弹性系数出现反弹，能耗强度下降幅度仅为2%。2012年，节能减排的各项指标出现好转，能源消费弹性系数重新回落，能耗强度降幅增大。

[1] 按照IEA的统计口径，中国的终端能源消费量占能源消费总量的比重为63%，这一比重的世界平均水平为68%左右，在美国也是68%。

[2] IEA统计的终端能源消费不包括能源部门自身的能源消费。

表1–4　　2001～2012年中国每万元GDP能源消费量

价格标准	年份	能源消费总量(吨标准煤/万元)	煤炭(吨/万元)	焦炭(吨/万元)	石油(吨/万元)	原油(吨/万元)	燃料油(吨/万元)	电力(万千瓦·时/万元)
GDP按2000年可比价格计算	2000	1.47	1.42	0.11	0.23	0.21	0.04	0.14
	2001	1.40	1.35	0.11	0.21	0.20	0.04	0.14
	2002	1.36	1.30	0.11	0.21	0.19	0.03	0.14
	2003	1.43	1.40	0.12	0.21	0.19	0.03	0.15
	2004	1.50	1.46	0.13	0.22	0.20	0.03	0.15
	2005	1.49	1.47	0.16	0.21	0.19	0.03	0.16
GDP按2005年可比价格计算	2005	1.28	1.25	0.14	0.18	0.16	0.02	0.13
	2006	1.24	1.22	0.13	0.17	0.15	0.02	0.14
	2007	1.18	1.15	0.12	0.15	0.14	0.02	0.14
	2008	1.12	1.08	0.11	0.14	0.14	0.01	0.13
	2009	1.08	1.04	0.11	0.13	0.13	0.01	0.13
	2010	1.03	0.99	0.11	0.14	0.14	0.01	0.13
GDP按2010年可比价格计算	2010	0.81	0.78	0.08	0.11	0.11	0.01	0.10
	2011	0.79	0.78	0.09	0.10	0.10	0.01	0.11
	2012	0.77	—	—	—	—	—	—

数据来源：《中国能源统计年鉴2012》。

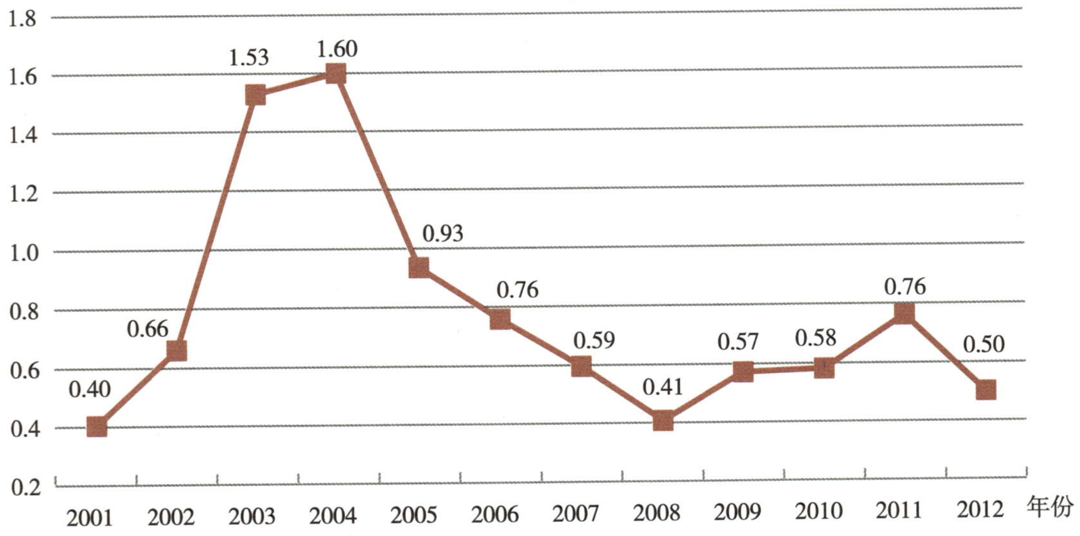

图1–9　2001～2012年中国能源消费弹性系数

数据来源：2006～2011年数据来自《中国能源统计年鉴2012》，2012年数据根据《2012年国民经济和社会发展统计公报》中相关数据计算得到。

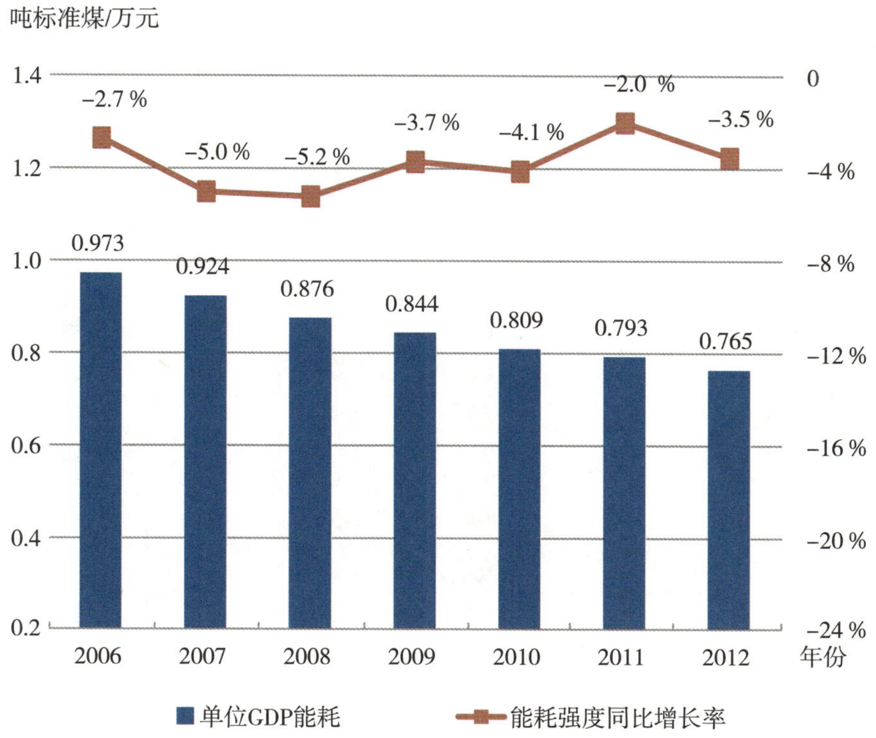

图1-10 2006～2012年中国单位GDP能耗及能耗强度增长率

注：GDP按2010年可比价格计算。

数据来源：2006～2011年数据来自《中国统计年鉴2012》，2012年数据根据《2012年国民经济和社会发展统计公报》中相关数据计算得到。

分地区看，根据国家发展和改革委员会发布的“各地区2012年1～10月节能目标完成情况晴雨表”，与“十二五”节能工作进度要求相比较，海南、云南、甘肃、青海、宁夏、新疆等6个地区预警等级为一级，内蒙古、广西等2个地区预警等级为二级，北京、天津、河北、山西、辽宁、吉林、黑龙江、上海、江苏、浙江、安徽、福建、江西、山东、河南、湖北、湖南、广东、重庆、四川、贵州、陕西等22个地区预警等级为三级，如表1-5和图1-11所示。

表1-5　　中国各地区2012年1～10月节能目标完成情况晴雨表

时间 地区	一季度预警等级	1～5月预警等级	上半年预警等级	1～7月预警等级	1～8月预警等级	前三季度预警等级	1～10月预警等级	“十二五”进度预警等级
北京	●	●	●	●	●	●	●	●
天津	●	●	●	●	●	●	●	●
河北	●	●	●	●	●	●	●	●

续表

时间 地区	一季度预警等级	1～5月预警等级	上半年预警等级	1～7月预警等级	1～8月预警等级	前三季度预警等级	1～10月预警等级	“十二五”进度预警等级
山西	●（绿）	●（绿）	●（绿）	●（绿）	●（绿）	●（绿）	●（绿）	●（绿）
内蒙古	●（黄）	●（绿）	●（绿）	●（绿）	●（绿）	●（绿）	●（绿）	●（黄）
辽宁	●（绿）	●（绿）	●（绿）	●（绿）	●（绿）	●（绿）	●（绿）	●（绿）
吉林	●（绿）	●（绿）	●（绿）	●（绿）	●（绿）	●（绿）	●（绿）	●（绿）
黑龙江	●（绿）	●（绿）	●（绿）	●（绿）	●（绿）	●（绿）	●（绿）	●（绿）
上海	●（绿）	●（绿）	●（绿）	●（绿）	●（绿）	●（绿）	●（绿）	●（绿）
江苏	●（绿）	●（绿）	●（绿）	●（绿）	●（绿）	●（绿）	●（绿）	●（绿）
浙江	●（绿）	●（绿）	●（绿）	●（绿）	●（绿）	●（绿）	●（绿）	●（绿）
安徽	●（绿）	●（绿）	●（绿）	●（黄）	●（黄）	●（绿）	●（绿）	●（绿）
福建	●（绿）	●（绿）	●（绿）	●（绿）	●（绿）	●（绿）	●（绿）	●（绿）
江西	●（绿）	●（绿）	●（绿）	●（绿）	●（绿）	●（绿）	●（绿）	●（绿）
山东	●（绿）	●（绿）	●（绿）	●（绿）	●（绿）	●（绿）	●（绿）	●（绿）
河南	●（绿）	●（绿）	●（绿）	●（绿）	●（绿）	●（绿）	●（绿）	●（绿）
湖北	●（绿）	●（黄）	●（黄）	●（黄）	●（红）	●（黄）	●（绿）	●（绿）
湖南	●（绿）	●（绿）	●（绿）	●（绿）	●（绿）	●（绿）	●（绿）	●（绿）
广东	●（绿）	●（绿）	●（绿）	●（绿）	●（绿）	●（绿）	●（绿）	●（绿）
广西	●（绿）	●（黄）	●（绿）	●（黄）	●（黄）	●（绿）	●（黄）	●（黄）
海南	●（红）	●（红）	●（红）	●（红）	●（红）	●（红）	●（红）	●（红）
重庆	●（绿）	●（绿）	●（绿）	●（绿）	●（绿）	●（绿）	●（绿）	●（绿）
四川	●（绿）	●（绿）	●（绿）	●（绿）	●（绿）	●（绿）	●（绿）	●（绿）
贵州	●（红）	●（黄）	●（绿）	●（绿）	●（绿）	●（绿）	●（黄）	●（绿）
云南	●（绿）	●（绿）	●（绿）	●（黄）	●（黄）	●（红）	●（红）	●（红）
陕西	●（绿）	●（绿）	●（绿）	●（绿）	●（绿）	●（绿）	●（绿）	●（绿）
甘肃	●（红）	●（绿）	●（绿）	●（黄）	●（红）	●（黄）	●（黄）	●（红）
青海	●（红）	●（绿）	●（绿）	●（绿）	●（绿）	●（红）	●（红）	●（红）
宁夏	●（红）	●（红）	●（红）	●（红）	●（黄）	●（绿）	●（绿）	●（红）
新疆	●（红）	●（红）	●（红）	●（红）	●（红）	●（红）	●（红）	●（红）

注：●（红）为一级预警，即节能形势十分严峻；●（黄）为二级预警，即节能形势比较严峻；●（绿）为三级预警，即节能进展基本顺利。

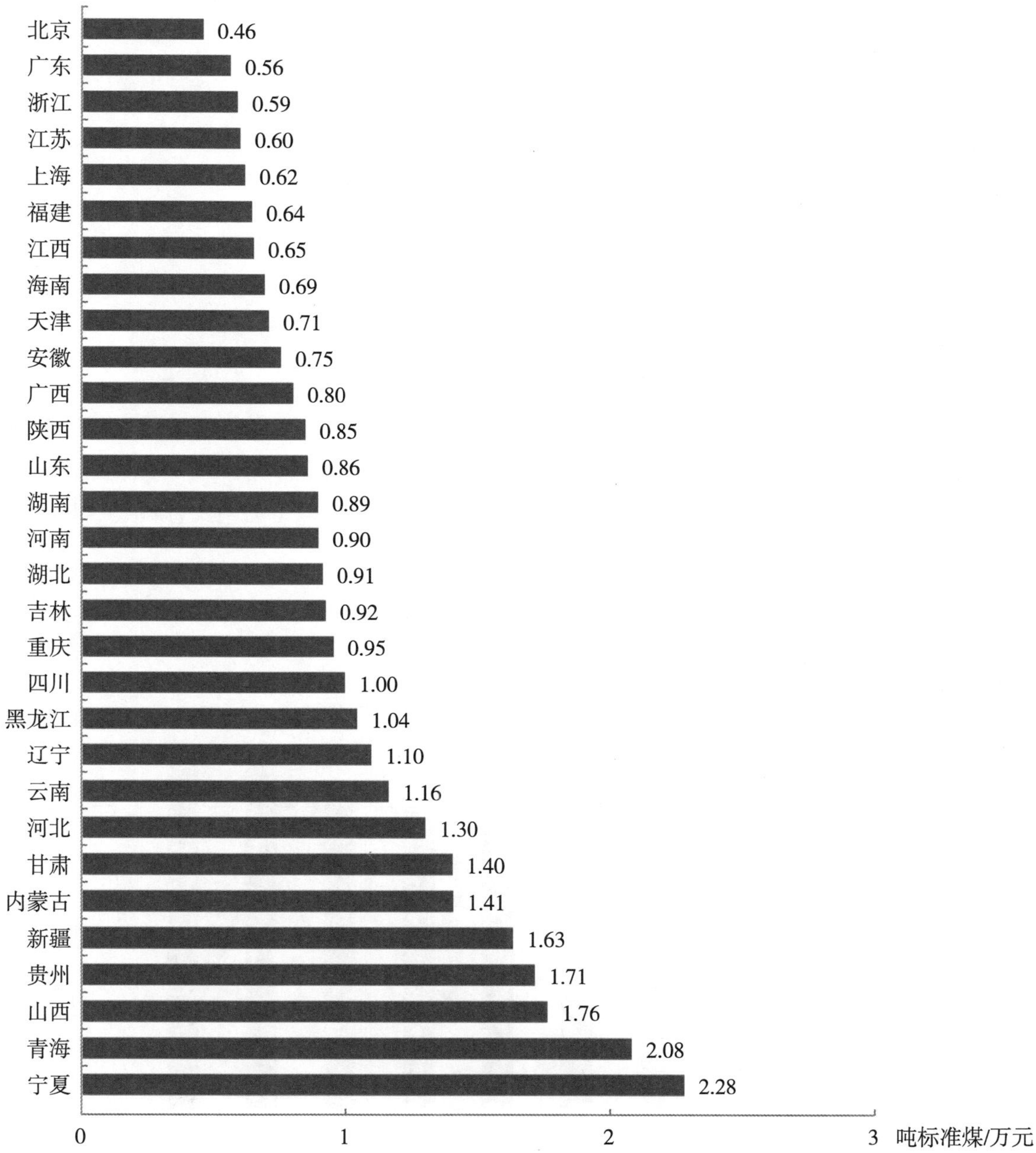

图1-11　2011年中国各地区单位GDP能源消费量

数据来源：根据《中国统计年鉴2012》中相关数据计算得到。

第二章 煤炭消费

一、煤炭需求疲软，增幅回落至2.5%

2012年，中国煤炭消费增速明显放缓，根据《2012年国民经济和社会发展统计公报》核算显示，全年煤炭消费量同比增长2.5%，增长率较2011年下降7.3个百分点，为近五年来的最低。据此计算，2012年中国煤炭消费总量约为35.15亿吨，比2011年（34.30亿吨）增加0.85亿吨（如图2–1所示）。其中，平均每天消费煤炭960.5万吨，比2011年（939.6万吨）增加近21万吨。

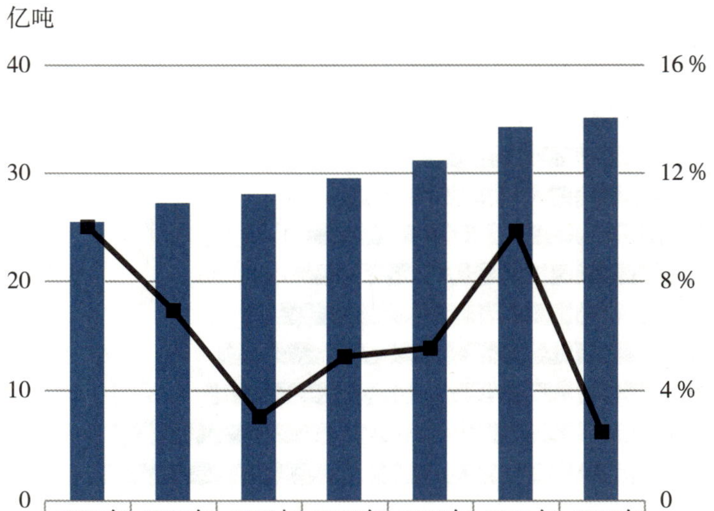

	2006年	2007年	2008年	2009年	2010年	2011年	2012年
煤炭消费量（亿吨）	25.51	27.27	28.11	29.58	31.22	34.30	35.15
增长率（%）	10.0	6.9	3.1	5.2	5.5	9.8	2.5

图2–1　2006 ~ 2012年中国煤炭消费总量与增长率

数据来源：《中国能源统计年鉴2012》，2012年数据来自《2012年国民经济和社会发展统计公报》。

根据BP统计数据，2011年全世界煤炭消费总量为37.24亿吨标准油，换算成实物量大概在75亿吨。中国的煤炭消费量占世界煤炭消费总量近一半，是第二大煤炭消费国美国煤炭消费量的3.7倍，是所有OECD

国家合计煤炭消费量的1.7倍，是欧盟的6.4倍、日本的15.4倍、俄罗斯的20.6倍、南非的19.8倍、澳大利亚的38倍，如表2-1所示。

表2-1　　2006～2011年世界主要国家和地区煤炭消费消费量　　单位：百万吨标准油

国家/地区	2006年	2007年	2008年	2009年	2010年	2011年	2011年占比（%）
世界	3139.0	3267.3	3324.1	3346.6	3532.0	3724.3	100.0
OECD国家	1179.5	1201.9	1178.0	1056.7	1110.8	1098.6	29.5
非OECD国家	1959.5	2065.4	2146.1	2289.9	2421.2	2625.7	70.5
中国	1317.7	1392.5	1441.1	1579.5	1676.2	1839.4	49.4
美国	565.7	573.3	564.1	496.2	526.1	501.9	13.5
印度	195.4	210.3	230.4	253.8	270.8	295.6	7.9
欧盟	321.3	322.5	298.9	264.0	276.0	285.9	7.7
日本	119.1	125.3	128.7	108.8	123.7	117.7	3.2
俄罗斯	96.7	93.4	100.4	91.9	90.2	90.9	2.4
南非	84.0	89.1	95.1	89.9	91.3	92.9	2.5
德国	83.5	85.7	80.1	71.7	76.6	77.6	2.1
韩国	54.8	59.7	66.1	68.6	75.9	79.4	2.1
波兰	58.0	57.9	56.0	51.9	56.4	59.8	1.6
澳大利亚	56.0	54.1	54.6	54.5	43.8	49.8	1.3
印度尼西亚	30.1	37.8	30.1	34.6	41.2	44.0	1.2
乌克兰	39.7	39.7	40.2	35.1	37.9	42.4	1.1
哈萨克斯坦	29.8	31.7	33.4	32.6	31.6	30.2	0.8
土耳其	25.9	28.9	29.2	30.4	30.9	32.4	0.9

数据来源：BP Statistical Review of World Energy 2012。

从人均消费看，2012年中国人均煤炭消费量2.6吨/人，较2011年增加50千克/人。根据IEA统计数据，2010年世界人均煤炭消费量为0.51吨标准油/人（约1吨煤炭实物量），据此推算，2012年中国人均煤炭消费量大概相当2010年世界平均水平的2.6倍。中国人均煤炭消费量低于澳大利亚（2.26吨标准油/人）、南非（2.03吨标准油/人）、中国台湾（1.81吨标准油/人）、美国（1.61吨标准油/人）和韩国（1.50吨标准油/人），如图2-2所示。

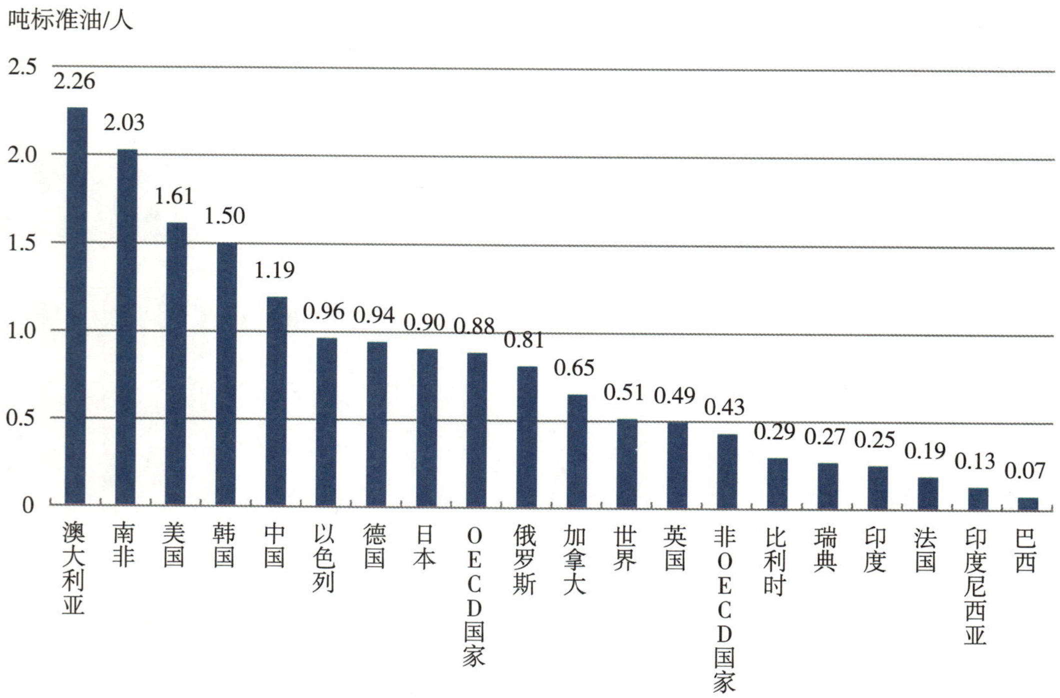

图2-2　2010年主要国家和地区人均煤炭供应量

数据来源：IEA，Energy Balances of OECD Countries 2012，Energy Balances of non-OECD Countries 2012。

二、发电用煤比重超一半，终端煤炭消费占比持续下降

煤炭分用途消费结构中，发电用煤比重近年来持续上升，已超过50%。煤炭用于终端消费的比重则有所下降。随着煤炭入洗率的提高，洗选损耗比例有所提高，占煤炭消费总量的3%左右，而用于炼焦、制气的比重维持在15%上下，用于供热的比重约为5%。根据《中国能源统计年鉴2012》的统计数据，以实物量衡量，2011年用于发电的煤炭量超过17亿吨，占煤炭消费总量的比重超过50%，较2010年提高0.7个百分点，而煤炭用于终端消费的比重则从2010年的27%下降到26.5%左右，终端煤炭消费量为9.1亿吨，如图2-3所示。

发电用煤比重的进一步提高体现了煤炭资源利用方式的转变，并且这一趋势还将持续下去。在发达国家，煤炭的主要用途就是用于发电，根据IEA统计数据，2010年OECD国家发电用煤占煤炭消费总量比重为80%，仅有12%用于终端消费；在美国，92%的煤炭用于发电，仅有5%用于终端消费，而IEA统计数据显示2009年中国发电用煤比重为49.5%，低于63%的世界平均水平；用于终端消费的比重为34%[1]，高于25%的世界平均水平（如图2-4所示）。据此可以预测，未来中国的煤炭资源利用方式还将继续转变，发电用煤比重会逐步提高，而用于终端消费比重则会趋于下降。

[1] IEA的能源平衡表与国家统计局的能源平衡表对终端消费的统计口径不同，在IEA的能源平衡表中，终端煤炭消费不包括能源部门自身消费的能源，但是包括炼焦用煤；而国家统计局的数据中终端煤炭消费则不包括炼焦，而包括煤炭部门自身消耗的煤炭。

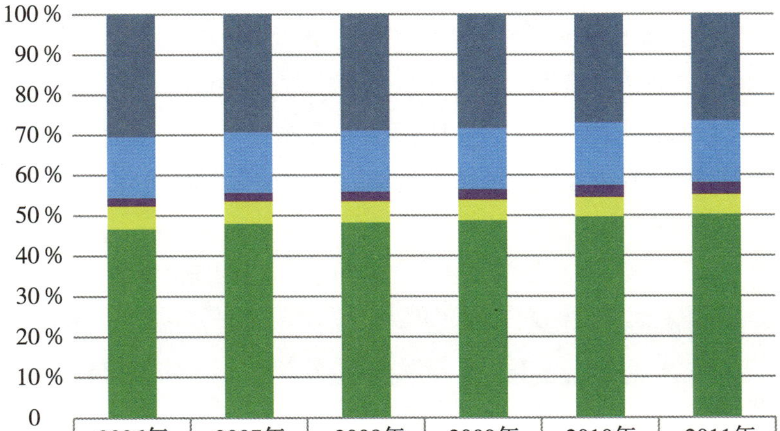

	2006年	2007年	2008年	2009年	2010年	2011年
终端消费（万吨）	77533	79677	81089	83700	84351	90864
炼焦制气（万吨）	38707	41151	42689	44842	48190	52406
洗选损耗（万吨）	5279	5755	6758	7766	9485	10276
供热（万吨）	14561	15394	15029	15360	15253	17126
发电（万吨）	118764	130549	135352	143967	154542	171851

图2-3　2006～2011年中国分用途煤炭消费结构

数据来源：《中国能源统计年鉴2012》。

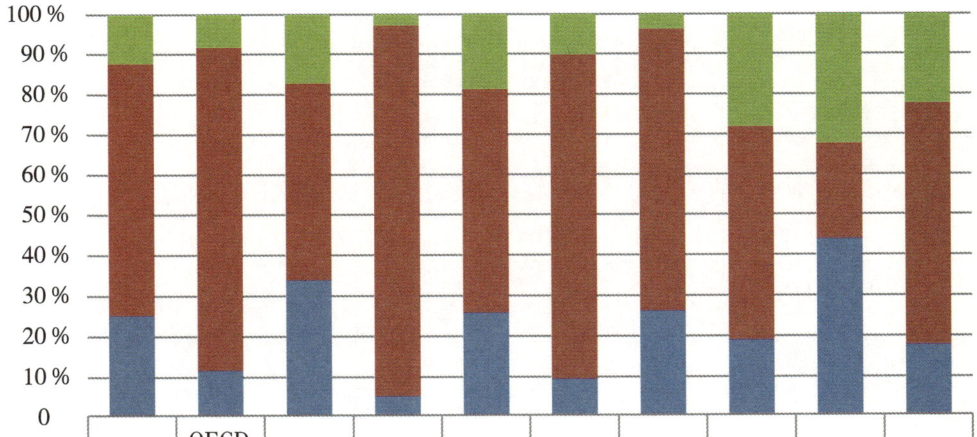

	世界	OECD国家	中国	美国	日本	德国	印度	俄罗斯	巴西	南非
其他（%）	12	8	17	3	19	10	4	28	32	22
发电（%）	63	80	49	92	56	80	70	53	24	60
终端消费（%）	25	12	34	5	26	10	26	19	44	18

图2-4　分用途煤炭消费结构的国际比较

注：OECD国家为2010年数据，其他为2009年数据。"发电"包括热电联产，"其他"包括供热、制气、煤炭转换、液化、能源部门自用和损失等。

数据来源：IEA，Energy Balances of OECD Countries 2012，Energy Balances of non-OECD Countries 2011。

三、电力、冶金、建材、化工四行业用煤比重持续上升，生活用煤比重低于3%

分行业看，2011年工业用煤占煤炭消费总量的比重超过95%，而建筑业、第一产业、第三产业与居民生活用煤比重则不足5%，其中生活消费用煤比重低于3%。电力、冶金、建材与化工是四大耗煤行业，四个行业煤炭消费量占煤炭消费总量的比重为82%，比2010年增加2个百分点，如表2–2所示。

表2–2　2006～2011年中国分行业煤炭消费量　单位：万吨

行业	2006年	2007年	2008年	2009年	2010年	2011年	2011年比重（%）
消费总量	255065	272746	281096	295833	312237	342950	100.0
工业	238510	256203	265574	279889	296032	326230	95.1
电力、煤气及水生产和供应业	122541	135229	137896	146155	152572	171791	50.1
制造业	99084	102002	108177	112006	118822	128297	37.4
石油加工、炼焦及核燃料加工业	22944	25000	26438	27205	29781	34087	9.9
黑色金属冶炼及压延加工业	22552	22847	24126	26553	28222	29971	8.7
非金属矿物制品业	20709	20417	23049	23754	23509	25032	7.3
化学原料及化学制品制造业	13655	14188	15067	15014	14704	16177	4.7
有色金属冶炼及压延加工业	2711	2919	3301	3087	5715	6227	1.8
造纸及纸制品业	3823	3819	3858	4006	4282	4467	1.3
采掘业	16885	18972	19501	21728	24639	26141	7.6
批发、零售业和住宿、餐饮业	1791	1868	1791	1978	1970	2212	0.6
农、林、牧、渔业	1503	1520	1523	1582	1711	1757	0.5
建筑业	652	615	603	636	719	782	0.2
交通运输、仓储和邮政业	770	736	665	641	639	646	0.2
其他行业	1803	2043	1792	1986	2007	2112	0.6
生活消费	10036	9761	9148	9122	9159	9212	2.7

数据来源：《中国能源统计年鉴2012》。

2012年，受到宏观经济形势的影响，四大高耗煤行业的用煤比重和增速有所变化。由于火电装机容量增速放缓，火电煤耗降低，电力用煤增速放缓；冶金行业，由于钢铁产能过剩且钢铁需求增速放缓，加之冶金行业节能减排政策的推行，冶金用煤比重有所下降；房地产调控对水泥需求造成较大的负面影响，建材行业煤耗增速有所放缓；化工行业的需求基本稳定，煤耗增速维持正常水平。总体上，四大高耗煤行业用煤增速有所放缓，但煤炭消费比重仍会进一步提高。

四、东南沿海地区消费量基本稳定，“三西”地区增速较快

分地区看，2011年中国煤炭消费量排名前六的省份分别是山东、内蒙古、山西、河北、河南与江苏，这些地区的煤炭消费量均超过2.7亿吨。海南、青海和北京煤炭消费量排名靠后，消费量均低于3000万吨。排名第一的山东煤炭消费量为排名最末的海南煤炭消费量的48倍，如图2–5所示。

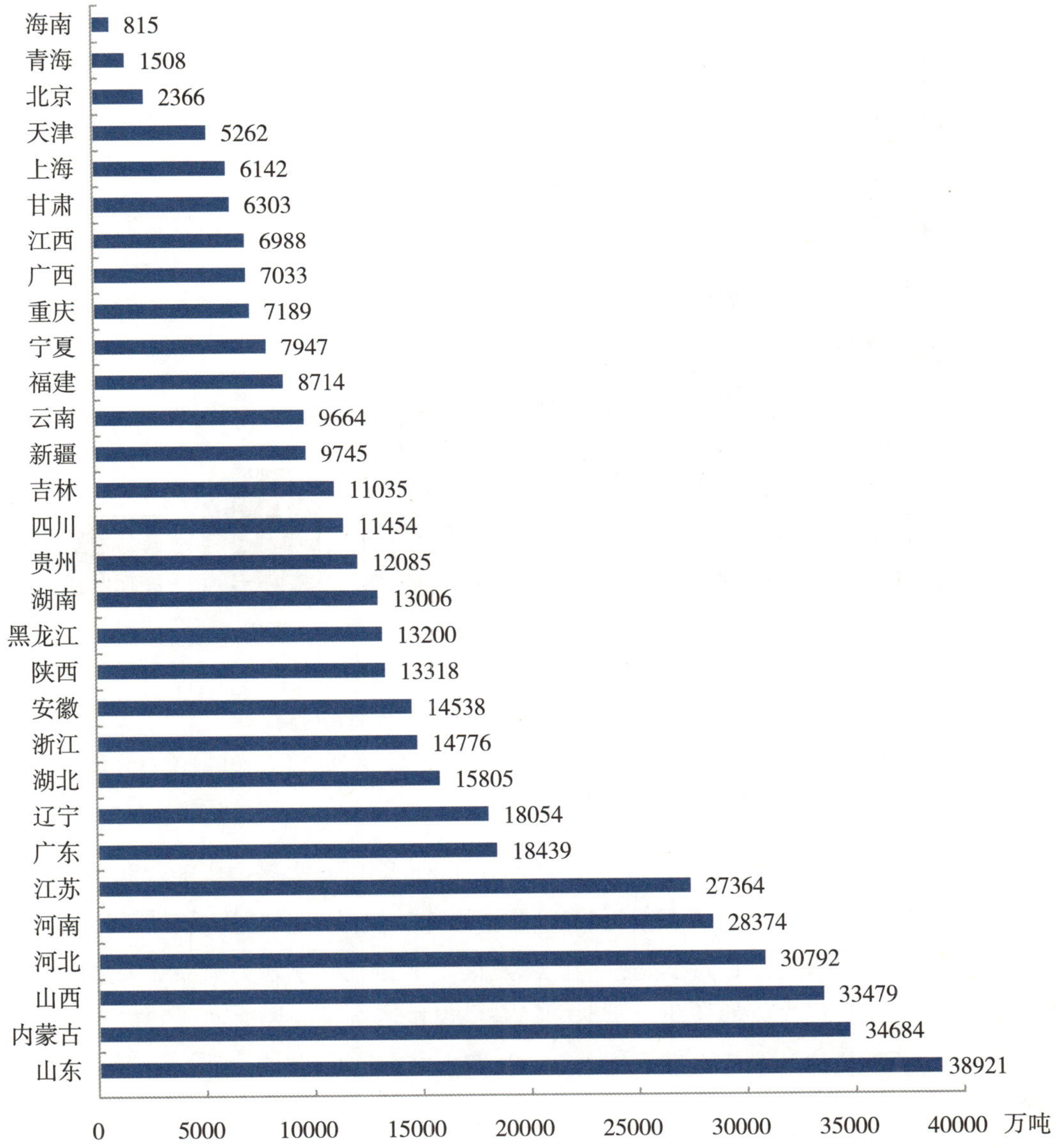

图2–5　2011年中国分地区煤炭消费量

数据来源：《中国能源统计年鉴2012》。

东南沿海地区是中国经济最发达的地区，也是火力发电、钢铁生产以及水泥生产较为集中的地区，该地区煤炭消费量约占全国消费总量的1/4。当地煤炭供需受进口影响较大，如果国内煤炭价格能与国际煤价保持良性互动，则有利于国内煤炭市场保持供求基本平衡状态。2012年，上海、江苏、浙江、福建、山东和广东等地区煤炭消费量约为10.1亿吨，如图2–6所示。

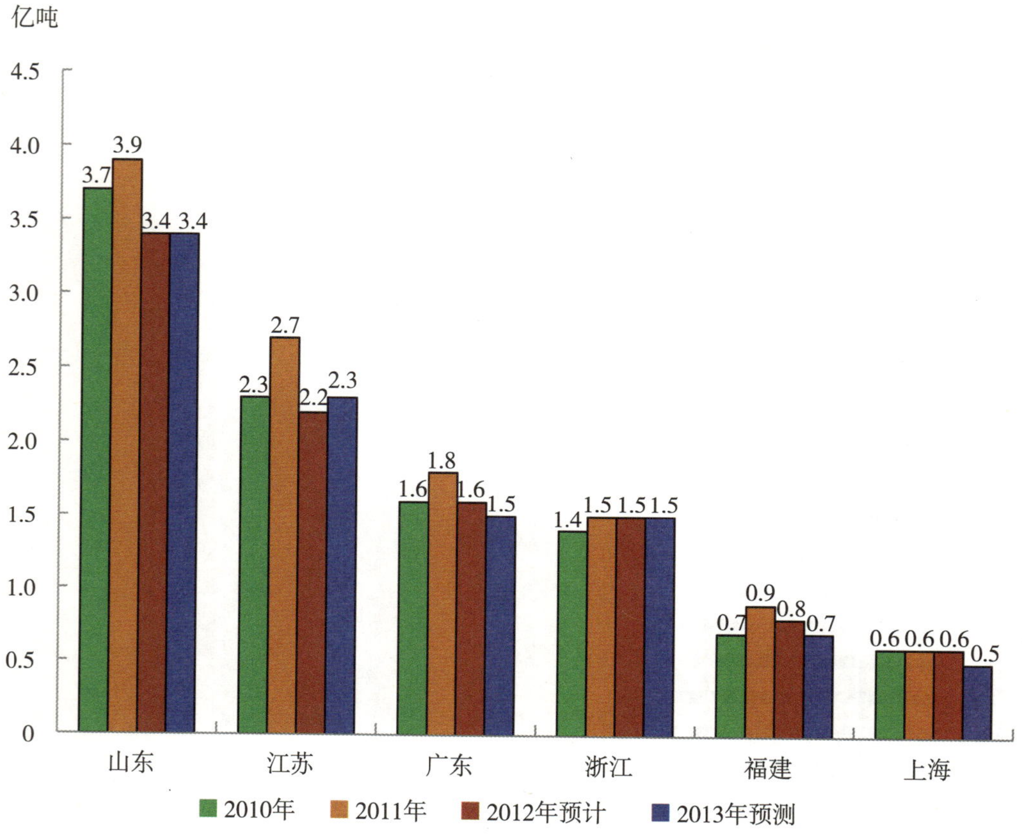

图2–6　2010～2013年东南沿海地区煤炭消费量

数据来源：2010年、2011年数据来自《中国能源统计年鉴2012》，2012年、2013年数据为预计数。

“三西”地区（山西、陕西和内蒙古西部）是中国的主要产煤区，也是中国能源和重工业产业生产较为集中的地区，煤炭消费量占全国总消费量近1/5。鉴于当地加快经济发展及缓解煤炭外运压力的需要，以及“西电东送”通道的加快建设，特别是按照能源发展“十二五”规划关于加快大型能源基地建设的要求，2012年“三西”地区煤炭就地转化比重继续提升，煤炭消费量较快增加。2012年“三西”地区煤炭消费量约为7.7亿吨，增长6%，高于全国平均水平，如图2–7所示。

华中地区水电装机比重大，煤炭供需受来水、运输瓶颈等因素影响大，供需平衡关系脆弱。在“中部崛起”战略支持下，该地区工业化、城镇化进程将加快，在水电出力保持基本正常的条件下，2012年华中地区煤炭消费量约为6.7亿吨，增长4%，如图2–8和表2–3所示。

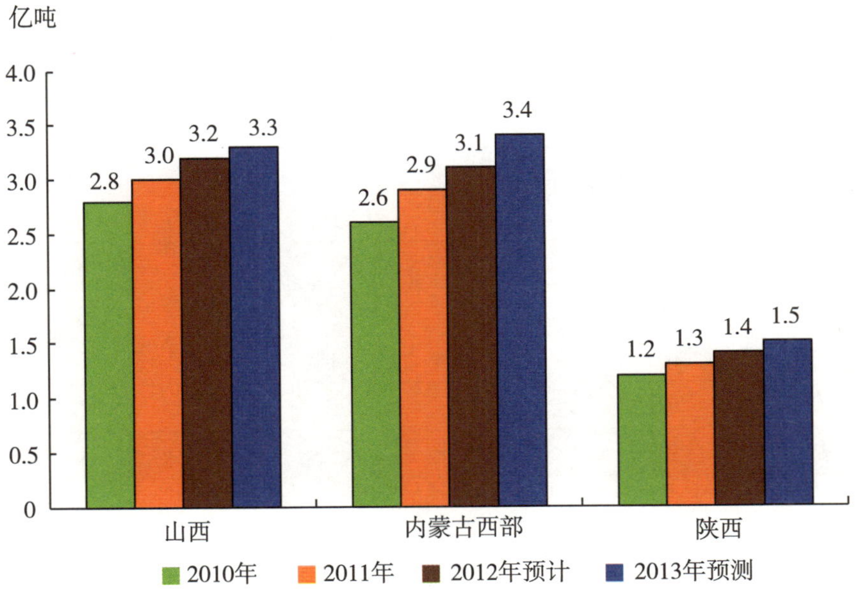

图2-7 2010～2013年中国“三西”地区煤炭消费量

数据来源：国家能源局。

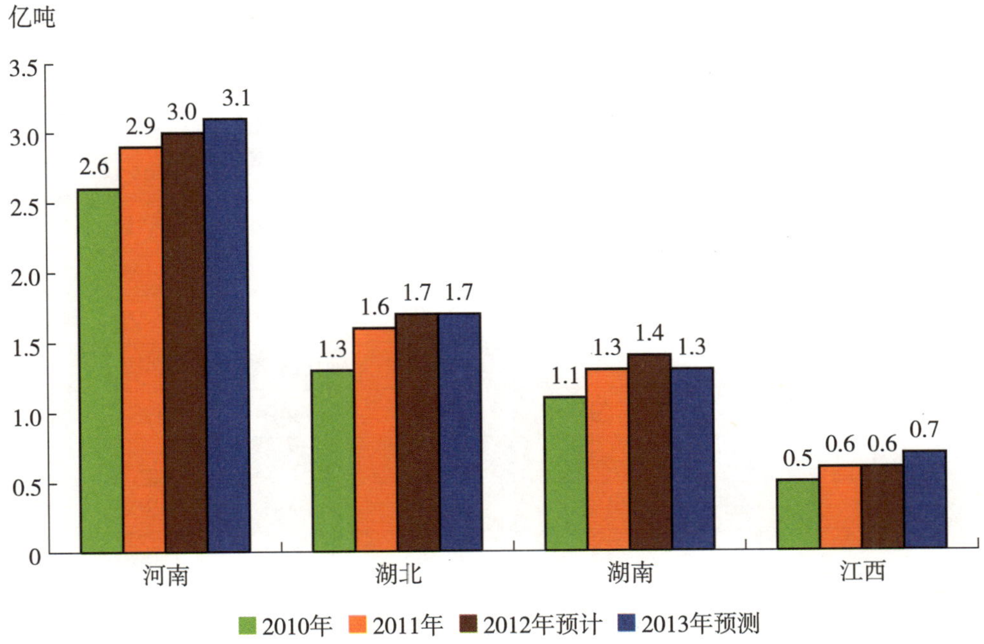

图2-8 2010～2013年中国华中四省煤炭消费量

数据来源：国家能源局。

表2-3　　2006～2011年中国分地区煤炭消费量　　单位：万吨

地 区	2006年	2007年	2008年	2009年	2010年	2011年	2011年比重（%）
北京	3056	2985	2748	2665	2635	2366	0.55
天津	3809	3927	3973	4120	4807	5262	1.23
河北	21360	24681	24419	26516	27465	30792	7.18
山西	28605	29645	28373	27762	29865	33479	7.80
内蒙古	22242	18607	22242	24047	27004	34684	8.08
辽宁	13837	14712	15347	16033	16908	18054	4.21
吉林	6937	7312	8367	8589	9583	11035	2.57
黑龙江	9030	9857	11204	11050	12219	13200	3.08
上海	5142	5223	5464	5305	5876	6142	1.43
江苏	18692	20237	20737	21003	23100	27364	6.38
浙江	11334	13024	13041	13276	13950	14776	3.44
安徽	8793	9766	11377	12666	13376	14538	3.39
福建	5342	6117	6596	7109	7026	8714	2.03
江西	4592	5171	5267	5356	6246	6988	1.63
山东	29838	32719	34390	34795	37328	38921	9.07
河南	20999	23180	23868	24445	26050	28374	6.61
湖北	9910	10792	10196	11100	13470	15805	3.68
湖南	9401	10277	10169	10751	11323	13006	3.03
广东	10948	12430	13298	13647	15984	18439	4.30
广西	3980	4671	4676	5199	6207	7033	1.64
海南	332	426	472	537	647	815	0.19
重庆	4690	5110	5273	5782	6397	7189	1.68
四川	9160	10191	10727	12147	11520	11454	2.67
贵州	8995	9573	9732	10912	10908	12085	2.82
云南	7482	7620	7916	8886	9349	9664	2.25
陕西	7598	8082	8941	9497	11639	13318	3.10
甘肃	3959	4469	4683	4479	5390	6303	1.47
青海	1082	1291	1316	1310	1271	1508	0.35
宁夏	3519	4089	4287	4781	5765	7947	1.85
新疆	4436	4944	5709	7418	8106	9745	2.27

数据来源：《中国能源统计年鉴2012》。

第三章 石油消费

一、全年石油消费总量4.76亿吨，人均石油消费量低于世界平均水平

2012年受宏观调控与汽车消费减速的影响，石油需求呈现逐步放缓的趋势，全年石油消费量4.76亿吨左右，比2011年增加2269万吨，同比增长5%。增长率较上年小幅提高0.1个百分点，较“十一五”期间年均增长率低0.9个百分点。2012年中国原油消费量4.66亿吨，比2011年增加2638万吨，同比增长6%，增长率比2011年高3.50个百分点，但是比“十一五”期间的平均增长率低1.3个百分点，如图3-1和图3-2所示。

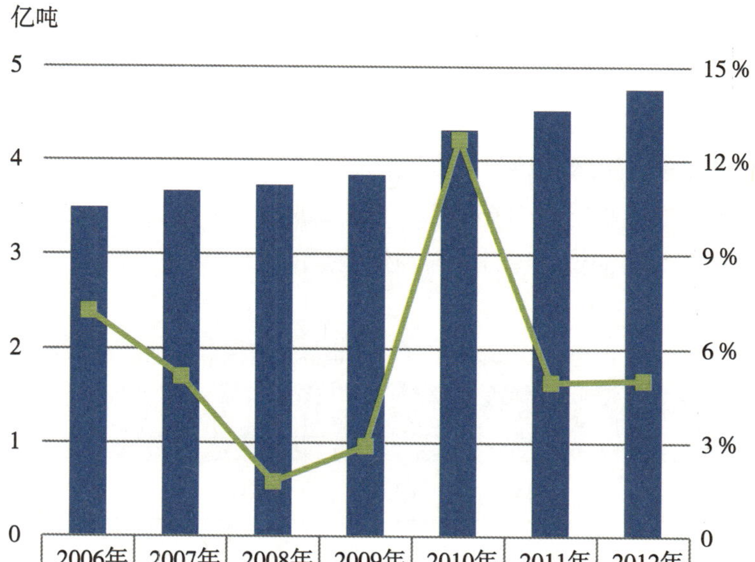

	2006年	2007年	2008年	2009年	2010年	2011年	2012年
■ 石油消费总量（亿吨）	3.49	3.67	3.73	3.84	4.32	4.54	4.76
增长率（%）	7.2	5.1	1.8	2.9	12.7	4.9	5.0

图3-1 2006～2012年中国石油消费总量与增长率

数据来源：2006～2011年数据来自《中国能源统计年鉴2012》，2012年数据为预计数。

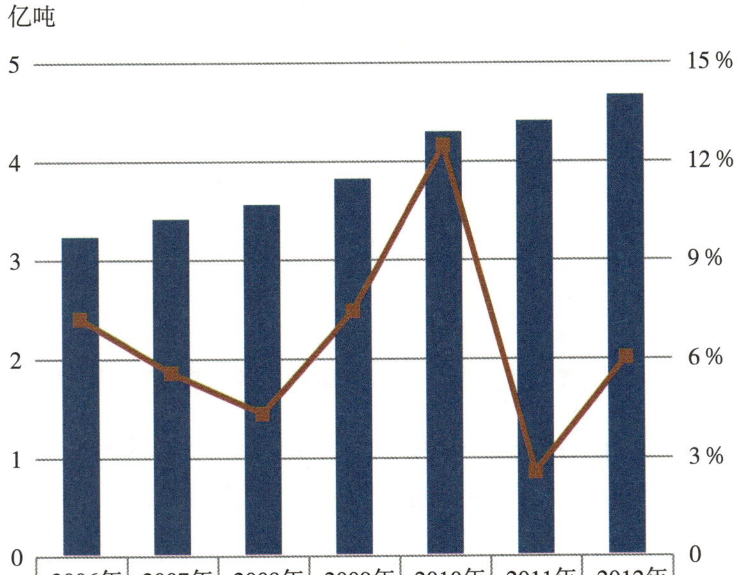

	2006年	2007年	2008年	2009年	2010年	2011年	2012年
■ 原油消费总量（亿吨）	3.22	3.40	3.55	3.81	4.29	4.40	4.66
增长率（%）	7.2	5.5	4.3	7.4	12.4	2.5	6.0

图3-2　2006～2012年中国原油消费总量与增长率

数据来源：2006～2011年数据来自《中国能源统计年鉴2012》，2012年数据来自《2012年国民经济和社会发展统计公报》。

从世界范围看，中国从2002年超过日本成为仅次于美国的世界第二大石油消费国。根据BP统计数据，2011年世界石油消费总量为40.6亿吨，中国石油消费量占世界石油消费总量的比重约为11.4%，相当于美国的1/2，是第三大石油消费国日本石油消费量的两倍多，如表3-1所示。

表3-1　　2006～2011年世界主要国家和地区石油消费总量　　单位：亿吨

国家/地区	2006年	2007年	2008年	2009年	2010年	2011年	2011年占比（%）
世界	39.44	40.05	29.87	39.09	40.32	40.59	100.0
OECD国家	22.91	22.78	22.09	20.98	21.18	20.92	51.5
非OECD国家	16.54	17.28	17.78	18.11	19.14	19.67	48.5
美国	9.31	9.29	8.76	8.33	8.50	8.34	20.5
中国	3.51	3.69	3.76	3.88	4.38	4.62	11.4

续表

国家/地区	2006年	2007年	2008年	2009年	2010年	2011年	2011年占比（%）
日本	2.37	2.29	2.21	1.98	2.00	2.01	5.0
印度	1.20	1.33	1.44	1.51	1.56	1.62	4.0
俄罗斯	1.31	1.24	1.30	1.25	1.29	1.36	3.4
沙特阿拉伯	0.92	0.97	1.06	1.15	1.23	1.28	3.1
巴西	0.95	1.01	1.08	1.08	1.18	1.21	3.0
德国	1.24	1.13	1.19	1.14	1.15	1.12	2.7
韩国	1.05	1.08	1.03	1.04	1.06	1.06	2.6
加拿大	1.01	1.04	1.03	0.97	1.02	1.03	2.5
墨西哥	0.90	0.92	0.92	0.89	0.89	0.90	2.2
伊朗	0.86	0.88	0.91	0.92	0.90	0.87	2.1
法国	0.93	0.91	0.91	0.88	0.84	0.83	2.0
西班牙	0.79	0.80	0.78	0.74	0.72	0.70	1.7
英国	0.82	0.79	0.78	0.74	0.74	0.72	1.8
意大利	0.87	0.84	0.80	0.75	0.73	0.71	1.8
新加坡	0.45	0.49	0.52	0.56	0.61	0.63	1.5
印度尼西亚	0.58	0.59	0.59	0.61	0.65	0.64	1.6
泰国	0.46	0.46	0.44	0.46	0.46	0.47	1.2
荷兰	0.52	0.54	0.51	0.49	0.50	0.50	1.2
中国台湾	0.49	0.50	0.45	0.44	0.46	0.43	1.1
澳大利亚	0.42	0.42	0.43	0.42	0.43	0.46	1.1

数据来源：BP Statistical Review of World Energy 2012。

从人均水平看，中国人均石油消费水平仍然较低。根据BP统计数据，2010年世界人均石油消费量为585千克/人，而中国人均石油消费量仅为327千克/人，虽然和2009年相比有所增加，但仍大大低于世界平均水平，是美国的1/9，日本的1/5，如图3-3所示。

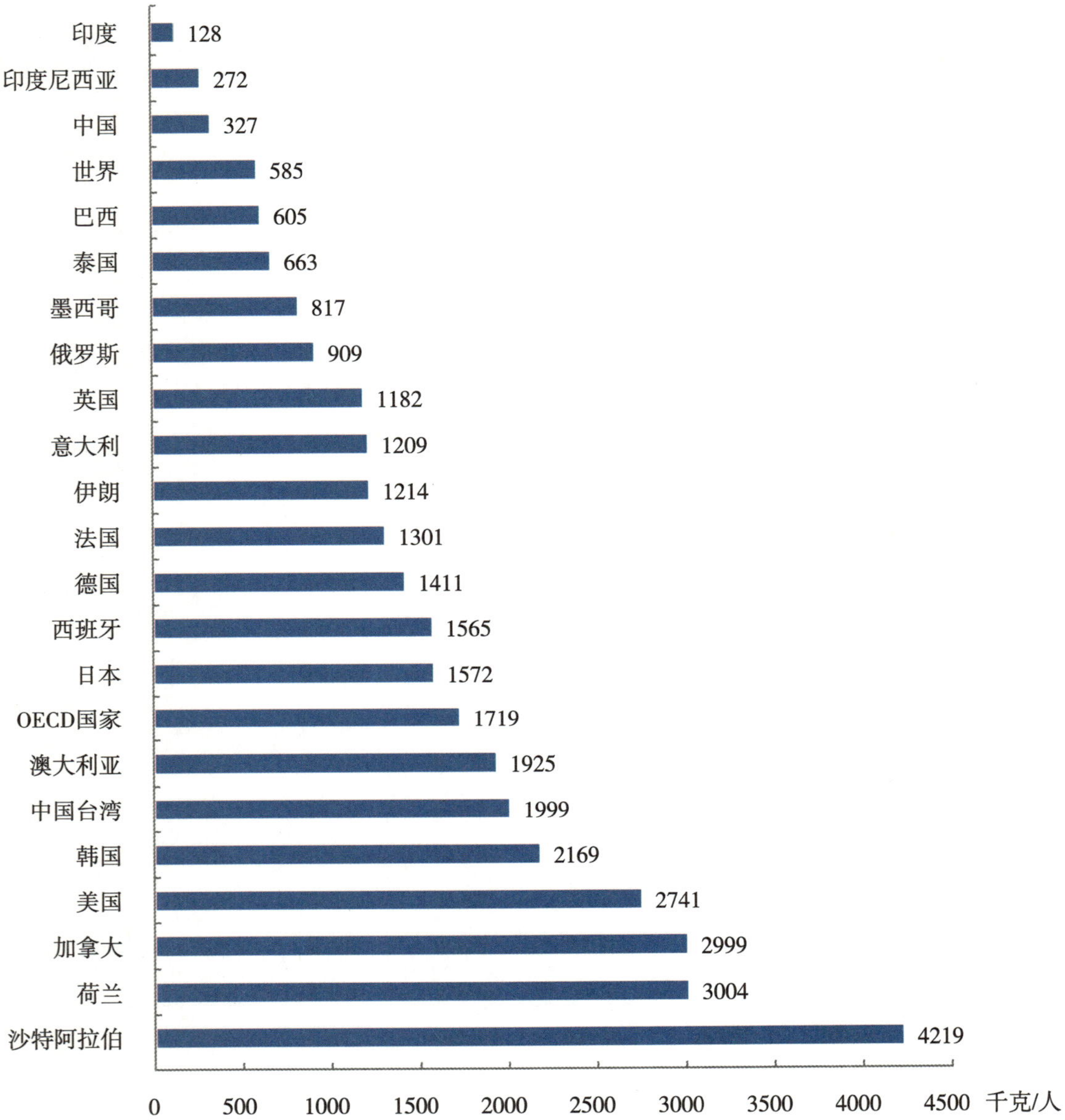

图3-3 2010年世界主要国家和地区人均石油消费量

数据来源：石油消费量数据来自BP Statistical Review of World Energy 2011，年中人口数来自世界银行数据库。

二、成品油消费增速放缓，柴汽比有所下降

2012年，中国成品油消费量为2.6亿吨，比2011年增加1295万吨，同比增长5.2%左右，增长率较2011年低1.6个百分点，也低于“十一五”期间的平均增长水平。其中，与工业生产和物流运输相关性较强的柴油消费量约为15901万吨，同比增长1.7%；受乘用车保有量持续增加拉动，汽油消费量约8298万吨，增长12.2%；2012年国内民航客运市场持续增长，带动煤油消费1944万吨，同比增长7%，如表3-2和图3-4所示。

表3-2　　2006～2012年中国成品油消费量　　单位：万吨

年份	成品油	汽油	煤油	柴油	柴汽比
2006	18202	5243	1124	11835	2.26
2007	19260	5519	1244	12497	2.26
2008	20972	6145	1294	13533	2.20
2009	21369	6173	1439	13757	2.23
2010	23264	6886	1744	14634	2.13
2011	24848	7396	1817	15635	2.11
2012	26143	8298	1944	15901	1.92

数据来源：2006～2011年数据来自《中国能源统计年鉴2012》，2012年数据为预计数。

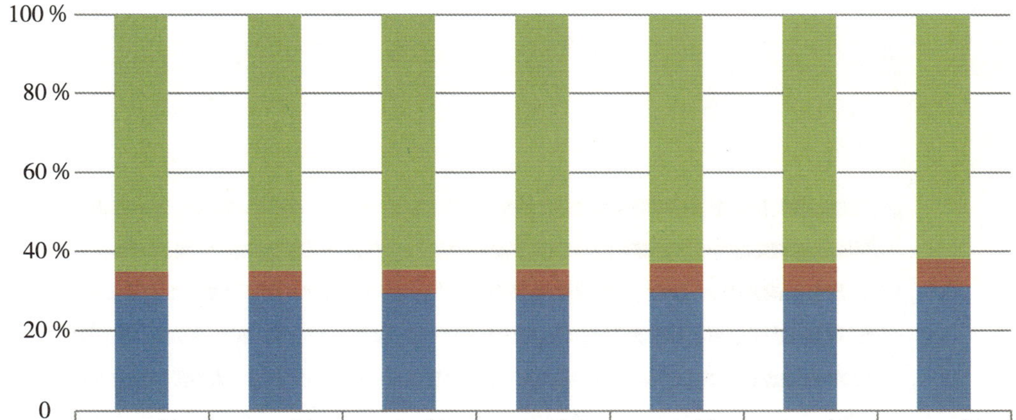

	2006年	2007年	2008年	2009年	2010年	2011年	2012年
柴油（%）	65.02	64.89	64.53	64.38	62.90	62.92	61.70
煤油（%）	6.18	6.46	6.17	6.74	7.50	7.31	7.28
汽油（%）	28.80	28.66	29.30	28.89	29.60	29.77	31.02

图3-4　2006～2012年中国分品种成品油消费结构

数据来源：2006～2011年数据来自《中国能源统计年鉴2012》，2012年数据为预计数。

三、工业、交通运输业用油占主导，工农业用油比重趋于下降

分行业看，石油消费主要集中在工业和交通运输业。2011年，第一产业用油比重为3.2%，工业和建筑业用油比重分别为39.7%和5.6%，交通运输、仓储和邮政业用油比重为35.3%，生活用油比重则为8.8%，如表3-3和图3-5所示。

表3-3　　2007～2011年中国分行业石油消费量与比重　　单位：万吨

项目	2007年		2008年		2009年		2010年		2011年	
总消费量	36658.7		37302.9		38384.5		43245.2		45378.5	
农、林、牧、渔、水利业	1400	3.8%	1266	3.4%	1308	3.4%	1383	3.2%	1466	3.2%
工业	14905	40.7%	15603	41.8%	15693	40.9%	18149	42.0%	18005	39.7%
建筑业	1823	5.0%	1517	4.1%	1942	5.1%	2345	5.4%	2522	5.6%
交通运输、仓储和邮政业	12907	35.2%	13279	35.6%	13549	35.3%	14870	34.4%	16021	35.3%
批发、零售业和住宿、餐饮业	427	1.2%	366	1.0%	430	1.1%	481	1.1%	500	1.1%
其他	2216	6.0%	2354	6.3%	2296	6.0%	2557	5.9%	2880	6.3%
生活消费	2981	8.1%	2917	7.8%	3167	8.3%	3461	8.0%	3984	8.8%

数据来源：《中国能源统计年鉴2012》。

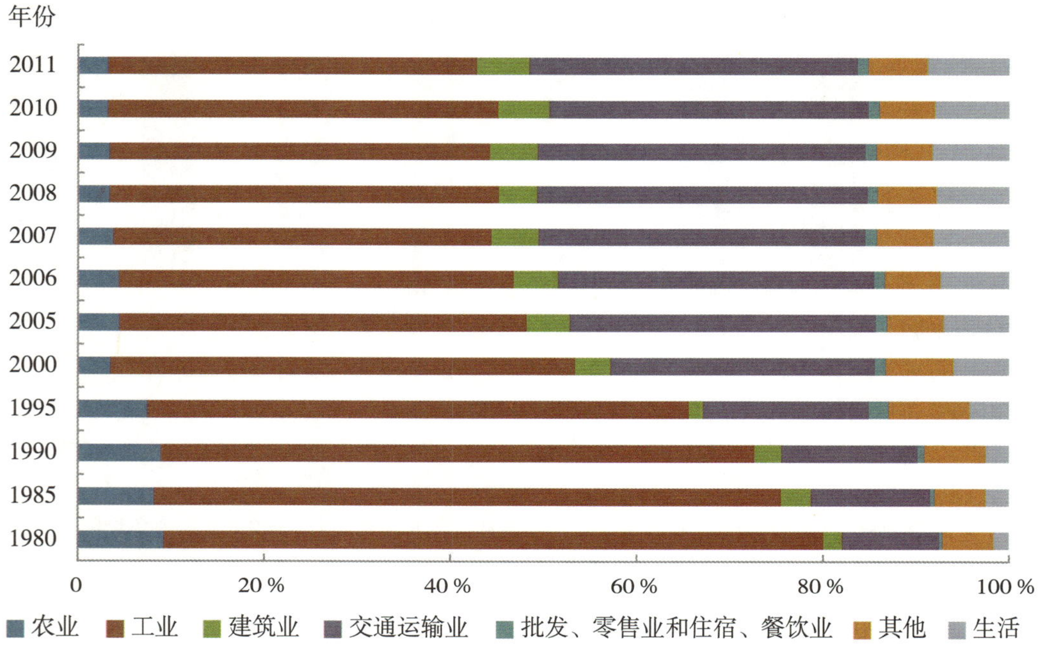

图3-5　中国分行业石油消费结构

数据来源：《中国能源统计年鉴2012》。

纵观中国历年来分行业石油消费结构，工农业用油比重趋于下降，而建筑、交通业用油趋于上升，居民生活用油近年来保持在8%左右的水平。国际上，石油消费主要集中在交通运输领域。按照IEA统计口径，2010年OECD国家交通运输用油比重为63.2%，工业与非能源使用用油比重为25.6%。在美国，交通运输用油比重高达72.3%，工业与非能源使用用油比重仅占20.7%。而同期中国交通运输用油比重为34.4%，远低于美国和OECD国家水平，如表3–4和图3–6所示。

表3–4　　2010年世界主要国家和地区分行业石油消费结构　　单位：%

国家/地区	工业	交通运输业	其他行业	非能源使用
OECD国家	6.6	63.2	12.0	19.0
美国	4.0	72.3	7.0	16.7
日本	13.5	44.1	19.8	22.6
德国	2.8	51.1	23.5	22.5
加拿大	8.0	61.7	8.9	21.4
法国	7.3	57.2	21.2	14.2
韩国	7.2	34.7	11.7	46.4
英国	8.3	70.7	7.8	13.2
意大利	6.4	65.2	12.1	16.3
墨西哥	7.9	70.0	14.7	7.3
西班牙	9.8	64.2	12.9	13.1
澳大利亚	9.4	72.1	7.5	11.0
荷兰	10.0	40.2	11.8	37.9
比利时	3.0	40.8	22.6	33.6
瑞典	10.3	63.9	8.1	17.6
瑞士	6.2	52.0	36.9	4.9
以色列	18.2	38.9	29.6	13.3

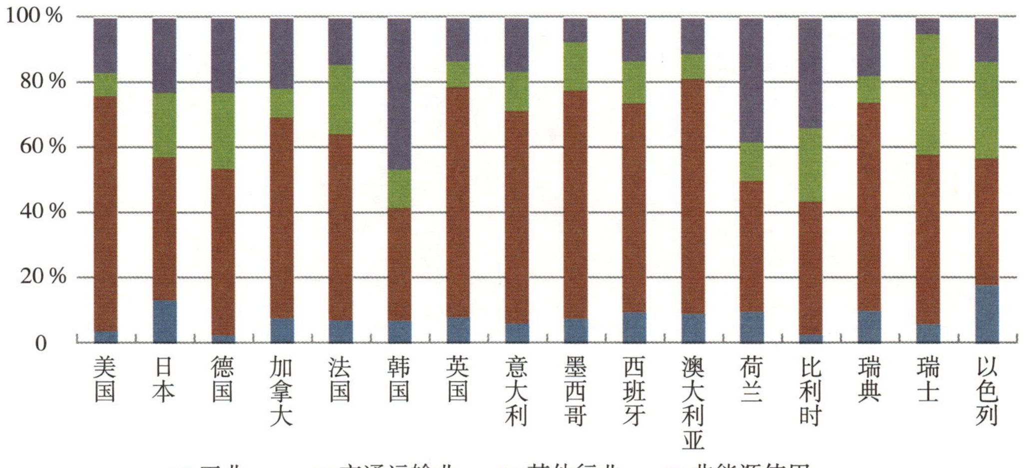

图3–6　分行业石油消费结构的国际比较

注：其他行业包括居民、第一产业和除交通运输外的第三产业。

数据来源：根据IEA各国能源平衡表计算得到。

具体到石油制成品，2011年中国汽油消费主要集中在交通运输和生活领域，所占比重分别为46%和20%，工业汽油消费比重为8%；柴油消费主要集中在交通运输、工业、农业，所占比重分别为61%、12%、8%，生活消费柴油比重为6%；煤油消费绝大多数集中在交通运输，占91%；燃料油消费主要集中在工业和交通运输业，比重分别为62%和37%。从趋势上看，成品油消费用于交通运输的比重不断提高，而用于其他领域的比重则趋于下降，如表3-5、表3-6所示。

表3-5　　2011年中国主要石油产品分行业消费结构　　单位：%

行业	汽油	煤油	柴油	燃料油
农、林、牧、渔业	2.5	0.1	8.1	0.0
工业	8.2	1.9	11.7	61.7
制造业	6.8	1.7	7.2	59.7
建筑业	3.8	0.6	3.3	0.8
交通运输、仓储和邮政业	45.6	90.6	60.7	36.7
批发、零售业和住宿、餐饮业	2.4	1.8	1.4	0.3
其他	17.8	3.8	9.1	0.4
生活消费	19.7	1.3	5.7	0.0

数据来源：《中国能源统计年鉴2012》。

表3-6　　中国成品油消费结构变化趋势　　单位：%

项目		2005年	2010年	2011年	2012年
汽油消费	汽油车与摩托车	96	97	98	98
	其他领域	4	3	2	2
柴油消费	柴油车与农用车	61	72	73	74
	农业、渔业	12	8	7	6
	铁路水运	9	6	5	5
	工矿与建筑	18	14	14	12
	其他领域	1	1	1	3
煤油消费（含保税）	民航	78	81	84	85
	其他领域	22	20	16	15

数据来源：中石化经济技术研究院市场调查数据。

四、原油消费集中在沿海地区，西部地区柴油消费增速较快

分地区看，中国的原油消费主要集中在资源丰富、交通运输便利和靠近成品油消费市场的沿海地区。2011年中国原油消费量排名前五的地区是辽宁、山东、广东、江苏和浙江，其中辽宁、山东的原油消费

量均超过5500万吨，辽宁消费量更是高达6706万吨，两省原油消费量占全国原油消费总量的25%以上。原油消费量排名后五位的地区分别是云南、宁夏、内蒙古、青海和四川，2011年这五个省份的原油消费量加总占全国原油消费量的比例不足3%。值得注意的是，中国“北油南运”的传统格局在逐渐弱化，随着海上进口原油比例的增加，新建和扩建炼厂主要在南方沿海，广西钦州、广东惠州等炼厂建成以及镇海石化、广州石化等炼厂扩能，这些将为东部沿海和南方发达省份扩大原油消费能力奠定坚实基础。四川也有望在“十二五”期间建成一个千万吨级的炼油基地和80万吨的乙烯生产基地，从而更好满足西南地区的石油化工产品需求。除此以外，资源丰富的地区，例如陕西、东北地区、新疆等也将会继续保持较快发展，尤其是东北地区和新疆将分别承接来自俄罗斯和中亚的进口原油，消费能力将会有较大发展。

2011年新增原油消费主要集中在天津、山东等沿海地区和甘肃、新疆等石油资源丰富的西部地区，以及河北、湖南等一些中部地区，如表3-7、图3-7所示。

表3-7　　2006～2011年中国分地区原油消费量　　单位：万吨

地区	2006年	2007年	2008年	2009年	2010年	2011年	2011年新增
北京	796.12	950.91	1116.76	1162.93	1116.29	1105.08	-11.21
天津	900.49	950.14	790.33	844.64	1566.79	1754.02	187.23
河北	1046.69	1124.77	1357.63	1379.12	1396.65	1564.68	168.03
内蒙古	189.25	142.82	189.25	191.76	140.74	118.66	-22.08
辽宁	5555.04	5893.46	5945.19	5873.05	6558.91	6705.53	146.62
吉林	913.44	934.17	915.24	851.89	939.97	1064.58	124.61
黑龙江	1850.06	1886.02	1735.97	2065.13	2106.53	2200.93	94.40
上海	1832.84	1719.57	1951.55	1937.18	2126.50	2134.69	8.19
江苏	2302.70	2454.00	2313.13	2661.44	2998.55	2981.07	-17.48
浙江	2114.73	2248.73	2287.35	2505.80	2835.41	2939.77	104.36
安徽	445.40	451.08	426.34	454.13	477.57	484.13	6.56
福建	375.03	352.33	310.96	706.01	1141.74	963.00	-178.74
江西	417.99	396.47	411.00	451.68	469.92	432.77	-37.15
山东	3878.27	4075.67	4626.97	5142.90	5593.40	5826.37	232.97
河南	696.57	713.83	704.22	785.82	835.07	874.63	39.56
湖北	851.10	913.00	884.26	946.60	1033.86	1026.23	-7.63
湖南	574.49	671.67	614.11	565.77	587.60	766.03	178.43
广东	2805.71	2940.10	3046.21	3709.44	4455.31	4403.37	-51.94
广西	118.21	152.98	133.30	163.03	396.02	1064.06	668.04
海南	230.10	816.28	796.83	835.68	859.17	915.19	56.02
四川	174.94	239.95	285.49	315.68	351.76	361.75	9.99

续表

地区	2006年	2007年	2008年	2009年	2010年	2011年	2011年新增
云南	0.07	0.11	0.06	0.07	0.06	0.02	−0.04
陕西	1488.94	1608.85	1764.73	1870.10	2104.61	2095.67	−8.94
甘肃	1323.38	1432.87	1394.36	1440.79	1400.18	1635.77	235.59
青海	104.29	110.15	109.20	82.03	127.98	156.25	28.27
宁夏	174.42	156.78	183.75	182.65	175.77	91.71	−84.06
新疆	1813.64	1873.37	1940.53	1997.90	2308.44	2598.46	290.02

数据来源：《中国能源统计年鉴2012》。

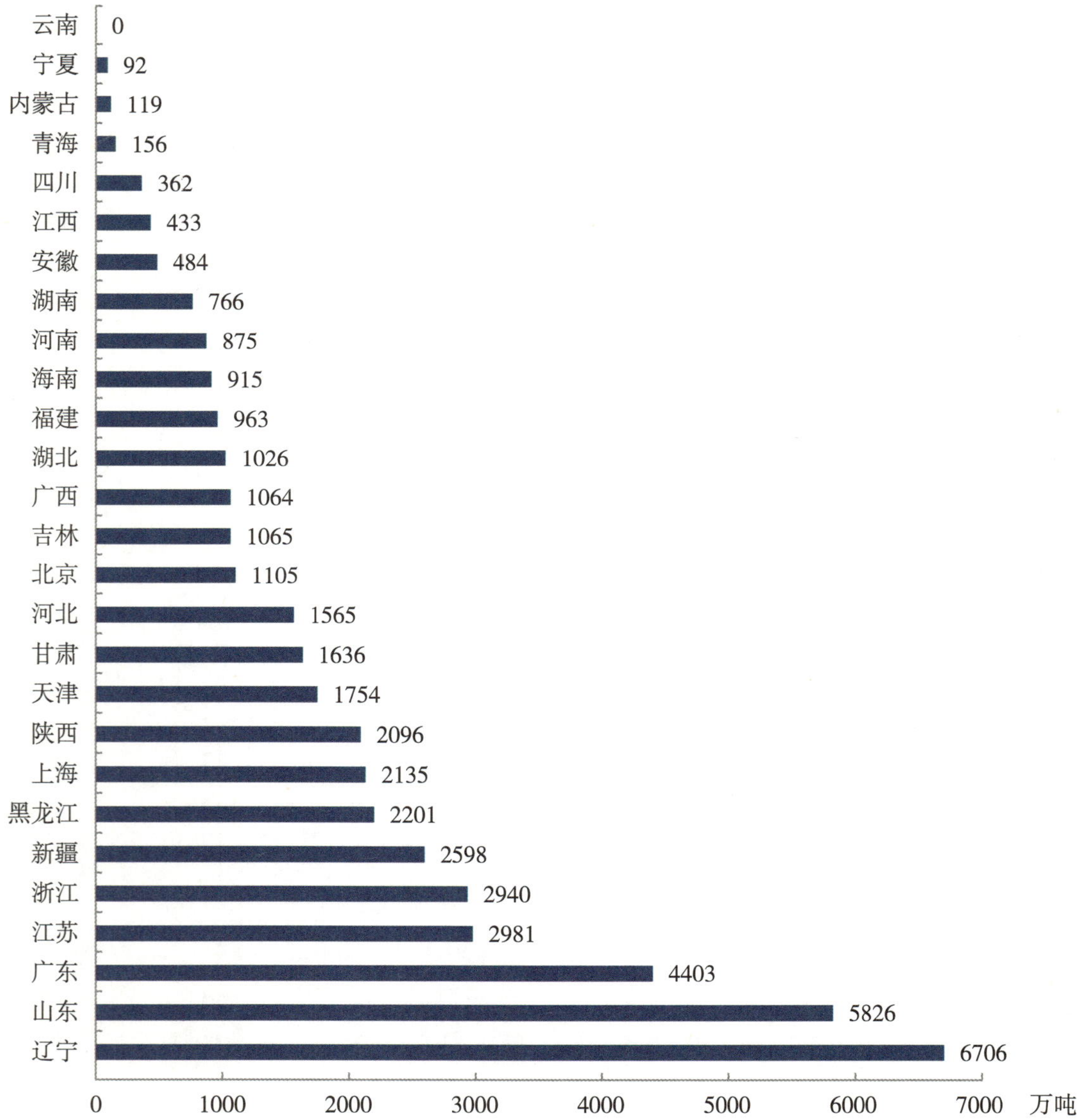

图3–7 2011年中国分地区原油消费排序

数据来源：《中国能源统计年鉴2012》。

分地区看，中国的汽油消费主要集中在经济总量大、物流运输便利和轿车使用比较集中的东部省份。随着“十二五”期间轿车进入家庭速度的加快，东部沿海省份的轿车拥有量急速增加，同时，这些地区作为中国最重要的制造业发展带，物流运输规模不断增加，提高了对汽油的需求。2011年地区汽油消费量排名前五的分别是广东、江苏、山东、辽宁和浙江，其中广东的消费量超过千万吨，其余四个省份的汽油消费量也均超过500万吨，五省份占全国汽油消费总量的四成。地区汽油消费量排名后五的分别是宁夏、青海、甘肃、海南和新疆，这五个省份都是经济总量小或者不发达省份，2011年汽油消费量总和不足300万吨，如表3-8、图3-8所示。

表3–8 2006～2011年中国分地区汽油消费量 单位：万吨

地 区	2006年	2007年	2008年	2009年	2010年	2011年
北京	278.16	324.72	340.92	363.61	371.53	389.79
天津	128.09	139.55	148.76	181.03	205.12	222.57
河北	263.78	249.04	211.11	212.06	238.75	305.74
山西	169.69	194.92	236.63	262.41	228.35	216.88
内蒙古	260.88	236.12	260.88	279.51	325.68	310.24
辽宁	393.53	439.12	410.49	464.05	593.17	706.61
吉林	110.82	112.46	130.30	138.44	166.61	181.51
黑龙江	345.32	376.01	278.97	319.40	363.79	466.56
上海	261.73	303.66	340.50	388.52	415.37	472.87
江苏	449.51	488.27	561.80	585.66	749.84	827.38
浙江	402.30	444.09	475.36	508.62	586.70	647.76
安徽	97.80	114.91	127.37	140.40	157.40	176.16
福建	208.05	264.17	250.48	263.64	333.20	374.01
江西	65.99	70.61	75.68	77.21	155.23	182.76
山东	477.72	529.49	588.59	640.91	802.40	806.41
河南	249.69	210.90	191.75	196.36	297.49	358.53
湖北	421.49	554.91	624.23	559.50	457.80	497.81
湖南	236.24	271.66	231.80	246.11	262.36	295.05
广东	771.39	837.73	886.90	957.20	1086.12	1207.59
广西	173.91	190.70	202.00	216.28	247.68	259.48
海南	27.12	32.06	38.85	47.62	52.63	60.50
重庆	86.22	86.46	96.59	90.54	102.63	144.97
四川	269.32	330.44	375.92	462.92	541.82	642.08
贵州	81.00	105.81	123.42	129.99	143.36	145.23
云南	128.12	158.11	178.86	193.27	232.49	250.34

续表

地　区	2006年	2007年	2008年	2009年	2010年	2011年
陕西	178.16	286.77	219.13	248.49	255.23	279.60
甘肃	88.03	87.66	50.18	50.14	56.57	58.77
青海	15.26	18.36	21.38	23.17	26.19	28.97
宁夏	19.07	19.06	20.66	20.95	22.68	20.80
新疆	117.82	124.51	123.66	121.87	131.17	138.84

数据来源：《中国能源统计年鉴2012》。

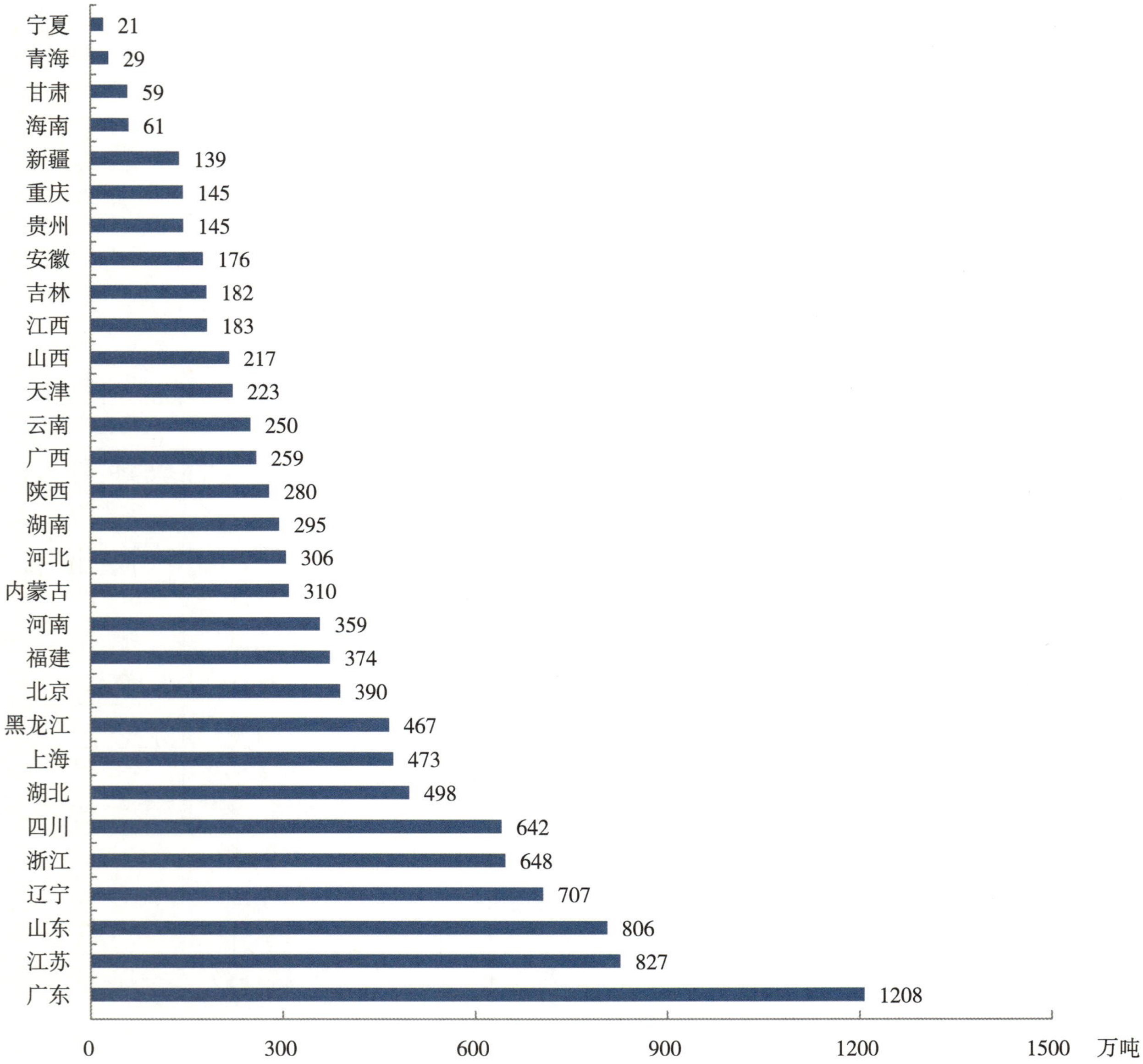

图3-8　2011年中国分地区汽油消费量

数据来源：《中国能源统计年鉴2012》。

分地区看，中国的柴油消费区域分布特点与汽油比较相似，主要集中在经济总量大、物流运输便利的东部省区。随着“十二五”期间东部沿海省份重化工业的快速发展和物流运输规模的不断增加，对柴油的需求也在不断增加。2011年地区柴油消费量排名前五的分别是山东、广东、辽宁、浙江和内蒙古，其中山东、广东、辽宁的消费量都超过千万吨，其余两个省份柴油消费量也都接近1000万吨，五省份占全国柴油消费总量的36%。地区柴油消费量排名后五位分别是青海、宁夏、海南、甘肃和北京，五省份2011年的柴油消费量总和不到全国柴油消费总量的6%，如表3–9、图3–9所示。

表3–9　　2006～2011年中国分地区柴油消费量　　单位：万吨

地　区	2006年	2007年	2008年	2009年	2010年	2011年
北京	177.49	192.02	227.22	240.18	237.42	241.12
天津	235.38	255.83	289.76	303.57	333.54	360.66
河北	484.39	532.74	531.73	521.67	691.94	796.12
山西	316.79	375.21	472.75	506.67	474.38	488.64
内蒙古	686.16	579.46	686.16	738.95	863.56	922.86
辽宁	587.76	660.52	778.42	810.45	963.90	1104.53
吉林	269.24	300.83	312.57	328.12	363.30	417.47
黑龙江	477.83	497.81	440.54	512.63	598.38	598.02
上海	344.56	379.83	427.05	483.19	509.04	532.96
江苏	587.17	607.99	646.21	655.87	727.96	759.40
浙江	842.43	871.40	898.63	897.23	958.33	958.44
安徽	239.90	259.16	309.63	329.14	365.75	416.69
福建	391.12	476.03	433.08	413.09	510.57	531.36
江西	313.59	295.27	288.47	293.17	368.75	392.54
山东	1101.08	1187.79	1257.74	1334.11	1448.12	1664.29
河南	346.01	460.51	543.45	526.18	561.22	663.34
湖北	514.62	625.42	613.49	790.67	648.96	698.07
湖南	364.08	395.04	375.51	432.38	502.98	561.72
广东	1367.60	1438.21	1518.92	1567.91	1668.56	1500.55
广西	308.91	337.25	355.54	413.61	442.37	476.91
海南	75.40	85.19	93.80	106.24	139.98	146.18
重庆	186.55	234.11	257.65	273.55	338.51	397.70
四川	354.61	394.23	473.94	538.46	525.10	576.52
贵州	171.88	184.04	226.46	234.69	264.66	304.97
云南	331.66	382.15	411.95	437.70	562.04	609.84

续表

地　区	2006年	2007年	2008年	2009年	2010年	2011年
陕西	311.69	279.89	443.55	493.29	531.50	573.75
甘肃	117.61	113.94	168.61	185.62	210.64	222.68
青海	61.66	73.07	78.38	87.11	89.89	102.37
宁夏	82.11	88.28	96.51	98.57	105.82	104.04
新疆	341.01	378.39	335.44	331.70	363.72	390.52

数据来源：《中国能源统计年鉴2012》。

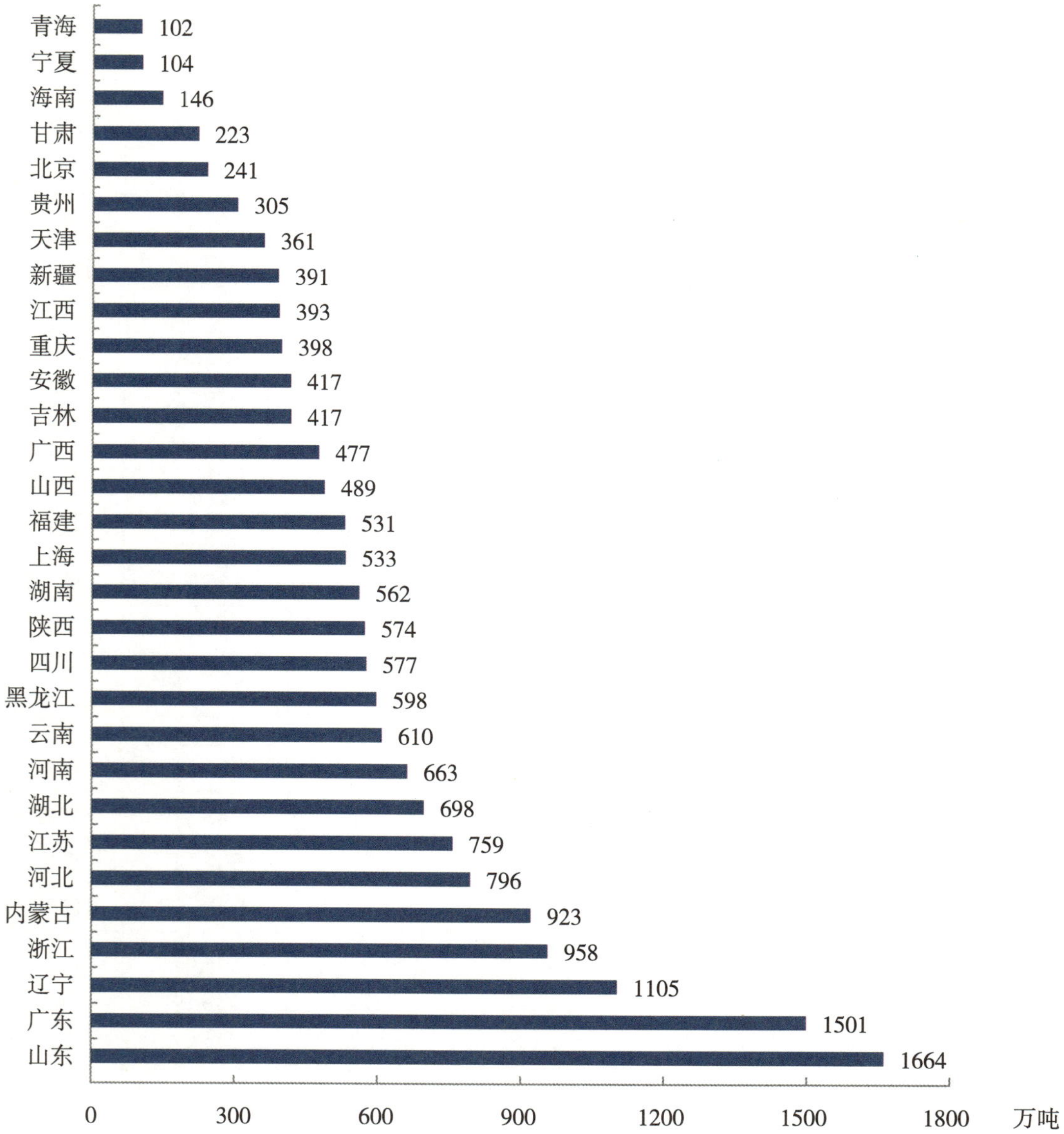

图3-9　2011年中国分地区柴油消费量

数据来源：《中国能源统计年鉴2012》。

分地区看，中国的煤油消费主要集中于几个大的航空运输的节点区域，煤油90%以上的需求都在航空业。2011年地区煤油消费量排名前五的分别是北京、上海、广东、四川和海南，其中上海、北京的消费量都接近400万吨，五个省份占全国煤油消费总量的67%。地区煤油消费量排名后五的分别是青海、广西、吉林、甘肃和宁夏，这五个省份航空业普遍不发达，煤油需求量较小，2011年五个省份的煤油消费量仅12万吨，如表3-10和图3-10所示。

表3-10　2006～2011年中国分地区煤油消费量　单位：万吨

地区	2006年	2007年	2008年	2009年	2010年	2011年
北京	233.86	277.10	318.39	341.93	392.63	419.88
天津	16.36	19.38	18.13	20.73	21.40	24.53
河北	5.88	6.22	7.37	6.25	7.34	8.94
山西	10.43	11.90	14.67	16.28	14.64	15.18
内蒙古	7.24	6.44	7.24	8.28	9.35	10.10
辽宁	34.89	38.15	24.99	20.62	23.34	27.35
吉林	1.09	0.89	1.18	1.15	1.21	1.25
黑龙江	10.25	3.85	0.51	0.31	24.06	26.47
上海	262.01	295.48	321.47	353.11	399.07	400.50
江苏	18.41	20.79	21.45	21.18	35.69	44.73
浙江	46.47	49.48	54.91	62.90	70.42	74.75
安徽	10.60	11.34	11.02	13.23	8.41	9.09
福建	36.99	49.09	51.95	50.96	56.50	64.39
江西	7.95	7.80	8.01	7.65	8.50	9.05
山东	23.88	32.02	30.73	35.41	38.61	39.66
河南	16.03	17.03	16.50	25.63	30.64	49.64
湖北	34.61	35.98	49.70	47.43	40.41	46.75
湖南	22.83	24.50	25.41	30.44	30.25	32.03
广东	157.40	171.14	183.07	192.12	202.38	216.93
广西	—	0.27	16.05	0.09	2.73	0.28
海南	66.27	75.24	80.16	90.03	87.43	90.15
重庆	23.01	27.01	30.44	34.06	41.78	52.78
四川	105.83	128.62	126.61	155.07	173.31	206.24
贵州	9.63	3.57	2.95	2.95	8.94	10.84
云南	35.06	36.18	38.19	37.24	47.44	51.12
陕西	34.80	1.78	15.65	8.48	8.94	9.67

续表

地区	2006年	2007年	2008年	2009年	2010年	2011年
甘肃	4.68	5.48	5.51	5.45	4.98	3.72
青海	—	2.06	0.40	0.16	0.17	0.19
宁夏	2.25	2.81	3.72	4.23	5.16	6.58
新疆	30.88	33.28	38.15	31.40	33.33	37.32

数据来源：《中国能源统计年鉴2012》。

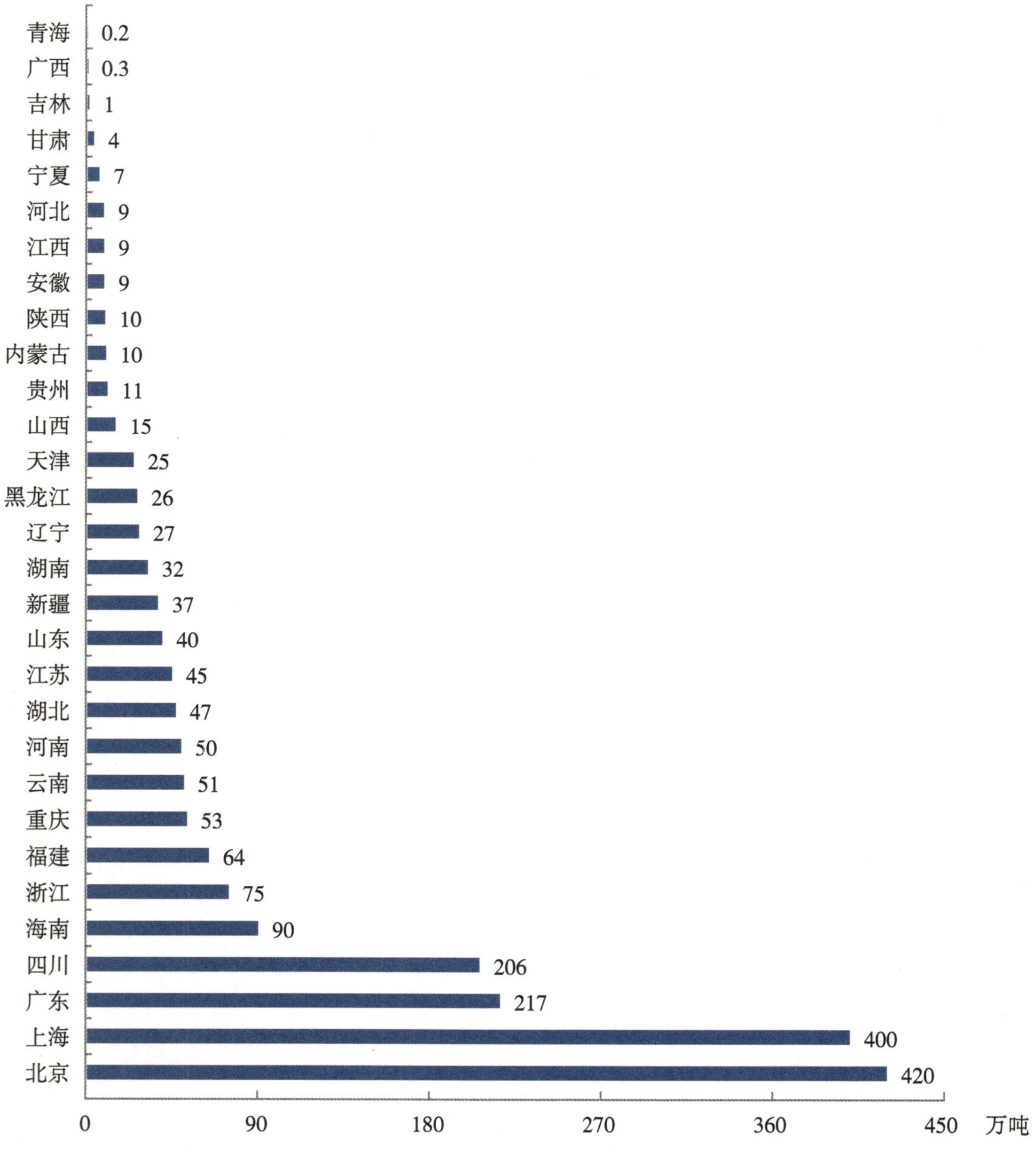

图3-10 2011年中国分地区煤油消费量

数据来源：《中国能源统计年鉴2012》。

分地区看，中国的燃料油消费主要集中于东部经济发达省份，以工业和交通运输业使用为主。2011年燃料油消费量排名前五的地区分别是山东、上海、广东、辽宁和浙江，其中山东的消费量超过1200万吨，五个省份占全国燃料油消费总量的七成多，其中山东省的地方炼厂由于原油供应不足而存在使用燃料油炼制成品油的需求，如表3-11、图3-11所示。

表3-11　2006～2011年中国分地区燃料油消费量　单位：万吨

地区	2006年	2007年	2008年	2009年	2010年	2011年
北京	48.05	42.85	25.62	42.40	66.69	74.64
天津	107.12	89.63	92.49	94.65	143.69	149.96
河北	59.33	48.31	65.82	59.76	38.53	47.29
山西	10.10	14.39	12.09	12.06	12.25	12.60
内蒙古	13.75	7.20	13.75	19.66	15.15	24.61
辽宁	230.73	224.22	379.66	299.94	356.43	391.40
吉林	34.28	30.62	39.84	38.44	39.96	37.81
黑龙江	44.34	47.19	69.86	88.18	88.90	88.92
上海	805.29	848.61	788.73	742.79	744.28	675.04
江苏	201.06	236.59	218.00	217.10	157.71	151.19
浙江	240.95	227.29	219.86	289.53	330.48	370.29
安徽	21.62	13.24	15.60	14.26	11.73	11.31
福建	173.48	124.94	142.32	165.83	182.75	189.66
江西	26.50	20.95	26.98	22.04	23.67	26.80
山东	346.31	386.24	355.43	404.87	1286.77	1466.60
河南	70.37	62.78	46.08	25.93	18.34	41.83
湖北	125.99	123.54	106.97	108.88	92.01	97.34
湖南	42.04	40.20	41.41	68.39	75.22	68.98
广东	1573.72	1316.44	1077.76	894.99	646.93	505.28
广西	24.07	20.85	9.92	7.38	34.64	50.45
海南	11.28	20.18	29.55	26.82	30.49	35.29
重庆	2.66	7.84	8.14	7.59	8.61	9.37
四川	9.50	7.17	12.60	13.34	62.82	70.45
贵州	12.01	21.19	23.16	13.47	14.43	16.04
云南	4.72	5.04	5.20	5.16	5.62	2.59
陕西	0.99	1.13	5.93	0.03	0.14	0.16
甘肃	14.05	14.33	12.73	13.39	14.63	9.42

续表

地区	2006年	2007年	2008年	2009年	2010年	2011年
青海	0.06	0.22	0.13	0.16	0.12	0.10
宁夏	0.98	0.53	1.98	0.52	39.76	36.66
新疆	19.31	22.26	27.34	22.37	14.95	2.40

数据来源：《中国能源统计年鉴2012》。

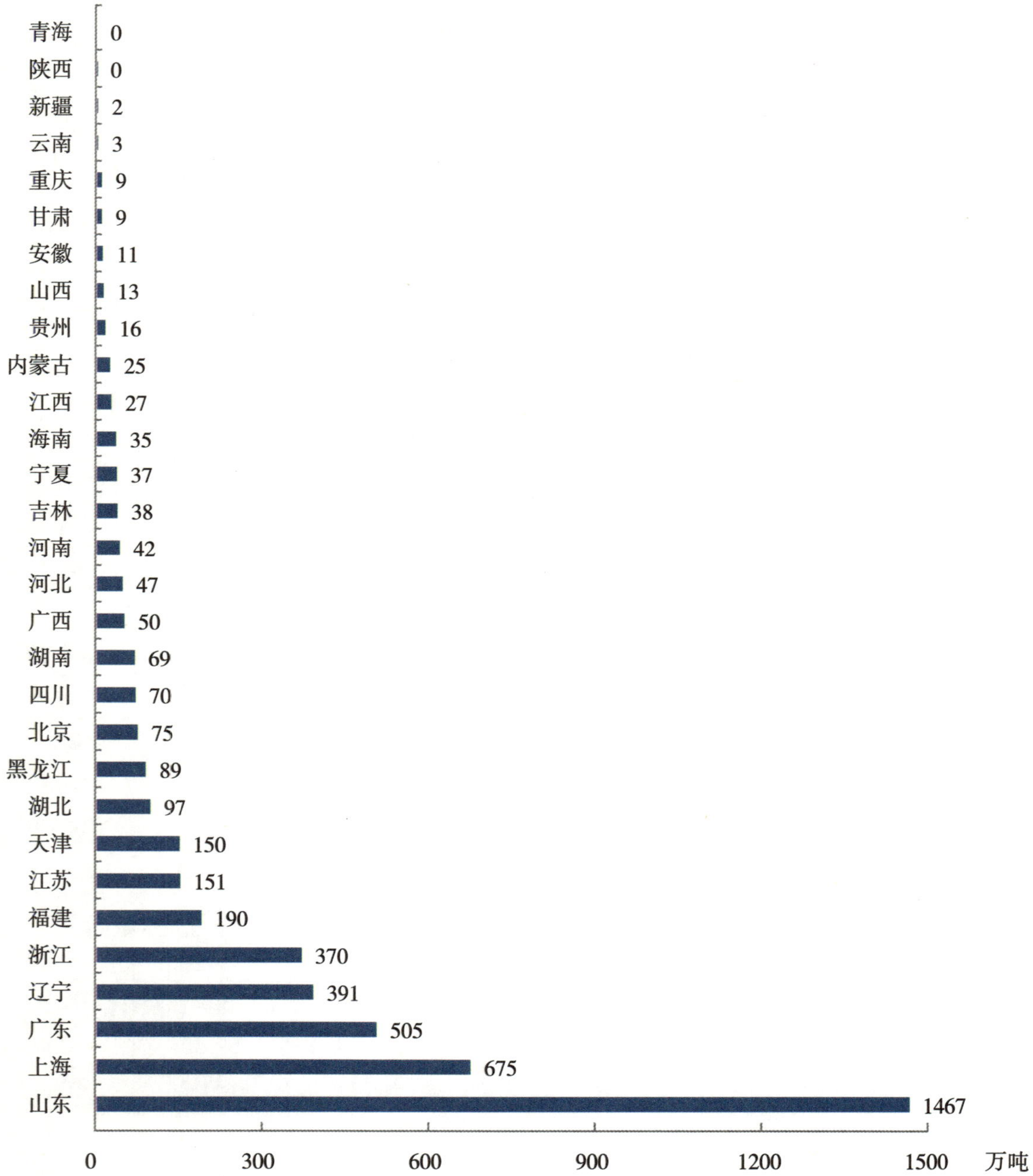

图3-11　2011年中国分地区燃料油消费量

数据来源：《中国能源统计年鉴2012》。

五、石油消费弹性系数回升，消费强度下降3%

从石油消费弹性系数看，五年平均值在2000年以后呈现逐渐下降的态势，但2012年有所回升，约为0.64，与“十一五”期间石油消费弹性系数持平，高于2011年的0.52，如表3-12所示。

表3-12　　中国石油消费弹性系数

年　份	GDP年均增长率（%）	石油消费年均增长率（%）	弹性系数
1995~2000	8.6	7.3	0.84
2000~2005	9.8	7.3	0.74
2005~2010	11.2	7.1	0.64
2011	9.3	4.9	0.52
2012	7.8	5.0	0.64

数据来源：1995~2011年数据根据《中国能源统计年鉴2012》、《中国统计年鉴2012》中相关数据计算得到，2012年数据为预计数。

石油消费强度指石油消费总量与国内生产总值的比例。随着经济发展及第三产业比重的上升，世界大多数国家或地区的能源效率逐渐提高，石油消费强度逐渐下降。近年来，中国政府提出了节能减排的目标，石油消费强度呈现稳步下降趋势。根据2012年相关数据测算，每生产一万元GDP要消费约0.131吨石油，如图3-12所示。

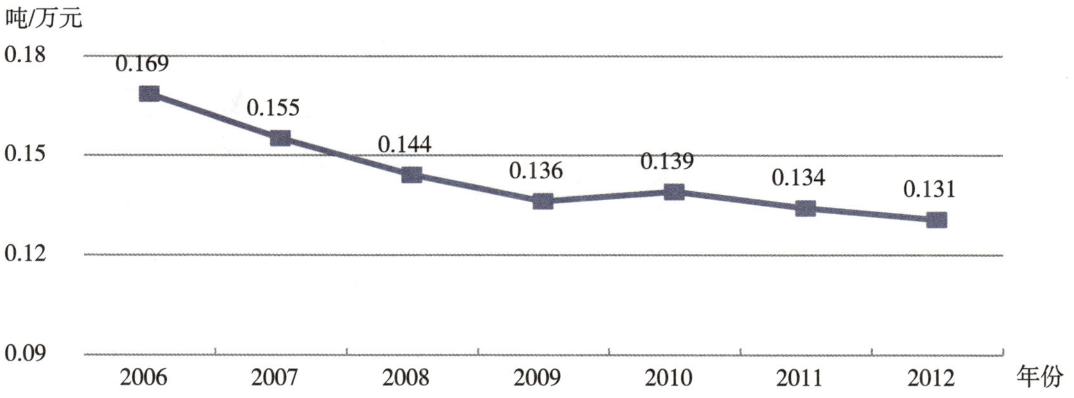

图3-12　2006~2012年中国石油消费强度

注：GDP按2005年可比价格计算。

数据来源：1995~2011年数据根据《中国能源统计年鉴2012》、《中国统计年鉴2012》中相关数据计算得到，2012年数据为预计数。

第四章 天然气消费

一、天然气消费增速放缓，总量近1500亿米^3

如图4–1所示，2012年中国天然气消费量继续上升，达到1480亿米^3，较2011年增加了175亿米^3，同比增长13.4%。2012年，天然气消费保持了较快增速，远远超过石油和煤炭的消费增速，但是与2011年的天然气消费增速相比，2012年仍回落了近8.7个百分点，增速出现明显放缓。2012年中国人均天然气消费量为109.6米^3/人，突破了100米^3/人，日均天然气消费量达到4亿米^3/天。

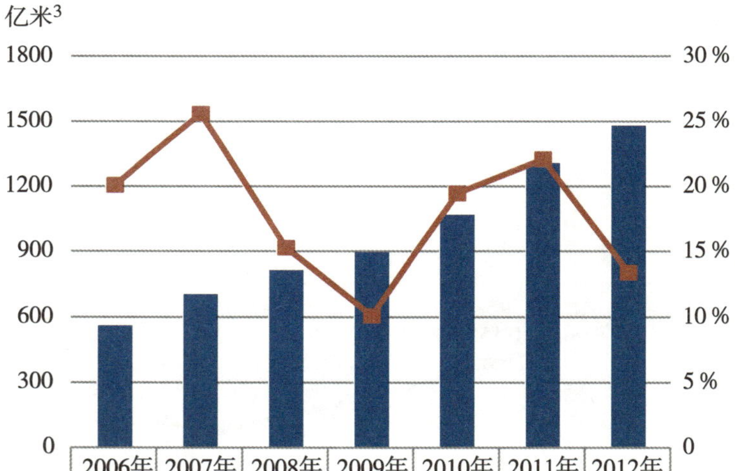

	2006年	2007年	2008年	2009年	2010年	2011年	2012年
天然气消费总量（亿米^3）	561.4	705.2	812.9	895.2	1069.4	1305.3	1480.0
增长率（%）	20.1	25.6	15.3	10.1	19.5	22.1	13.4

图4–1　2006～2012年中国天然气消费总量与增速

数据来源：2006～2011年数据来自《中国能源统计年鉴2012》，2012年数据为预计数。

分季度看，根据中石油经济技术研究院统计数据，2012年一、四季度因低温供暖而使得天然气消费量较高，第一季度和第四季度的天然气月均消费量分别为125亿米^{3}和130亿米^3，第二季度天然气消费较少，5月天然气消费量112亿米^3，为全年最低值，第三季度由发电用气带动月均消费上升至119亿米^3。

根据中石油经济技术研究院统计数据，2012年世界天然气消费量达3.31万亿米^3，同比增长2.7%，中国天然气消费量占世界天然气消费量比重约为4.5%。受日本核电危机和中国、印度等新兴经济体消费快速增长的影响，亚太地区天然气消费量达到6324亿米^3，同比增长7.1%，增幅居世界首位。根据BP统计数据，2011年全球天然气消费总量为32229亿米^3，中国天然气消费量占全球天然气消费总量的4.0%，在世界天然气消费量排名中居美国、俄罗斯、伊朗之后排名第四，如表4–1所示。

表4–1　　2006～2011年世界主要国家和地区天然气消费总量　　单位：亿米^3

国家/地区	2006年	2007年	2008年	2009年	2010年	2011年	2011年占比（%）
世界	28243	29304	30051	29306	31531	32229	100.0
OECD国家	14257	14773	14992	14514	15362	15346	47.7
非OECD国家	13986	14531	15059	14792	16169	16884	52.3
美国	6144	6542	6591	6487	6732	6901	21.5
俄罗斯	4085	4221	4160	3896	4141	4246	13.2
伊朗	1087	1130	1193	1314	1446	1533	4.7
中国	561	705	813	895	1076	1307	4.0
日本	837	902	937	874	945	1055	3.3
加拿大	969	962	961	949	950	1048	3.2
沙特阿拉伯	735	744	804	785	877	992	3.1
英国	901	911	939	867	940	802	2.5
德国	872	829	812	780	833	725	2.2
意大利	774	778	778	715	761	713	2.2
墨西哥	609	632	661	662	679	689	2.1
阿拉伯联合酋长国	434	492	595	591	608	629	1.9
印度	373	401	413	510	619	611	1.9
乌克兰	670	632	600	470	521	537	1.7
埃及	365	384	408	425	451	496	1.5
乌兹别克斯坦	419	459	487	435	455	491	1.5
泰国	333	354	374	392	451	466	1.4
韩国	320	347	357	339	430	466	1.4
阿根廷	418	439	444	432	433	465	1.4
土耳其	305	361	375	357	390	457	1.4
法国	421	424	438	422	469	403	1.2
巴基斯坦	361	368	375	384	396	392	1.2
荷兰	381	370	386	389	436	381	1.2
印度尼西亚	332	313	333	374	403	379	1.2

续表

国家/地区	2006年	2007年	2008年	2009年	2010年	2011年	2011年占比（%）
委内瑞拉	315	296	315	305	324	331	1.0
西班牙	337	351	386	346	346	321	1.0
马来西亚	337	334	338	337	319	285	0.9
澳大利亚	244	266	255	252	257	256	0.8

数据来源：BP Statistical Review of World Energy 2012。

虽然中国已经成为全球第四大天然气消费国且天然气消费量每年快速增长。但是在消费总量和人均消费量的国际比较方面，中国的天然气消费仍处于较低水平。根据BP统计数据，2011年中国天然气消费量仅为美国的18.94%，俄罗斯的30.78%。从天然气人均消费水平看，2012年中国人均天然气消费量预计约为109.6米³/人，仅为2010年世界平均水平（462米³/人）的24.0%，OECD国家平均水平（1247米³/人）的8.9%，美国（2171米³/人）的5.1%，加拿大（2785米³/人）的4.0%，沙特阿拉伯（3195米³/人）的3.5%，如图4-2所示。

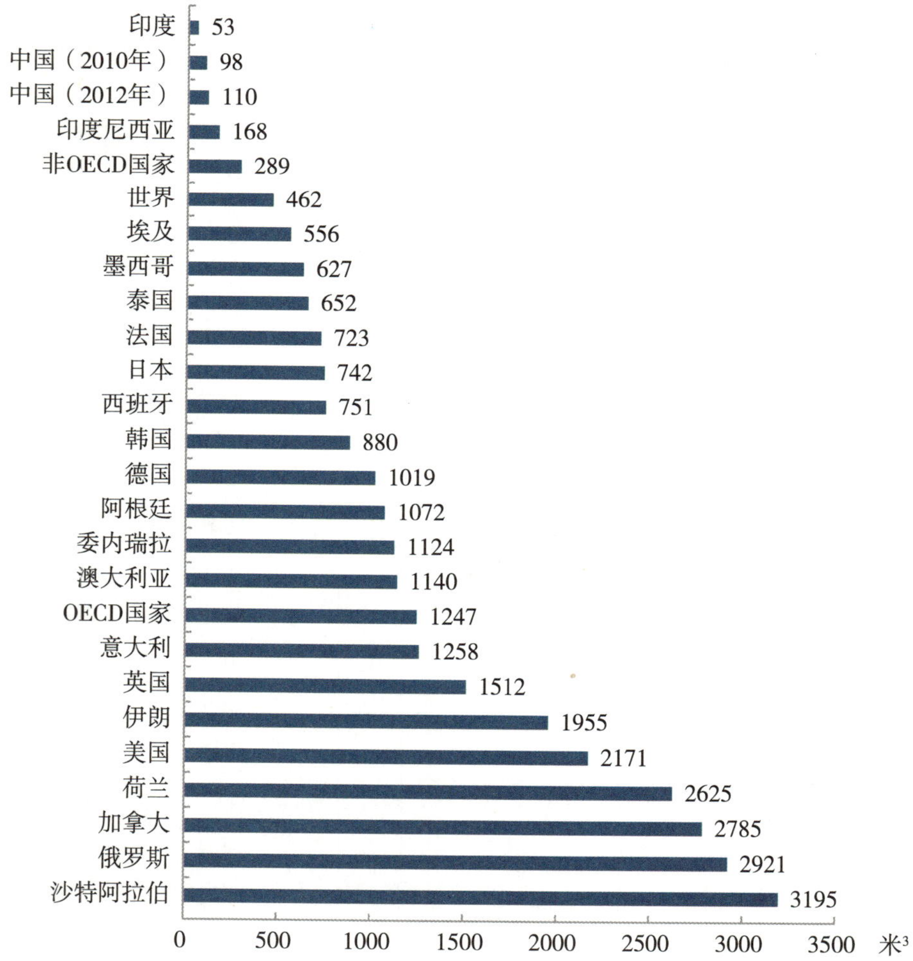

图4-2 2010年世界主要国家和地区人均天然气消费量比较

数据来源：天然气消费量来自BP Statistical Review of World Energy 2012，人口数据来自IEA，Key World Energy Statistics 2012。

二、天然气消费结构多元化发展，城市燃气和发电用气比重上升

分部门看，中国的天然气消费主要集中在采掘业、石油和天然气开采、化工产品制造、电力供应、交通运输和居民生活等领域。2011年，上述六个领域的用气比重分别为10.1%、9.7%、17.9%、16.5%、10.6%和20.3%，累计占比85.1%，如表4–2所示。

表4–2　2006～2011年中国天然气分部门消费量　单位：亿米^3

行业	2006年	2007年	2008年	2009年	2010年	2011年	2011年占比（%）
消费总量	561.41	705.23	812.94	895.2	1069.41	1305.3	100.0
工业	383.97	479.67	531.6	577.9	680.92	839.95	64.3
采掘业	81.72	90.97	109.67	122.93	134.14	131.93	10.1
石油和天然气开采业	77.44	85.89	104.41	117.40	129.55	126.04	9.7
制造业	263.12	309.08	337.92	321.14	357.70	483.07	37.0
石油加工、炼焦及核燃料加工业	21.03	25.00	26.03	26.72	40.04	68.33	5.2
化学原料及化学制品制造业	177.42	207.05	200.03	176.84	187.28	233.48	17.9
非金属矿物制品业	23.78	28.91	43.75	44.62	42.72	63.76	4.9
黑色金属冶炼及压延加工业	11.22	13.15	17.06	18.81	20.42	28.56	2.2
交通运输设备制造业	5.65	6.62	11.62	12.18	12.97	18.55	1.4
电力、煤气及水生产和供应业	39.13	79.62	84.01	133.82	189.07	224.95	17.2
电力、热力的生产和供应业	29.49	70.74	73.92	127.91	180.80	215.90	16.5
燃气生产和供应业	9.58	8.80	9.99	5.79	8.07	8.87	0.7
交通运输、仓储和邮政业	47.24	46.88	71.55	91.07	106.70	138.35	10.6
批发、零售业和住宿、餐饮业	13.16	17.11	17.75	23.96	27.24	33.64	2.6
其他行业	12.77	16.09	20.92	23.64	26.00	27.14	2.1
生活消费	102.62	143.39	170.12	177.67	226.90	264.38	20.3

数据来源：《中国能源统计年鉴2012》。

2000年以来，随着陕京线、“西气东输”、“川气东送”等长距离的管道建成和投产以及城市配气管网等基础设施的完善，中国的天然气消费结构正在逐步从原来的工业生产消耗为主的结构向多元化用气结

构转变，城市燃气成为增长最快的用气部门，天然气作为一种清洁高效的能源，被大量用于城市燃气和替代其他工业燃料。如图4–3所示，和2000年相比，虽然仍是工业燃料用气占比最多，但比重出现了较大幅度下降，城市燃气比重已远远超过化工用气成为中国天然气消费第二大行业，城市燃气消费占比从2000年的17.6%提高至2012年的29.63%，发电用气占比则从4.1%提高至16.29%。

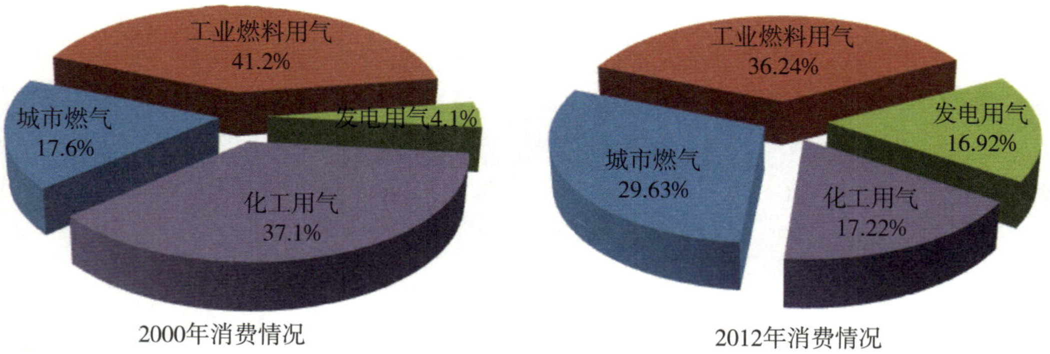

图4–3　2000年及2012年中国分行业天然气消费情况

数据来源：国家统计局，2012年数据为预计数。

从重点部门的天然气消费来看，2006～2011年，采掘业天然气消费比重从14.6%下降至10.1%，油气开采消费比重从13.8%下降至9.7%，化工业消费比重从31.6%下降至17.9%；而发电供热天然气消费比重则从5.3%上升至16.5%，交通运输消费比重从8.4%上升至10.6%，生活消费比重从18.3%上升至20.3%，如图4–4所示。

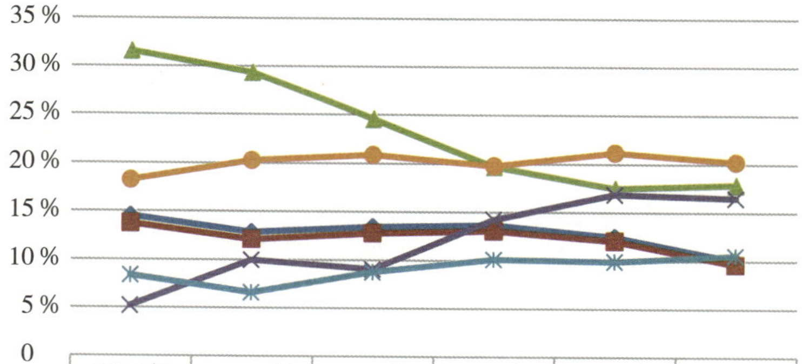

	2006年	2007年	2008年	2009年	2010年	2011年
采掘业（%）	14.6	12.9	13.5	13.7	12.5	10.1
油气开采（%）	13.8	12.2	12.8	13.1	12.1	9.7
化工业（%）	31.6	29.4	24.6	19.8	17.5	17.9
发电供热（%）	5.3	10.0	9.1	14.3	16.9	16.5
交通运输（%）	8.4	6.6	8.8	10.2	10.0	10.6
生活消费（%）	18.3	20.3	20.9	19.8	21.2	20.3

图4–4　2006～2011年中国天然气消费重点部门消费结构变化

数据来源：《中国能源统计年鉴2012》。

根据IEA预测数据，2012年OECD国家天然气消费仍以发电、民商和工业用气为主，分别占37%、32%和19%，其中发电为全球天然气消费的主要增长点，如图4–5所示。与世界平均水平尤其是发达国家的天然气消费情况相比，中国的天然气消费中，工业和非燃料用途的比例较低，根据IEA统计数据，2010年中国工业天然气消费比重为28.8%，较世界平均水平和OECD国家水平分别低6.4个和5.8个百分点，交通运输消费比重为12.7%，较世界平均水平和OECD国家水平分别高5.9个和9.6个百分点，如图4–6所示。

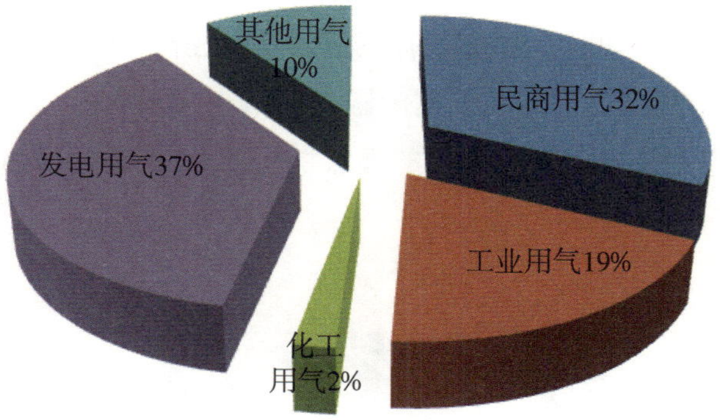

图4–5　2012年OECD国家分部门天然气消费结构

数据来源：IEA，《中期能源展望2012》，2012年数据为预计数。

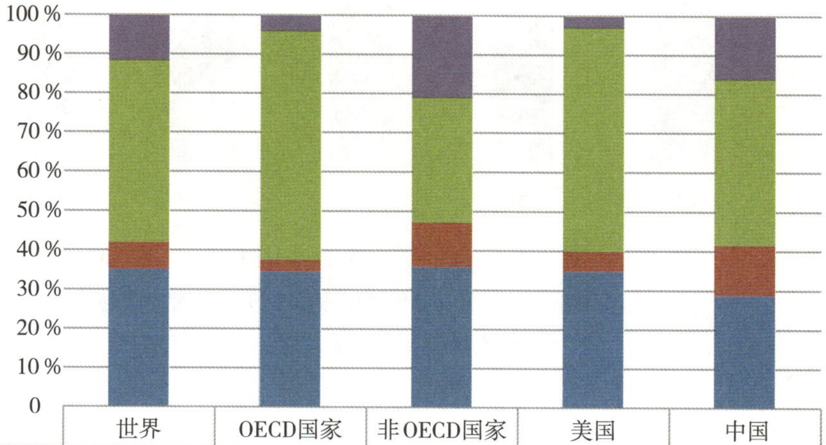

	世界	OECD国家	非OECD国家	美国	中国
非能源使用（%）	11.6	4.1	21.1	3.0	16.2
其他（%）	46.4	58.2	31.6	57.1	42.2
交通运输业（%）	6.8	3.1	11.4	5.1	12.7
工业（%）	35.2	34.6	35.9	34.9	28.8

图4–6　2010年分用途天然气消费结构的国际比较

数据来源：国际数据来自IEA，Energy Balances of OECD Countries 2011；中国数据来自IEA，Energy Balances of non–OECD Countries 2012。

三、天然气消费区域继续扩展，东部经济发达地区占主导

随着陕京线、“西气东输”、涩宁兰、忠武线、“川气东送”等长输管道的建成，川渝、塔里木、长庆、青海四大气区的天然气实现了全面外输，天然气消费区域继续由油气田周边向中东部经济发达地区转移并扩展，从2011年天然气消费地区分布来看，华北、东北、华东、华中、华南、西北天然气消费量均出现了不同程度的提高，其中华东地区天然气消费量居首，达到310.28亿米^3，较2010年增加65.78亿米^3，而排名第二的西南地区则成为全国唯一一个天然气消费量下降的地区，从2010年的239.81亿米^{3}下降至226.83亿米^3。我国天然气消费的地域性差别体现为东部经济发达地区占主导，华东地区逐步成为全国天然气消费量最大的地区，其次为西北和华北地区，2011年分别为223.99亿米^{3}和207.44亿米^3。相比之下，华南和华中地区的天然气消费量较低，东北的天然气消费量最低，仅为89.45亿米^3，如图4–7所示。

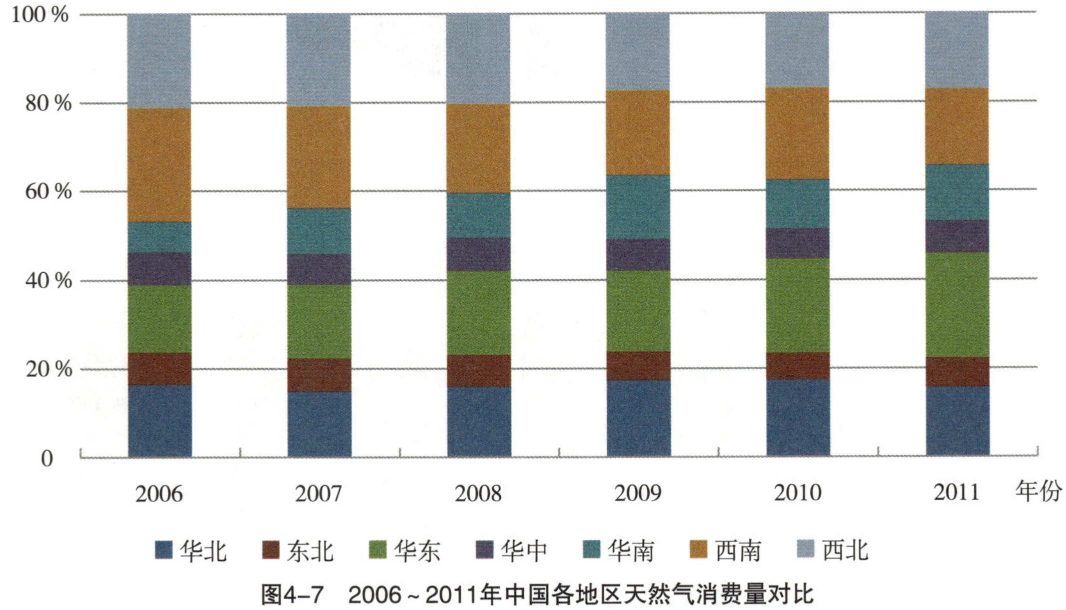

图4–7　2006～2011年中国各地区天然气消费量对比

数据来源：《中国能源统计年鉴2012》。

具体到省，2011年全国各省份中，四川天然气消费量最大，为156.08亿米^3，天然气消费量最小的省区是广西，为2.53亿米^3；2010年到2011年变化最为显著的是广东，天然气消费量从61.56亿米^{3}跃升到114.46亿米^3，成为全国第二大天然气消费省份。从人均天然气消费量来看，青海的人均消费量最高，2011年为564.14米^3/人，和2010年的423.51米^3/人相比有显著提升，广西的人均天然气消费量最低，仅为5.44米^3/人；2010年到2011年变化比较显著的还有海南，从343.06米^3/人上升至556.91米^3/人，而天然气消费总量排名第二的广东，人均天然气消费量则从2010年的61.32米^3/人提高到2011年的108.96米^3/人，如图4–8所示。

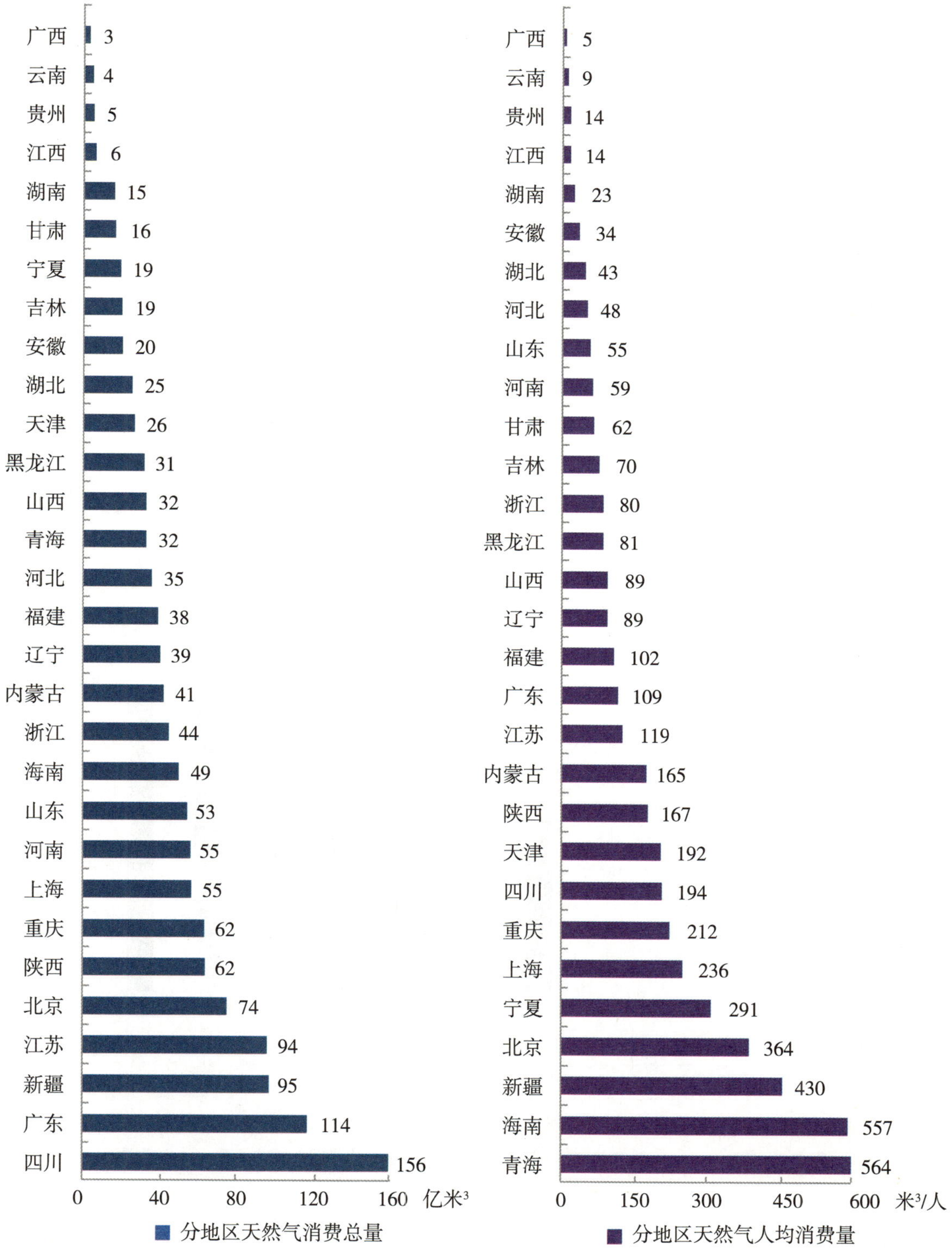

图4-8 2011年中国分地区天然气消费量及人均消费量

注：由于西藏天然气消费量较小，未在图中显示。

数据来源：天然气消费量数据来自《中国能源统计年鉴2012》，人口数来自《中国统计年鉴2011》、《中国统计年鉴2012》。

第五章 电力消费

一、全社会用电量近5万亿千瓦·时，同比增长5.5%

2012年，中国全社会用电量49591亿千瓦·时，比2011年增加2565亿千瓦·时，同比增长5.5%，增长率较上年降低6.5个百分点，为2006年以来增长率最低的年份。2012年，中国全社会日均用电量135.5亿千瓦·时/天，比2011年增加约6.7亿千瓦·时/天，人均用电量达到3671.5千瓦·时/人，如图5-1所示。

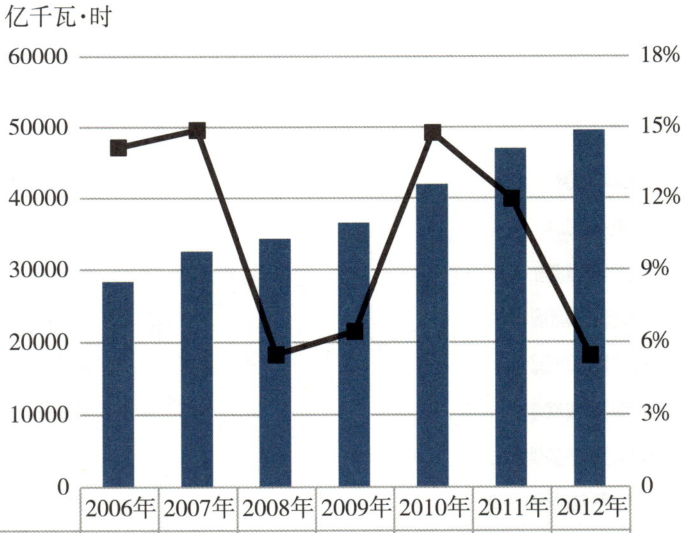

	2006年	2007年	2008年	2009年	2010年	2011年	2012年
全社会用电量（亿千瓦·时）	28368	32590	34380	36595	41999	47026	49591
增长率（%）	14.2	14.9	5.5	6.4	14.8	12.0	5.5

图5-1 2006～2012年中国全社会用电量与增长率

数据来源：2006～2011年数据来自《2011年电力工业统计资料汇编》，2012年数据来自《2012年电力工业统计快报》。

分季度看，一、二、三季度全社会用电量同比分别增长6.8%、4.3%和3.6%，增长率逐季回落，但回落幅度逐季收窄，四季度全社会用电量增长率回升至7.3%。各季度全社会用电量增速与2011年同期相比处于低位，增长放缓，如图5-2所示。

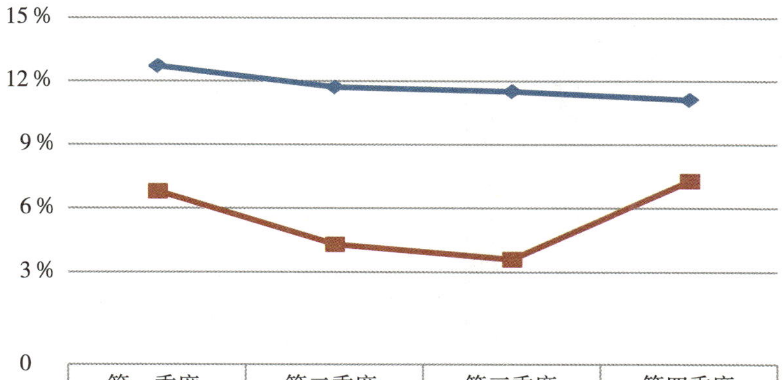

	第一季度	第二季度	第三季度	第四季度
2011 年用电量增长率（%）	12.7	11.7	11.5	11.1
2012 年用电量增长率（%）	6.8	4.3	3.6	7.3

图5-2　2011、2012年中国分季度全社会用电量增速

数据来源：2011年数据来自《2011年电力工业统计资料汇编》；2012年数据来自《2012年电力工业统计快报》。

如图5-3所示，与2012年GDP各季度增长率变化趋势对比，不难发现电力消费增长率变化趋势与其高度吻合。一、二、三季度，GDP同比分别增长8.1%、7.6%和7.4%，增长率回落，但回落幅度逐季收窄。第四季度GDP增长率回升至7.9%，这表明2012年国内经济增长放缓是电力消费增长放缓的重要原因。

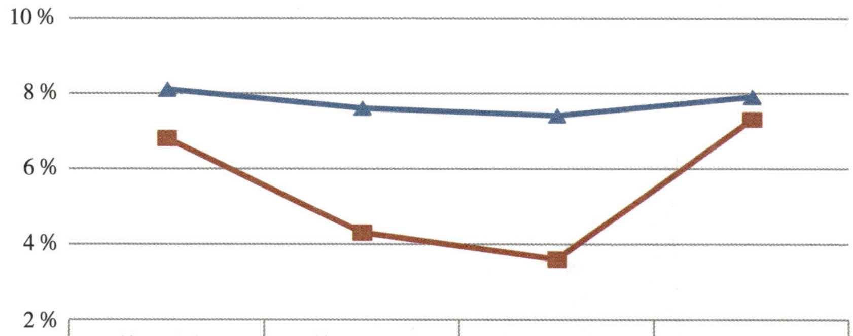

	第一季度	第二季度	第三季度	第四季度
GDP 增长率（%）	8.1	7.6	7.4	7.9
用电量增长率（%）	6.8	4.3	3.6	7.3

图5-3　2012年中国分季度GDP增长率与电力消费总量增长率

数据来源：电力消费数据来自《2012年电力工业统计快报》；GDP数据来自《2012年国民经济和社会发展统计公报》。

根据IEA统计数据，2011年美国电力消费量为41200亿千瓦·时，而同期中国全社会用电量已经达到47026亿千瓦·时，中国超越美国成为世界上第一大电力消费国，如图5-4所示。

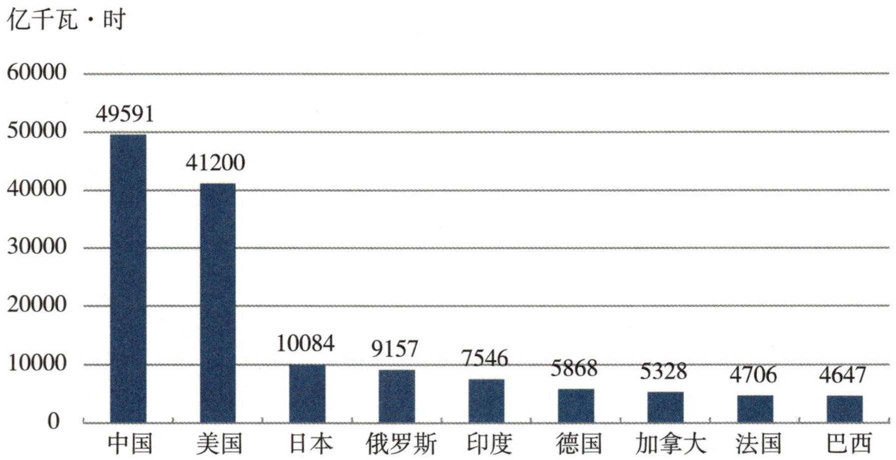

图5–4　部分国家电力消费量比较

数据来源：中国数据为2012年数据，来自《2012年全国电力工业统计快报》；俄罗斯、印度、巴西数据为2010年数据，其他国家数据为2011年数据，均来自IEA，Energy Statistics of OECD Countries 2012，Energy Statistics of non−OECD Countries 2012。

从人均电力消费量上看，2012年中国人均用电量为3672千瓦·时/人，较2011年提高182千瓦·时/人。按照国际上计算人均用电量的惯例，扣除线损电量后，2012年中国人均用电量约为3430千瓦·时/人，比2011年增加约165千瓦·时/人。根据IEA统计数据，2010年世界人均用电量为2892千瓦·时/人；2011年加拿大人均用电量达15474千瓦·时/人，美国为13156千瓦·时/人。据此计算，2012年中国人均用电量相当于2010年世界人均用电量的1.2倍，约为2011年加拿大的1/5，美国的1/4，如图5–5所示。

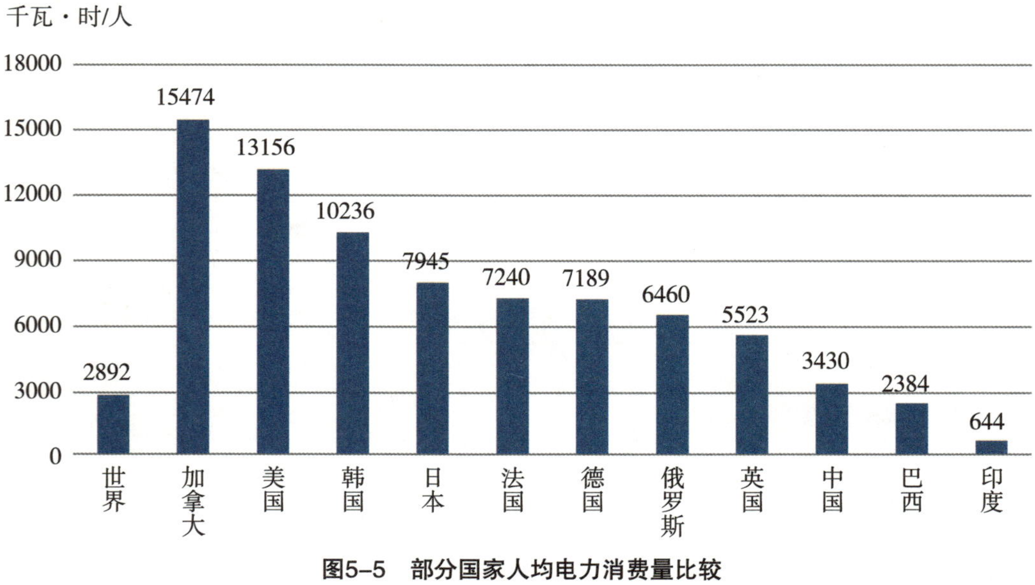

图5–5　部分国家人均电力消费量比较

注：终端电力消费量是指全社会用电量减去线损电量；人均电力消费量是终端电力消费量除以年中人口数。

数据来源：中国数据为2012年预计数；俄罗斯、巴西、印度数据为2010年数据，其他国家数据为2011年数据，均来自IEA，Energy Balances of OECD Countries 2012，Energy Balances of non−OECD Countries 2012。

从人均生活用电看，中国的人均电力消费水平更低。2012年中国人均生活用电量为460千瓦·时/人。根据IEA统计数据，2010年美国人均生活用电量为4662千瓦·时/人，居世界首位，加拿大次之，为4313千瓦·时/人，2012年中国人均生活用电量仅相当于美国的1/10。在“金砖国家”中，低于南非、俄罗斯、巴西，高于印度，约为印度的3.5倍，如图5-6所示。

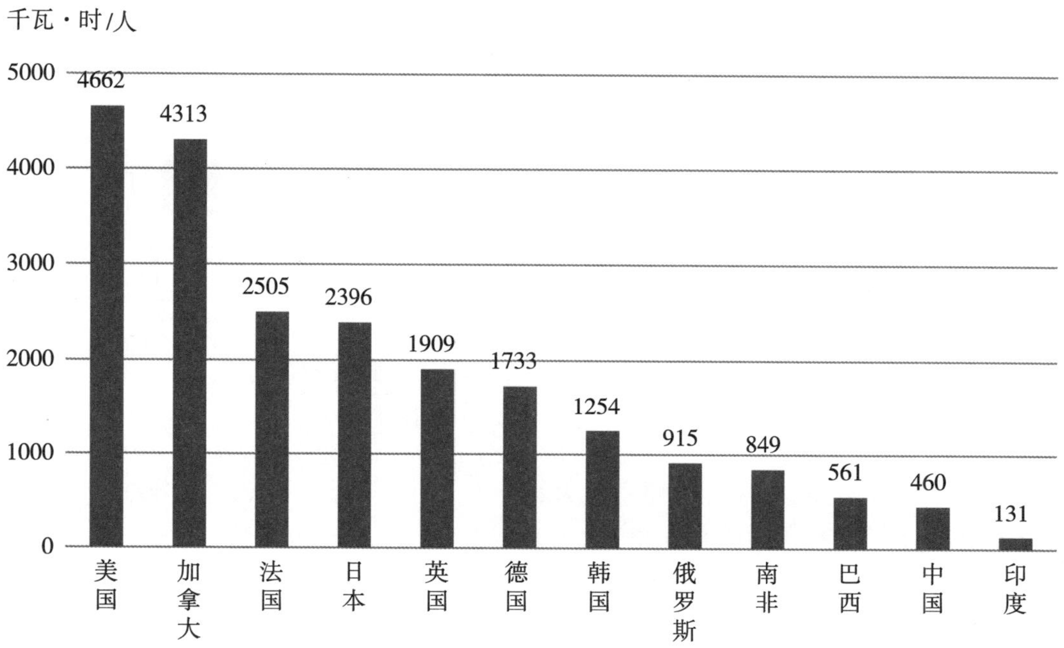

图5-6 主要国家人均生活用电量比较

数据来源：中国数据为2012年预计数；其他国家数据为2010年数据，来自IEA，Energy Balances of OECD Countries 2012、Energy Balances of non-OECD Countries 2012。

二、第二产业用电增速放缓、比重下降，第三产业和居民生活用电持续增长、比重上升

分行业看，2012年第一产业用电量1013亿千瓦·时，与2011年基本持平；第二产业用电量36669亿千瓦·时，同比增长3.91%，增长率较上年大幅回落8.2个百分点，是全社会用电量增长放缓的主要原因；第三产业用电量5690亿千瓦·时，同比增长11.46%；城乡居民生活用电量6219亿千瓦·时，同比增长10.66%，均保持较快的增长率，如图5-7所示。

在第二产业中，化工、建材、黑色金属冶炼和有色金属冶炼四大高耗能行业合计用电量同比增长2.7%，增长率较2011年回落10.8个百分点，四大高耗能行业用电量增长对全社会用电量增长的贡献率（即四大高耗能行业用电增长量占全社会用电增长量的比重）比2011年降低20.3个百分点，反映出四大高耗能行业用电增速大幅回落是第二产业及全社会用电量增速回落的根本原因。

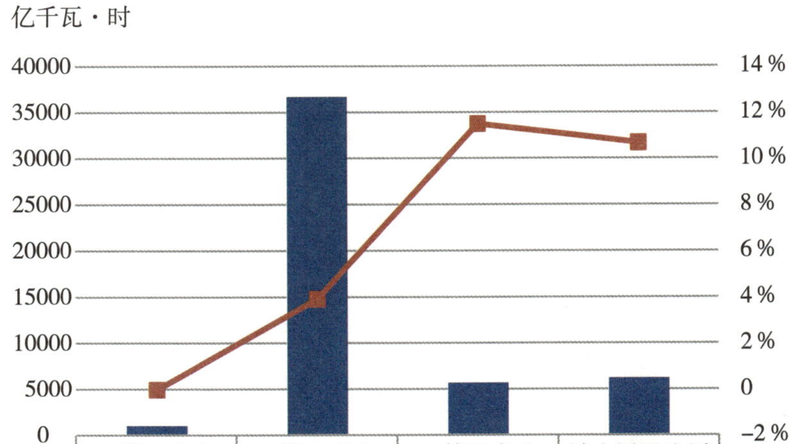

	第一产业	第二产业	第三产业	城乡居民生活
用电量（亿千瓦·时）	1013	36669	5690	6219
增长率（%）	−0.03	3.91	11.48	10.66

图5-7　2012年中国分行业用电量与增长率

数据来源：《2012年电力工业统计快报》。

2012年第一产业用电量占全社会用电量比重为2.0%，比2011年降低了0.2个百分点；重工业用电量所占比重为60.4%，回落1个百分点；轻工业用电量所占比重为12.3%，回落0.1个百分点；第二产业用电量所占比重为73.9%，较2011年降低了1.1个百分点；第三产业用电量所占比重为11.5%，提高0.7个百分点；居民生活用电所占比重为12.5%，提高0.5个百分点，如图5-8所示。

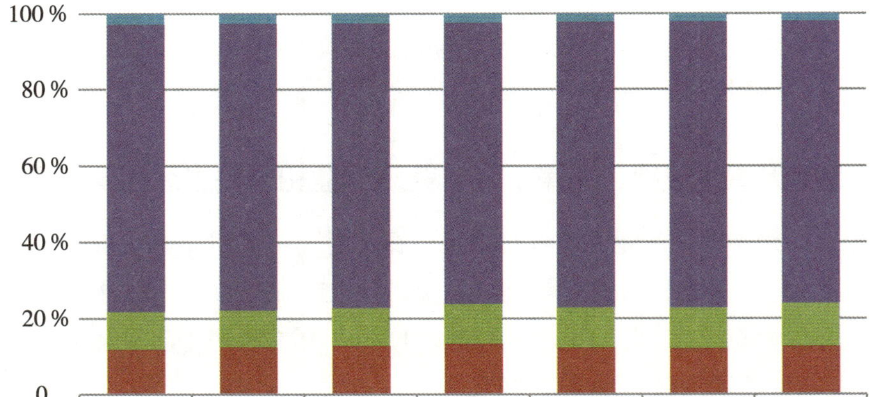

	2006年	2007年	2008年	2009年	2010年	2011年	2012年
第一产业（%）	2.9	2.7	2.6	2.5	2.3	2.2	2.0
第二产业（%）	75.3	75.2	74.6	73.7	74.8	75.0	73.9
第三产业（%）	10.0	9.7	10.1	10.6	10.7	10.8	11.5
生活消费（%）	11.7	12.4	12.7	13.2	12.2	12.0	12.5

图5-8　2006～2012年中国分部门电力消费结构

数据来源：2006～2011年数据来自《2011年电力工业统计资料汇编》；2012年数据来自《2012年电力工业统计快报》。

如图5-8所示，2006～2012年间中国的用电结构没有发生根本性的变化，第二产业用电仍占主导地位，占全社会用电量比重为73.9%。按照IEA的统计口径，2009年，世界终端电力消费（不包括厂用电和线损电量）中，第一产业、第二产业、第三产业和居民生活用电比重分别为2.6%、40.2%、28.9%和28.3%。在OECD国家中，比重分别为1%、31%、35.5%和32.5%；在美国，第二产业用电比重为21.9%，第三产业和生活用电比重分别为40.7%和37.4%。而同期中国，第二产业用电比重占66.4%，高出世界平均水平26个百分点，比非OECD国家比重高15个百分点。2009年中国终端消费中居民和商业用电比重为30%，比世界平均水平低27个百分点，比美国低58个百分点，如图5-9所示。

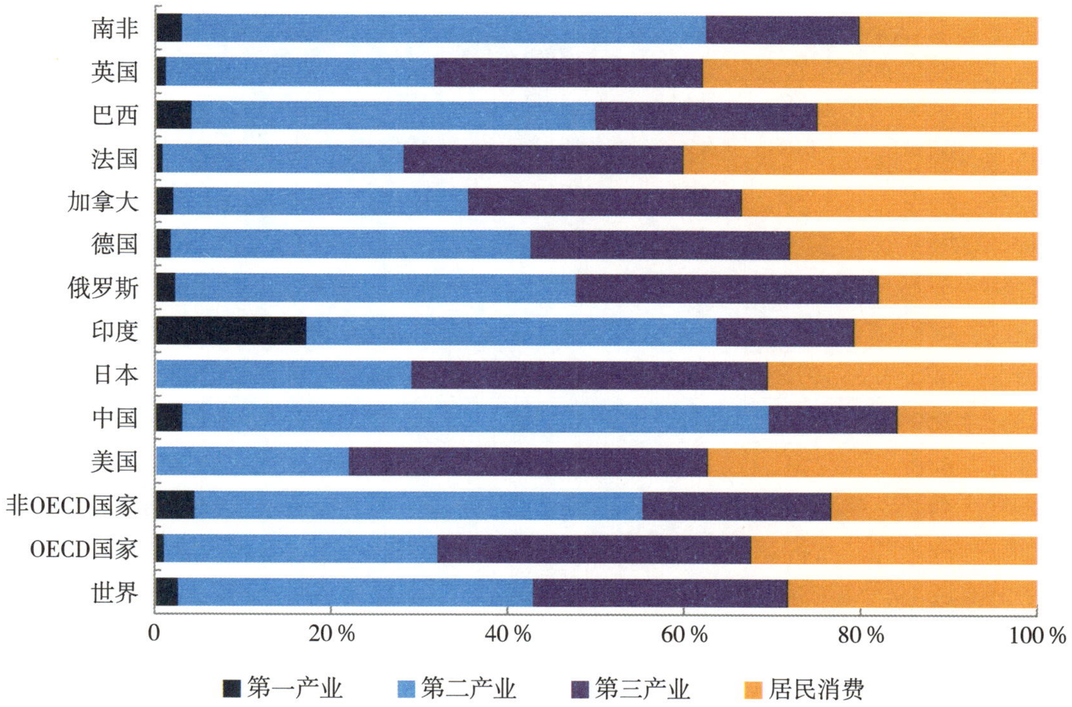

图5-9 2009年终端电力消费结构的国际比较

数据来源：根据IEA数据计算得到。

三、东部地区用电占比过半，西部地区用电增速较快

分地区看，中国电力消费主要集中在经济较为发达的东部地区。2012年用电量排名前七的地区是广东、江苏、山东、浙江、河北、河南和内蒙古，这七个省份的用电量均超过了2000亿千瓦·时，其中广东、江苏、山东、浙江和河北的用电量超过3000亿千瓦·时，广东和江苏的用电量更是超过了4000亿千瓦·时，如表5-1和图5-10所示。

表5-1　　2006～2012年中国分地区用电量　　单位：亿千瓦·时

地区	2006年	2007年	2008年	2009年	2010年	2011年	2012年	2012年增长率（%）
全国	28368	32565	34380	36598	41999	47026	49591	5.5
广东	3004	3394	3507	3610	4060	4399	4619	5.0
江苏	2570	2952	3118	3314	3864	4282	4581	7.0
山东	2272	2596	2727	2941	3298	3635	3795	4.4
浙江	1909	2189	2323	2471	2821	3117	3211	3.0
河北	1735	2014	2095	2344	2692	2985	3078	3.1
河南	1524	1808	1971	2081	2354	2659	2748	3.3
内蒙古	885	1160	1221	1288	1537	1864	2017	8.2
辽宁	1228	1360	1412	1488	1715	1862	1900	2.1
四川	1059	1178	1213	1325	1549	1751	1831	4.5
山西	1098	1349	1314	1268	1460	1650	1766	7.0
福建	867	1000	1074	1135	1315	1516	1579	4.2
湖北	877	989	1059	1135	1330	1451	1508	3.9
安徽	662	769	859	952	1078	1221	1361	11.5
上海	990	1072	1138	1153	1296	1340	1353	1.0
湖南	769	891	917	1011	1172	1293	1345	4.0
云南	646	746	829	891	1004	1204	1316	9.3
广西	579	681	761	856	993	1112	1153	3.7
新疆	356	413	479	548	662	839	1091	30.0
陕西	581	654	708	740	859	982	1067	8.6
贵州	582	669	679	750	835	944	1047	10.9
甘肃	536	615	678	706	804	923	995	7.7
北京	612	667	690	739	810	822	874	6.4
江西	446	511	547	609	701	835	868	3.9
黑龙江	597	629	670	689	748	802	828	3.2
宁夏	378	440	440	463	547	725	742	2.4
重庆	405	449	488	534	626	717	723	0.8
天津	434	495	516	550	646	695	722	3.9
吉林	412	463	496	515	577	630	637	1.1
青海	244	285	313	337	465	561	602	7.4
海南	98	113	123	137	159	185	208	12.3
西藏	13	15	16	18	20	24	28	16.8

数据来源：《2012年电力工业统计快报》。

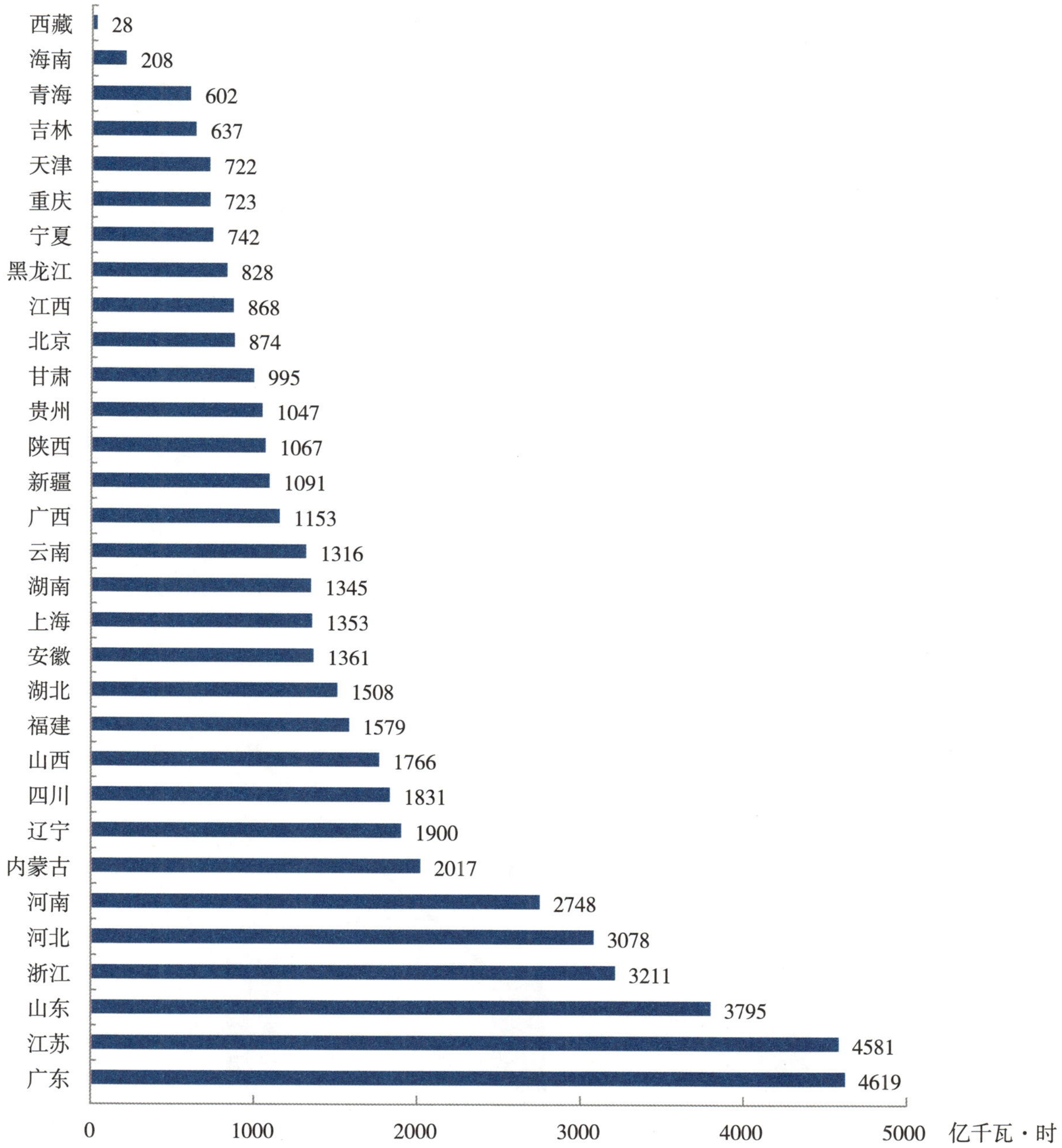

图5-10　2012年中国分地区电力消费量

数据来源：《2012年电力工业统计快报》。

2012年，东部地区用电量25921亿千瓦·时，比中、西部地区用电量之和还多2251亿千瓦·时。如表5-2和图5-11所示，中国东、中、西部用电比重分别为52.3%、22.3%和25.4%。从增速上看，2012年东部地区用电量同比增长4.4%，中部地区用电量同比增长4.9%，均低于全国平均水平。西部地区用电量同比增长8.3%，增速快于东部和中部地区。其中，新疆增速高达30%，为全国最高；重庆增速仅0.8%，为全国最低。

表5-2　2006～2012年中国东、中、西部用电量与增长率

项目	2006年	2007年	2008年	2009年	2010年	2011年	2012年
东部地区用电量（亿千瓦·时）	15719	17852	18723	19882	22676	24837	25921
中部地区用电量（亿千瓦·时）	6385	7409	7833	8260	9420	10542	11060
西部地区用电量（亿千瓦·时）	6264	7305	7825	8456	9901	11647	12610
东部同比增长率（%）	14.3	13.6	4.9	6.2	14.1	9.5	4.4
中部同比增长率（%）	12.6	16	5.7	5.5	14	11.9	4.9
西部同比增长率（%）	16.8	16.6	7.1	8.1	17.1	17.6	8.3

数据来源：2006～2011年数据来自《2011年电力工业统计资料汇编》；2012年数据来自《2012年电力工业统计快报》。

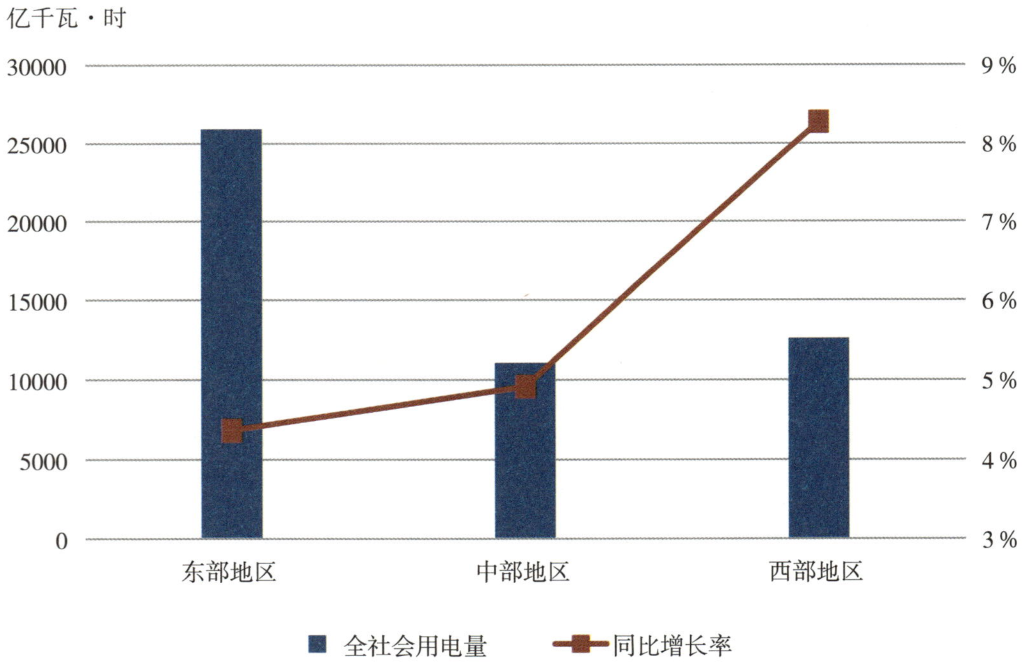

图5-11　2012年中国东、中、西部全社会用电量与增长率对比

数据来源：《2012年电力工业统计快报》。

四、电力消费弹性系数为0.7，单位产值用电量下降2.2%

2012年中国GDP增长率为7.8%，全社会用电量增长率为5.5%，电力消费弹性系数为0.7，较2011年降低0.6，为2006年以来第二个电力消费弹性系数较低的年份（2008年最低）。按照2012年不变价格计算，2012年每万元GDP用电量955千瓦·时，比2011年节约21千瓦·时，同比下降2.2%；相应地，每千瓦时用电量创造的GDP为10.47元，比2011年增加0.2元，如图5-12～图5-14所示。

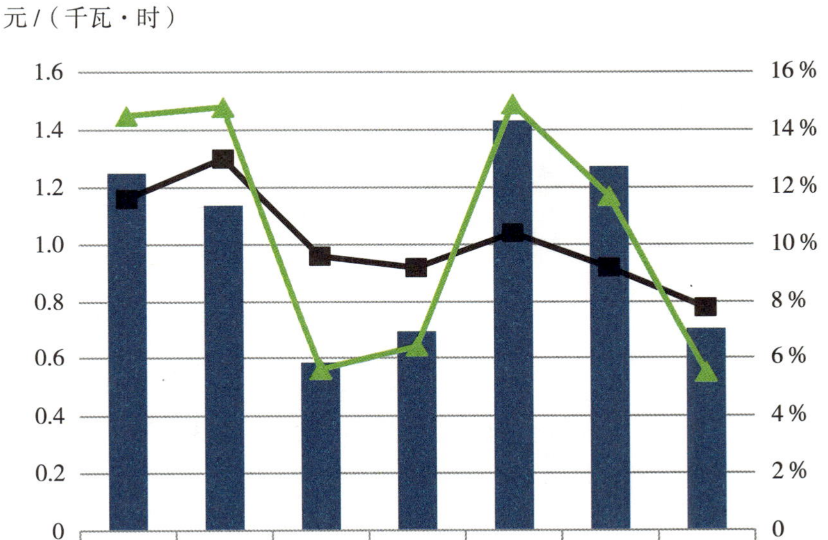

	2006年	2007年	2008年	2009年	2010年	2011年	2012年
弹性系数	1.3	1.1	0.6	0.7	1.4	1.3	0.7
GDP增长率（%）	11.6	13.0	9.6	9.2	10.4	9.2	7.8
用电增长率（%）	14.5	14.8	5.6	6.4	14.9	11.7	5.5

图5-12　2006～2012年中国电力消费弹性系数

注：电力消费弹性系数=电力消费年平均增长率/国民经济年平均增长率。

数据来源：2006～2011年数据来自《中国能源统计年鉴2012》，2012年数据根据《2012年国民经济和社会发展统计公报》相关数据计算得到。

按照2005年美元可比价格计算，2012年中国单位GDP用电量为1.03千瓦·时/美元。根据IEA统计数据，2010年，世界单位GDP用电量平均水平为0.39千瓦·时/美元，OECD国家平均水平为0.27千瓦·时/美元，非OECD国家平均水平为0.71千瓦·时/美元，据此计算，中国单位GDP用电量为世界平均水平的2.6倍，OECD国家水平的3.8倍，非OECD国家的1.5倍，如图5-15所示。

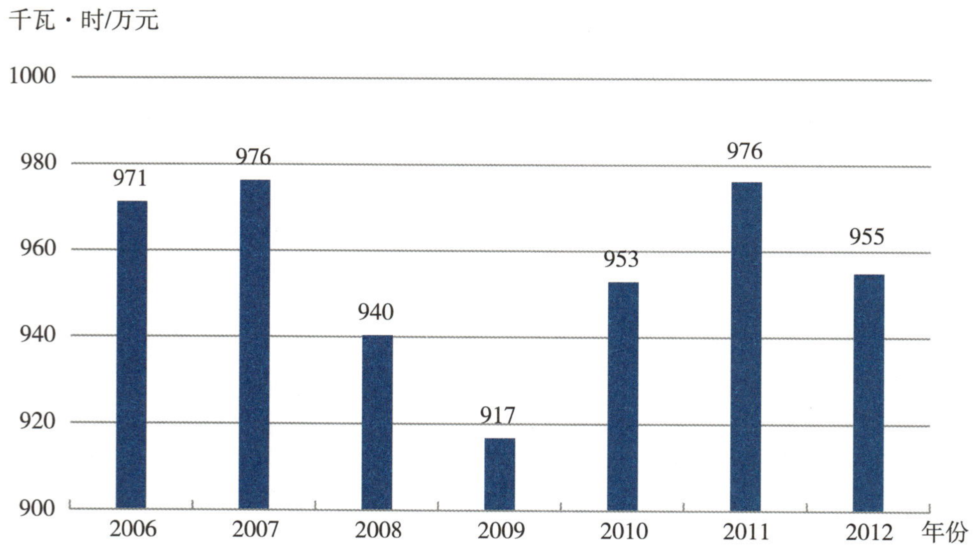

图5-13　2006～2012年中国单位GDP电耗

注：GDP按2012年可比价格计算。

数据来源：2006～2011年数据来自《2011年电力工业统计资料汇编》；
2012年数据来自《2012年电力工业统计快报》。

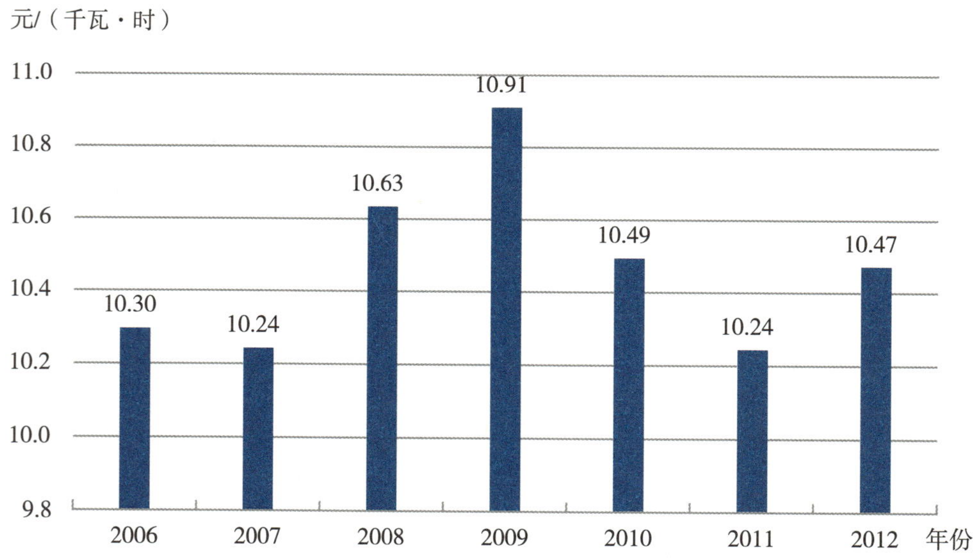

图5-14　2006～2012年中国单位用电量创造的GDP

注：GDP按2012年可比价格计算。

数据来源：2006～2011年数据来自《2011年电力工业统计资料汇编》；
2012年数据来自《2012年电力工业统计快报》。

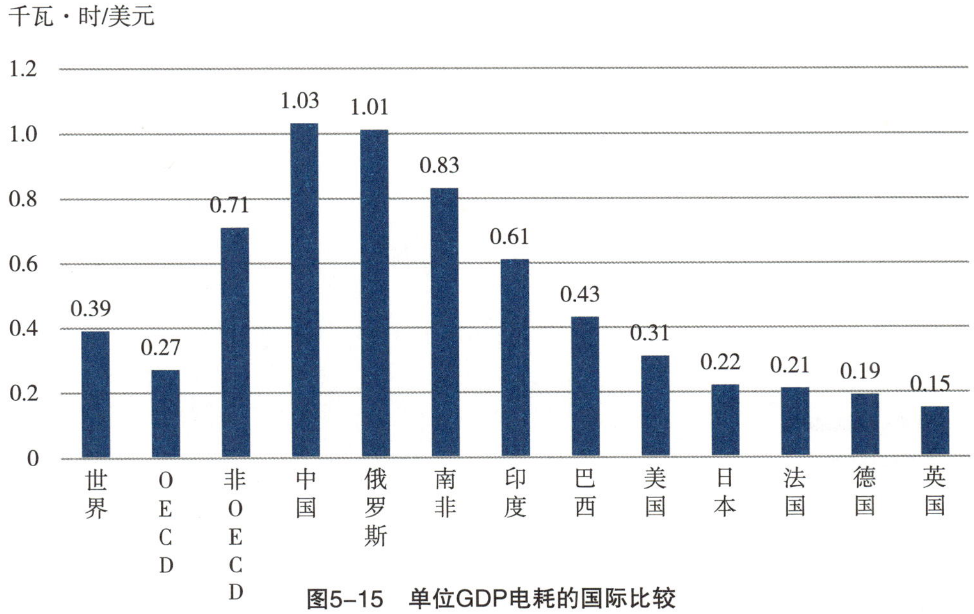

图5-15 单位GDP电耗的国际比较

注：GDP按2005年美元可比价格计算。

数据来源：中国数据为2012年预计数；其他国家和地区数据为2010 数据，来自IEA，Energy Balances of OECD Countries 2012、Energy Balances of non-OECD Countries 2012。

分地区看，2011年全国各地区单位GDP用电量呈现西高东低的特点，单位GDP用电量超过1500千瓦·时/万元的省份均集中在西部地区，分别为宁夏、青海、甘肃和贵州，其中宁夏的单位GDP用电量最高，超过3500千瓦·时/万元，而单位GDP电耗最低的地区为北京，仅513千瓦·时/万元，如图5-16所示。

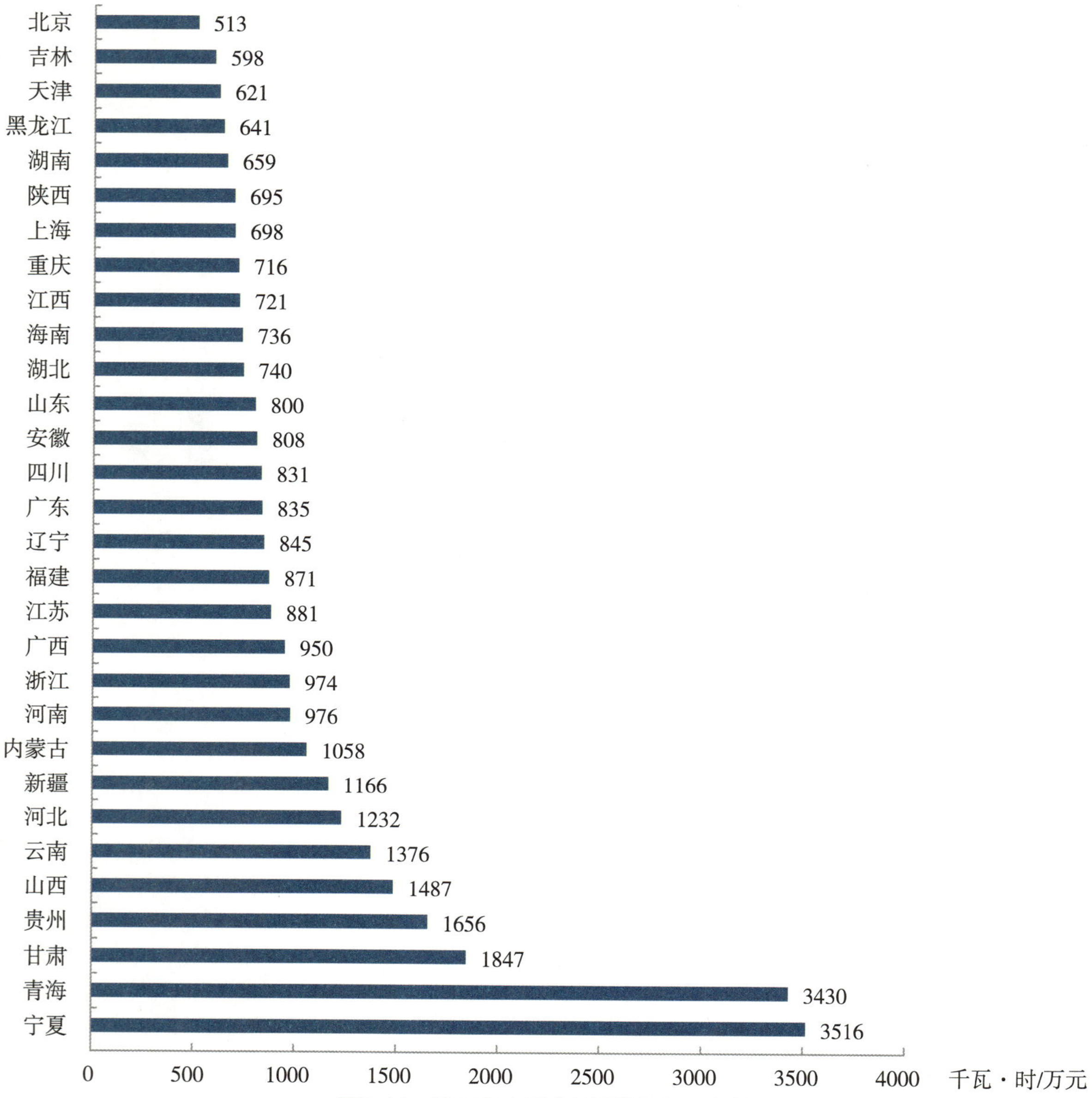

图5-16 2011年中国分地区单位GDP电耗

数据来源：根据《中国能源统计年鉴2012》、《电力工业统计资料汇编2011》中相关数据计算得到。

第二篇 能源投资与建设

2012年，能源工业投资稳步增长，全国城镇煤炭采选业固定资产投资5286亿元，比2011年增加378.7亿元，同比增长7.7%；2012年1～11月中国石油石化产业在石油采掘方面原计划固定资产投资3580.2亿元，实际完成1816.5亿元，累计石油开采施工项目300个；天然气采掘方面原计划固定资产投资787.4亿元，实际完成189.0亿元，累计天然气开采施工项目117个；全年中国电力工程建设投资7466亿元，较2011年小幅减少148亿元，其中电源工程建设完成投资3772亿元，电网工程建设完成投资3693亿元；非化石能源投资方面，水电完成投资1277亿元，比2011年大幅增长31.5%；火电完成投资1014亿元，比2011年减少10.5%，呈逐年递减趋势；核电完成投资778亿元，同比增长1.8%；风电投资大幅降温，全年完成投资615亿元，比2011年大幅下降31.8%。

2012年，能源基础设施建设稳步推进，能源生产和运输能力继续增强。煤炭产能增加约2亿吨，铁路运煤22.6亿吨，港口转运煤6.2亿吨；新增炼油能力5746万吨，接近6亿吨；新增原油管道约800千米、成品油管道400千米，分别达到2.21万千米和2.08万千米；“十一五”以来至2012年底，新增天然气骨干管线7000千米，我国天然气管道总长度达到5.5万千米，2012年新增天然气干线、支干线管道里程超5000千米，截至2012年底，全国已投产LNG接收站6座，总接收能力达到2190万吨/年；新增发电装机容量8020万千瓦，全口径发电装机容量达到11.45亿千瓦，其中水电、火电、风电、太阳能和生物质新增发电装机容量分别为1511万、5065万、1285万、400万和120万千瓦，2012年全国电网新增220千伏及以上线路长度3.23万千米，达到50.66万千米，新增220千伏及以上变电设备容量1.82亿千伏安，达到22.77亿千伏安。

第六章 煤炭投资与建设

一、煤炭投资增速大幅回落，低于全社会固定资产投资增速

2012年，全国煤炭采选业投资5286亿元，比2011年增加378.7亿元，同比增长7.7%，比2011年回落21.9个百分点，增速明显放缓，比同期全社会固定资产投资增速低12.6个百分点，如图6-1所示。特别是2012年4月以来，煤炭采选业投资增速呈逐月下降趋势。

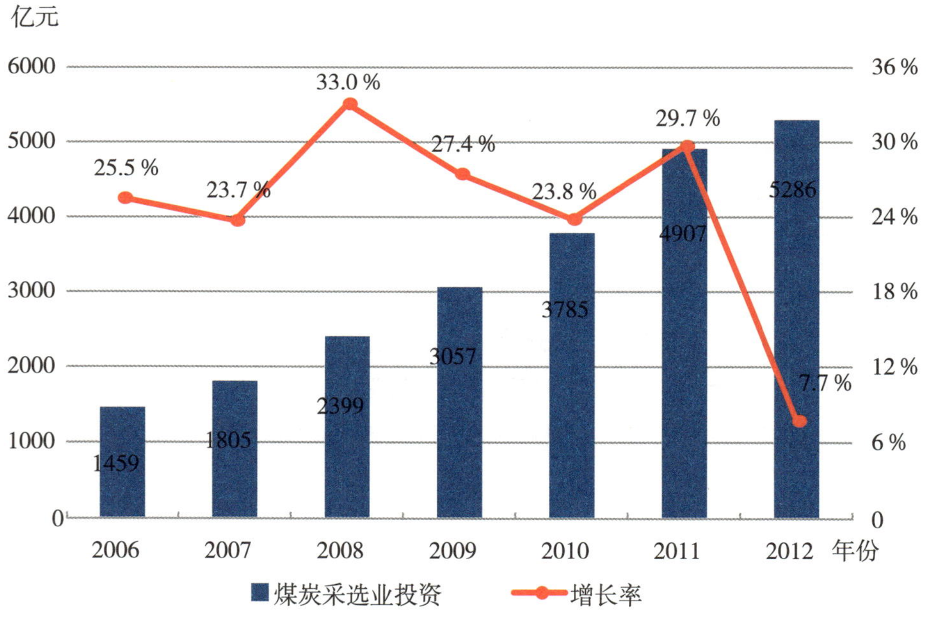

图6-1 2006～2012年中国煤炭采选业投资情况

数据来源：2006～2011年数据来自《中国能源统计年鉴2012》，2012年数据为预计数。

分地区看，煤炭投资主要集中在中西部地区。2011年中国煤炭采选业投资中，东部、中部和西部地区所占比重分别为7.2%、45.7%和47.1%，如图6-2所示。近年来，东部地区煤炭采选业投资比重持续下降，中部地区相对稳定，而西部地区比重有较大幅度的提高，投资比重已超过中部地区，由此可见，煤炭投资具有明显的西移趋势。

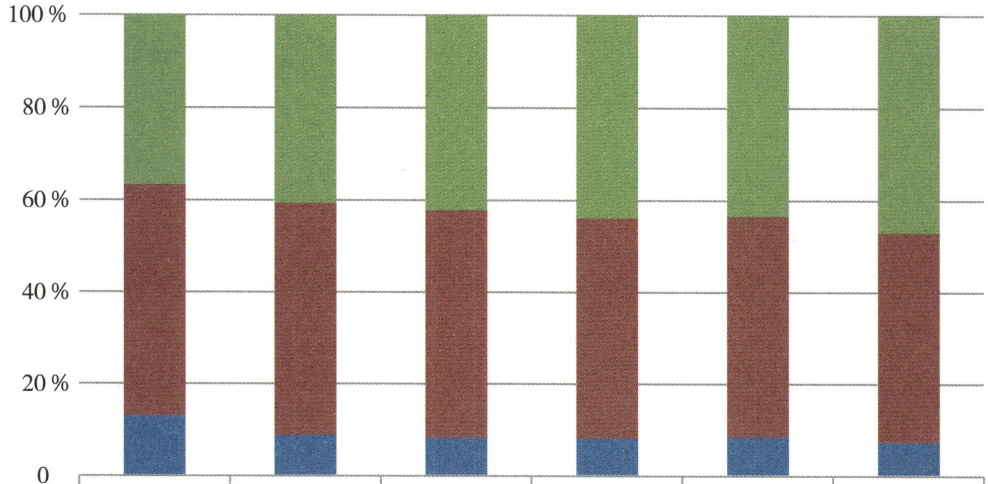

	2006年	2007年	2008年	2009年	2010年	2011年
西部（%）	36.7	40.7	42.2	43.9	43.4	47.1
中部（%）	50.3	50.5	49.5	48.0	48.1	45.7
东部（%）	13.0	8.8	8.3	8.1	8.5	7.2

图6–2　中国分区域煤炭采选业投资

数据来源：《中国能源统计年鉴2012》。

从煤炭采选业投资的省际分布来看，山西、内蒙古和陕西作为中国的煤炭主产区，在煤炭采选业投资中占比较大，其中，山西煤炭采选业投资额占全国煤炭采选业投资总额的1/4。2006～2011年上述三省煤炭采选业投资总额占全国比重平均为45%，其中，2011年三省煤炭采选业投资额合计为2336.0亿元，占全国的47.6%。其他省份中，2011年煤炭采选业投资超百亿的省份有云南、甘肃、宁夏、河北、新疆、安徽、黑龙江、湖南、四川、河南和贵州。上述省份中，除河北外，都是中西部省区，如表6–1和图6–3所示。

表6–1　**中国分地区煤炭采选业投资**　单位：亿元

地 区	2006年	2007年	2008年	2009年	2010年	2011年
北京	0.4	0.7	0.7	1.9	2.6	2.7
天津	0.2	—	—	—	—	3.7
河北	57.2	52.2	55.6	71.9	114.1	135.0
山西	305.6	363.9	464.1	599.7	929.5	1240.2
内蒙古	227.6	328.4	453.0	520.4	528.4	588.7
辽宁	22.0	23.8	32.8	31.9	69.9	62.4

续表

地区	2006年	2007年	2008年	2009年	2010年	2011年
吉林	34.6	28.9	52.3	57.5	59.9	88.1
黑龙江	47.5	55.5	95.4	139.4	201.1	171.7
上海	—	—	—	—	—	—
江苏	11.1	3.7	15.9	17.3	17.5	13.9
浙江	0.2	—	—	0.1	—	—
安徽	153.5	185.1	186.1	198.2	194.0	142.0
福建	5.3	5.6	12.9	24.3	18.9	43.7
江西	10.7	15.2	24.1	41.4	37.8	78.6
山东	88.3	70.7	77.4	99.6	97.2	93.6
河南	136.9	203.2	275.9	315.7	231.9	296.1
湖北	3.7	3.8	8.2	14.8	19.3	45.6
湖南	22.9	40.9	63.6	101.6	146.3	182.1
广东	—	—	—	—	0.5	0.5
广西	4.4	4.5	4.8	9.7	11.4	21.5
海南	—	—	—	—	—	—
重庆	33.7	34.8	49.4	62.1	69.9	89.8
四川	46.9	58.2	64.4	94.5	139.4	252.5
贵州	44.5	51.3	95.9	121.2	171.8	360.0
云南	25.0	36.2	51.3	60.5	74.9	106.4
西藏	—	—	—	—	—	—
陕西	48.2	68.3	107.1	205.5	316.0	507.1
甘肃	15.4	22.9	30.6	54.5	77.0	111.9
青海	4.9	6.5	11.8	7.6	9.4	14.4
宁夏	38.7	69.3	79.7	102.0	110.7	119.8
新疆	31.6	41.0	49.2	103.5	135.3	135.3

数据来源：《中国能源统计年鉴2012》。

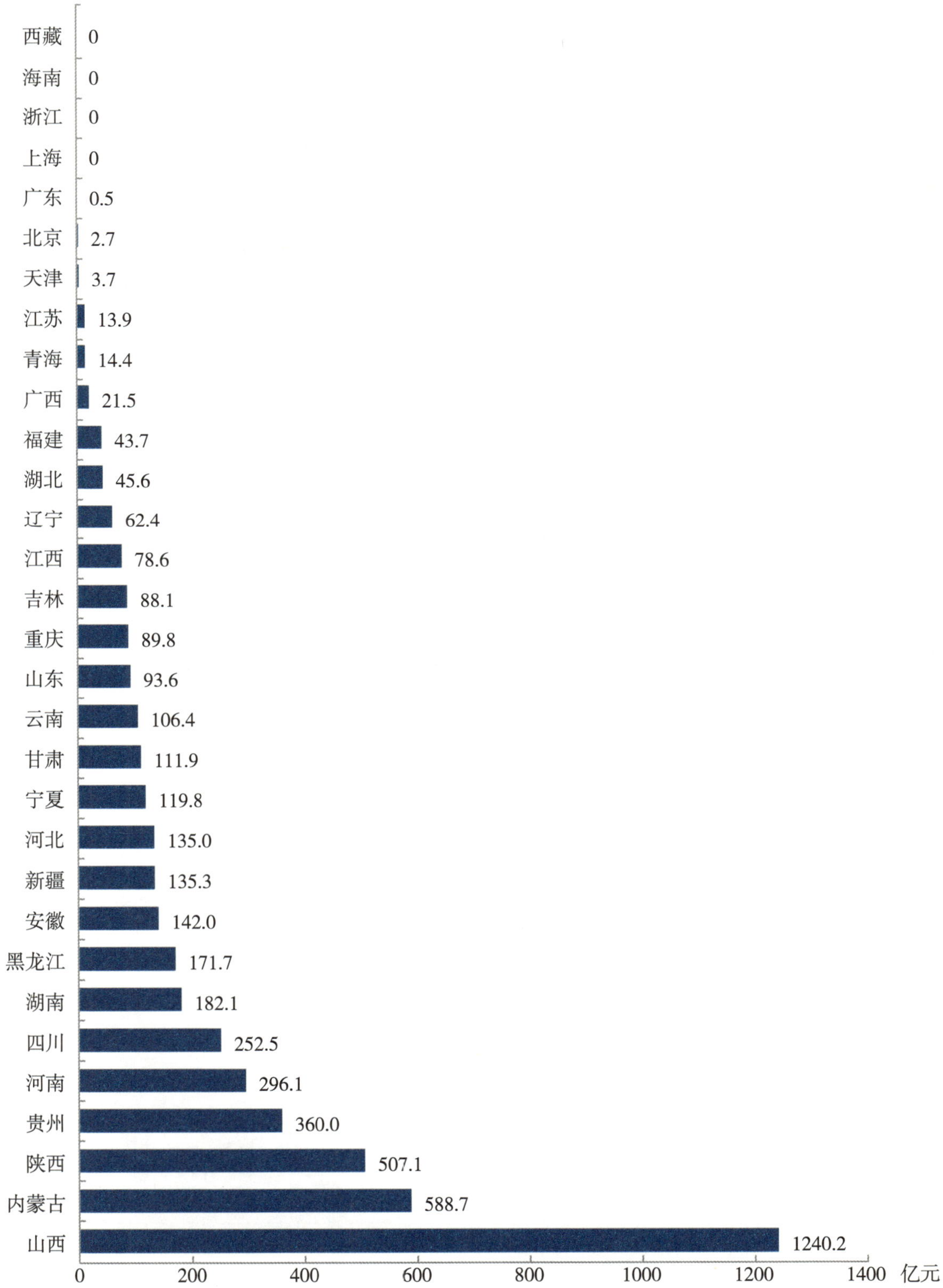

图6-3 2011年中国各省煤炭采选业固定资产投资

数据来源：《中国能源统计年鉴2012》。

二、煤矿资源整合取得较大进展，结构调整迈出新步伐

2012年，煤矿资源整合和企业兼并重组工作进一步加快，国家发展和改革委员会下发了《关于印发〈煤炭工业发展"十二五"规划2012年度实施方案〉的通知》，再次强调推进煤矿企业兼并重组，并督促尚未出台工作方案的省（直辖市、自治区），要加快出台兼并重组工作方案和配套措施。

2012年，企业兼并重组取得新进展，全国规模以上煤炭企业数量6200家，同比减少1500家。山西煤矿企业减至130家，平均单井规模100万吨；大型煤炭企业发展加快，神华、中煤、同煤、山东能源、冀中集团、陕西煤业化工、山西焦煤等7家企业原煤产量过亿吨，总产量占全国的28%；淘汰落后产能超预期，全年共关闭小煤矿628处，技改提升小煤矿662处，兼并重组小煤矿388处，淘汰落后产能9780万吨；行业集中度不断提高，前4家煤炭企业产量占总产量的22.2%，同比增加了1.5个百分点；前8家煤炭企业产量占总产量的30.2%，同比增加3.2个百分点。

三、煤炭产能集中释放，新增煤炭产能2亿吨

受前几年投资大幅增加的影响，2012年下半年煤炭产能开始进入集中释放期，山西、河南、贵州等省份煤炭资源整合和技术改造基本完成，煤炭产能不断释放。根据国家统计局数据，2011年全国煤矿新投产能力达3.5亿吨/年，年度在建规模14.2亿吨，推算年末在建规模10.7亿吨，考虑到2012年整体宏观形势和煤炭产业资源整合情况，预计2012年煤炭产能将达到43亿吨，新增产能约2亿吨，低于"十一五"期间平均水平，如图6–4所示。

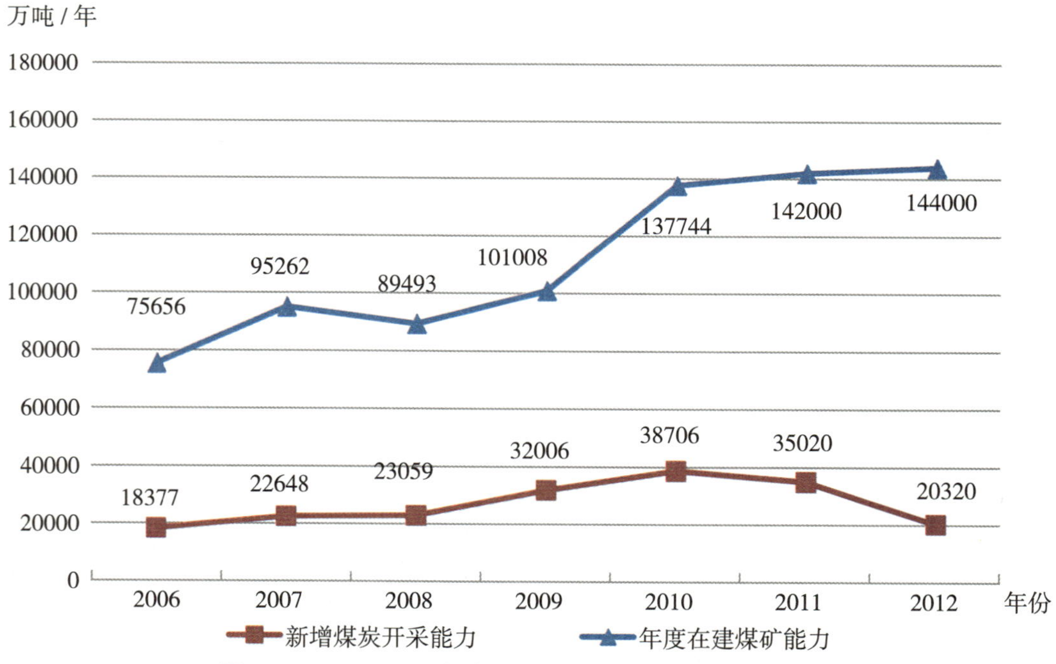

图6–4　2006～2012年中国煤矿新投产规模和年度建设规模

数据来源：2006～2011年数据来自中国煤炭工业协会，2012年数据为预计数。

陕西北部、内蒙古、新疆、山西等地正在建设的大批大型现代化矿井将陆续投产，同时山西、贵州等省煤炭资源整合将进入投产竣工高峰期。根据国家统计局的数据，2009、2010年全国煤矿新开工规模分别为4.82亿吨/年和5.74亿吨/年，如图6–5所示。新建煤矿建设周期一般在2 ~ 3年，资源整合矿井在1 ~ 3年之间，据此判断2012年和2013年每年新投产煤矿规模应该在4亿吨左右，产能增量巨大，其中80%的产能增量在内蒙古、陕西、山西和宁夏等省份，产能增长的区域布局极不均衡。

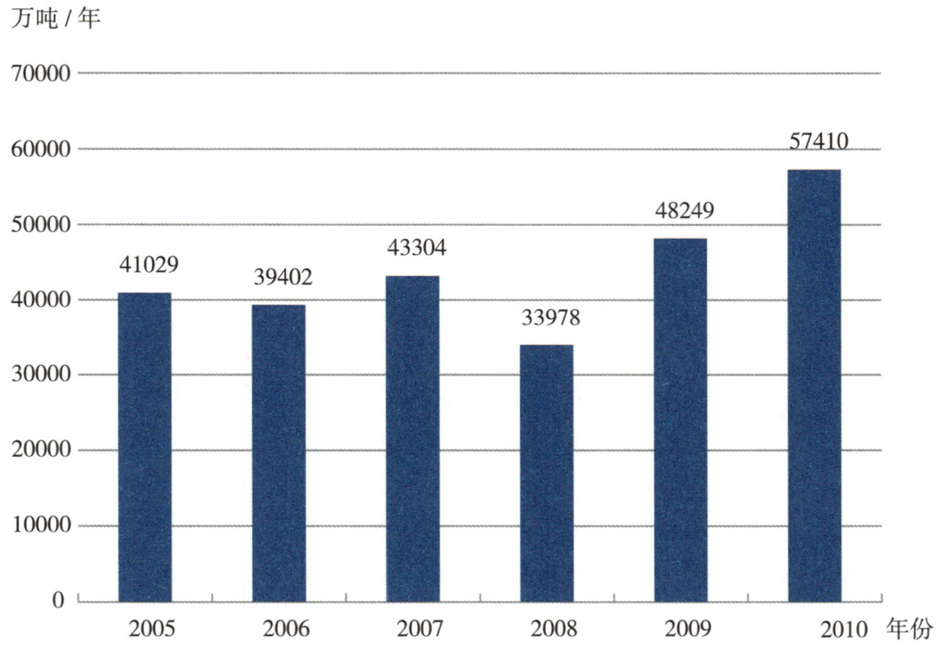

图6–5　2005 ~ 2010年中国煤矿新开工规模

数据来源：中国煤炭工业协会。

四、煤炭运输瓶颈进一步缓解，但运输量有所下降

铁路运输方面，近年来铁路建设进程较快，主要运煤干线经过挖潜改造，运输能力进一步提升。2012年，朔黄铁路神池南站3.5亿吨扩能工程竣工，合蚌客运专线工程通过初步验收，太原铁路局铁丰铁路专用线正式开通，蒙西华中铁路等多条煤运通道正式开工建设，煤炭铁路中转能力增强，铁路运输瓶颈制约进一步缓解。受全年煤炭需求疲软的制约，2012年全国铁路运煤量为22.6亿吨，同比下降0.4%，如图6–6所示。

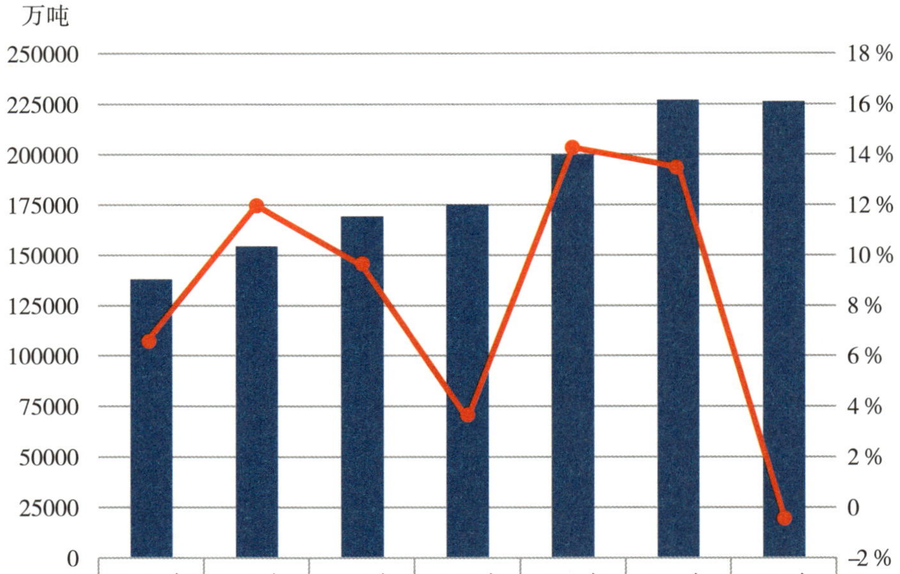

	2006年	2007年	2008年	2009年	2010年	2011年	2012年
煤炭运量（万吨）	137864	154374	169146	175071	200043	227026	226200
增长率（%）	6.80	12.0	9.6	3.5	14.3	13.5	–0.4

图6–6　2006～2012年中国铁路煤炭运量

数据来源：2006～2012年铁道统计公报。

港口运输方面，2012年主要港口转运煤量达6.2亿吨，同比下降5.4%。北方主要港口煤炭运输中转能力有所增强，上半年天津神华煤二期码头投产，新增能力3500万吨/年；下半年唐山曹妃甸港新投产两个5000万吨级煤码头。但受2012全年煤炭需求不足的制约，港口煤炭运输能力的发挥比较有限。

公路运输方面，陕西、新疆等重要产煤省份的多个公路项目建成完工，提升了沿线地区的煤炭运输能力，但受整体经济形势的影响，加之公路运输成本过高、公路治超力度加大、天气等因素制约，2012年公路运煤量有所下降。

第七章 石油投资与建设

一、石油勘探开发投资力度加大，投资重点集中在资源大省

根据石油和化学工业联合会统计数据，2012年1～11月中国石油石化产业在石油采掘方面原计划固定资产投资3580.2亿元，实际完成1816.5亿元，累计石油开采施工项目300个。2012年，各石油公司油气投资结构继续向上游业务倾斜。中石油、中石化、中海油2012年实际资本支出同比增长分别为23.95%、22.7%和43.1%，三大石油公司的资本支出重点均为上游勘探开发与生产板块。根据三大石油公司2012年年报，中石油、中石化和中海油2012年油气勘探投资分别为2272亿、791亿元及322亿元。其中，中石油和中石化在勘探和生产板块资本支出比重分别为64.5%和46.8%，与2011年同期相比明显上升。

三大石油公司在勘探上的大力投资在陆上、海上勘探方面取得了积极成果。中石油推进油气储量增长高峰期工程，取得多项重要发现和进展，油气勘探保持良好态势；海外油气业务持续增长，重点合作项目稳步推进，哈法亚项目一期500万吨/年原油产能建设项目提前15个月实现初始商业产量目标。中石化抓推进油气重点领域勘探，在鄂尔多斯南部、济阳凹陷、川西以及元坝等勘探领域实现了重大进展；推进重点地区规模建设，加强老油田精细开发和管理，加快油气上产步伐；推进非常规油气勘探开发，启动涪陵示范区页岩气产能建设。中国海油在中国海域共有八口评价井获得成功，通过评价，证实垦利9-1和东方13-2分别为中型和大型发现。

分地区看，石油和天然气开采业投资一般集中在石油和天然气资源丰富的省份。2011年，石油和天然气开采业城镇投资排名前五的地区是新疆、黑龙江、陕西、山东、天津，其中新疆、黑龙江和陕西的投资在300亿元以上，这五个省份的城镇投资加起来占全国投资的70%左右；石油和天然气开采业城镇投资排名末五位的地区是安徽、宁夏、上海、云南和北京，主要原因是油气资源缺乏或经济总量较小，这五个省份的城镇投资加起来仅2.87亿元，不足全国的1%，如表7-1、图7-1所示。

表7-1　　2006～2011年中国分地区石油和天然气开采业投资额　　单位：亿元

地区	2006年	2007年	2008年	2009年	2010年	2011年
北京	0.03	4.62	18.16	13.16	0.12	0.14
天津	182.19	179.06	268.25	393.16	306.39	219.77
河北	37.97	74.19	69.60	9.77	33.51	36.79
山西	—	0.44	1.90	16.49	21.62	65.68
内蒙古	35.94	110.18	225.70	187.33	196.58	96.48
辽宁	124.21	144.93	102.75	89.03	145.80	110.40
吉林	111.18	153.82	175.52	206.23	242.42	160.13
黑龙江	212.50	287.45	341.90	332.68	339.90	350.32
上海	2.14	14.80	29.03	8.21	0.33	0.57
江苏	14.97	11.85	19.20	25.34	27.35	15.01
浙江	—	—	—	—	—	—
安徽	0.01	0.20	0.67	0.20	1.63	1.04
福建	—	0.11	—	—	—	—
江西	—	—	2.42	—	—	—
山东	139.88	120.81	185.66	206.65	219.15	289.60
河南	55.33	68.40	72.75	75.88	71.46	59.03
湖北	17.87	29.94	30.76	30.53	3.64	4.45
湖南	0.04	—	—	0.59	0.44	2.11
广东	26.51	39.43	44.47	54.03	12.35	30.87
广西	0.14	1.38	0.85	1.89	1.75	4.94
海南	0.75	0.73	0.27	4.40	0.27	11.43
重庆	0.65	3.44	7.61	10.27	8.95	23.46
四川	17.53	22.84	26.22	17.55	10.48	—
贵州	0.54	—	0.04	0.42	—	1.08
云南	—	—	0.37	0.72	0.78	0.17
西藏	0.03	—	—	—	—	—
陕西	133.92	190.73	177.58	213.62	256.04	301.25
甘肃	8.86	15.19	22.40	17.56	11.72	20.98
青海	31.74	29.38	37.68	33.36	39.44	34.51
宁夏	1.47	1.64	4.00	4.10	1.58	0.95
新疆	308.45	360.56	366.39	323.37	387.93	431.36

数据来源：《中国能源统计年鉴2012》。

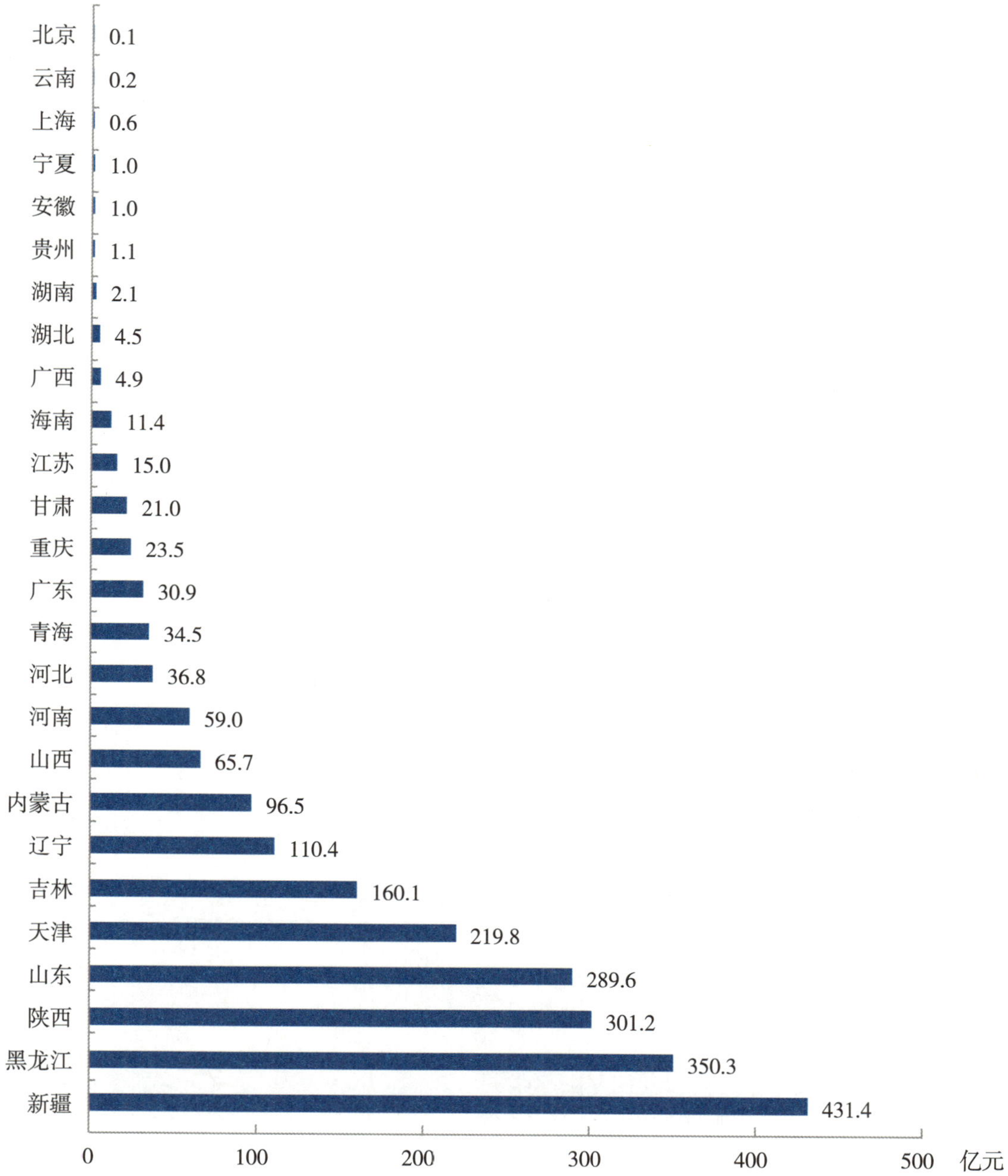

图7-1　2011年中国分地区石油和天然气开采业投资额

数据来源：《中国能源统计年鉴2012》。

分地区看，石油加工及炼焦业城镇投资主要集中在石油资源比较丰富的省份。2011年石油加工及炼焦业排名前五的是山东、辽宁、内蒙古、陕西和河北，这五个省份加起来的城镇投资占全国城镇投资的37%；排名后五位的地区为资源较为匮乏或经济总量较小的省份，即海南、北京、青海、重庆和天津，这五个省份石油加工及炼焦业城镇投资额总和不到全国总投资额的2%，如表7-2和图7-2所示。

表7–2　　2006～2011年中国分地区石油加工及炼焦业城镇投资　　单位：亿元

地区	2006年	2007年	2008年	2009年	2010年	2011年
北京	15.08	6.85	4.45	8.57	5.85	6.72
天津	14.35	45.47	129.94	117.98	50.96	14.54
河北	45.01	74.12	123.72	121.44	155.33	137.03
山西	74.49	92.32	101.48	102.55	96.42	98.43
内蒙古	114.45	115.68	165.30	156.93	90.16	158.87
辽宁	91.95	132.27	149.81	192.93	266.88	189.63
吉林	6.37	5.20	12.25	9.00	18.34	21.56
黑龙江	25.81	31.61	59.88	66.85	100.68	126.71
上海	6.41	29.85	16.65	25.87	24.80	26.59
江苏	18.22	22.50	27.68	26.78	60.64	72.35
浙江	10.53	13.92	10.99	17.34	21.19	22.41
安徽	20.27	20.39	34.33	27.77	25.30	68.47
福建	26.71	124.04	152.84	111.85	168.43	111.31
江西	6.42	9.35	20.36	34.55	15.17	29.29
山东	93.86	213.16	185.24	182.99	178.97	201.64
河南	25.28	37.56	44.65	59.17	74.80	96.29
湖北	21.68	21.40	16.32	19.62	83.37	129.38
湖南	3.85	9.21	16.00	20.80	34.63	33.06
广东	96.31	108.51	131.84	63.63	55.38	75.50
广西	9.72	25.41	77.28	48.01	63.15	67.69
海南	38.33	3.29	0.35	4.19	2.08	1.13
重庆	1.19	1.64	2.32	3.34	8.75	7.43
四川	7.96	10.50	21.10	28.94	37.81	101.76
贵州	3.13	13.06	20.28	19.30	21.76	38.09
云南	12.51	22.39	21.99	29.56	37.36	29.11
西藏	—	—	—	0.03	—	—
陕西	22.31	42.81	119.21	153.90	136.15	158.84
甘肃	37.14	23.50	22.59	60.02	66.86	48.57
青海	7.20	4.16	0.44	1.79	5.58	6.97
宁夏	2.21	15.46	27.66	17.23	21.64	60.99
新疆	80.53	139.74	110.56	106.89	106.63	128.10

数据来源：《中国能源统计年鉴2012》。

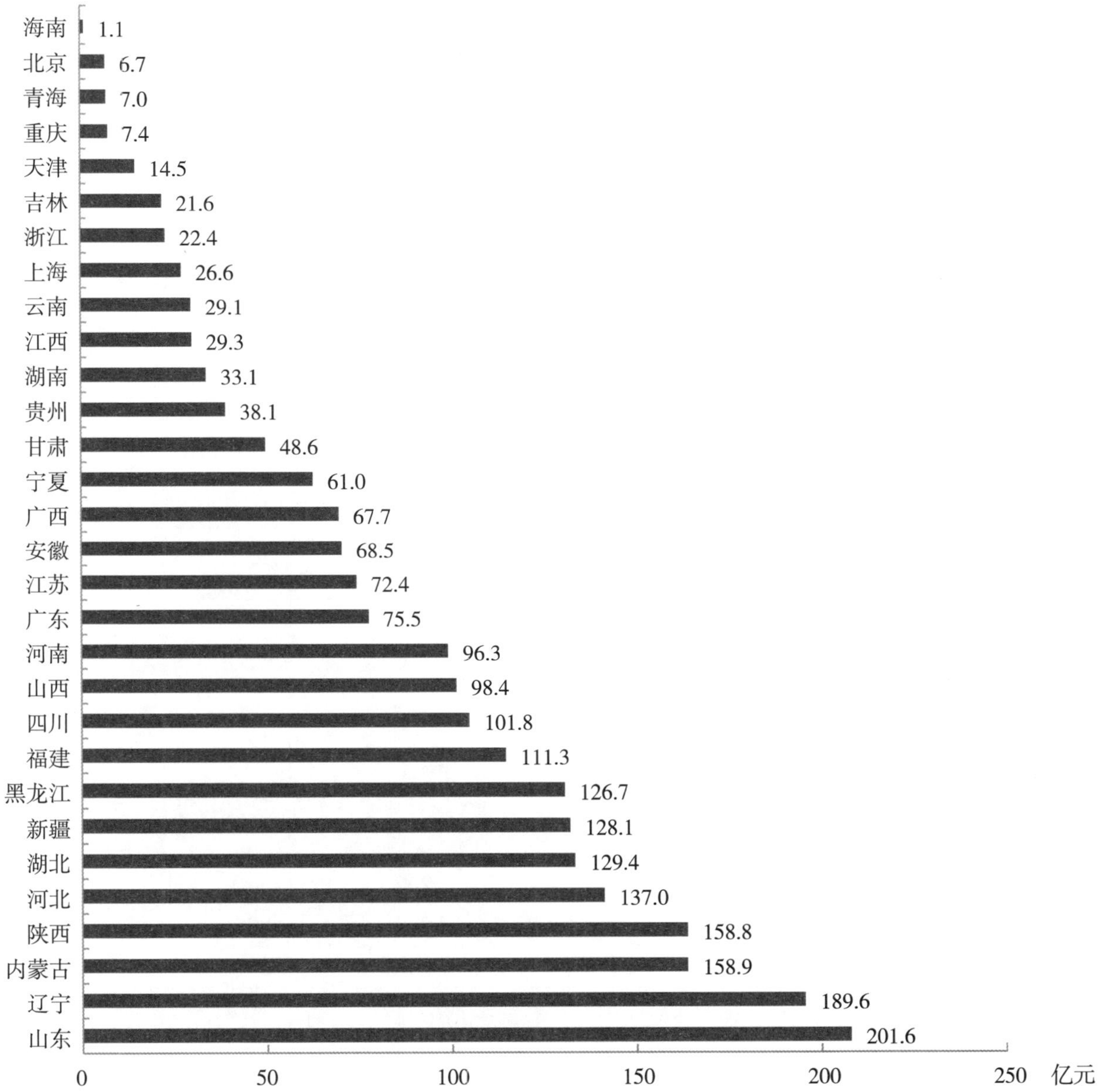

图7-2 2011年分地区石油加工及炼焦业城镇投资额

数据来源：《中国能源统计年鉴2012》。

二、原油骨干管网基本形成，成品油管网趋于完善

截至2012年底，我国已建成原油管道2.21万千米，与2011年相比增加约800千米。原油管道主要集中在华东地区和西部地区，新建和扩建管道主要满足炼厂布局和生产需求，并与进口资源配置相匹配。中缅油气管道的建设标志着我国的东北（中俄原油管道）、西北（中亚天然气管道）、西南陆上（中缅油气管道）和海上（经过马六甲海峡的海上通道）四大油气进口通道的战略格局已初步成型，是继中哈石

油管道、中亚天然气管道、中俄原油管道之后的第四大能源进口通道，有利于实现石油运输渠道多元化，保障中国能源供应安全。

截至2012年底，国内成品油管道总长度约2.08万千米，新增400千米。成品油管道建设处在有计划、大规模建设和不断完善的起步阶段，如表7–3、表7–4所示。我国成品油供应的总体流向为西油东运、北油南下。

表7–3　　2012年中国已建和在建原油管道

项目名称	竣工时间	管道长度（千米）	新增输送能力（万吨/年）	隶属公司
仪征—长岭	2011年（扩能）	973	3000	中石化
日照—仪征	2011年	390	2000	中石化
黄岛—潍坊	2011年	176	1500	中石油
阿拉山口—独山子	2011年（扩能）	246	1000	中石油
独山子—乌鲁木齐	2012年	233	1000	中石油
长庆油田—呼和浩特	2012年	578	500	中石油
王家沟—乌鲁木齐	2012年	57	450	中石油
大庆—铁岭三线	2012年（扩能）	576	2700	中石油
日照—东明	在建（2013年）	462	1000	中石油
兰州—成都	在建（2013年）	878	1000	中石油
瑞丽—重庆	在建（2013年）	1631	2200	中石油

表7–4　　2012年已建和在建成品油管道

项目名称	竣工时间	管道长度（千米）	新增输送能力（万吨/年）	隶属公司
独山子—乌鲁木齐	2011年（扩能）	232	320	中石油
北海—南宁	2011年（扩能）	230	800	中石化
南宁—柳州	2011年	193	300	中石油
鲁皖二期东线	2011年	375	150	中石化
兰成渝	2011年（扩能）	1250	700	中石油
福建炼化一体化南线（一期）	2011年	171	380	中石化
乌鲁木齐—王家沟	2012年	57	450	中石油
武汉—广水	2012年	184	225	中石化
甬绍金衢	2012年	402	580	中石化
南宁—百色	2012年	230	500	中石化
昆明—玉溪	在建（2013年）	97	245	中石化
吉林—长春	在建（2013年）	168	245	中石油
南京—徐州	在建（2013年）	618		中石化
宁夏石化—内蒙古巴彦淖尔	在建（2013年）	380	191	中石油

续表

项目名称	竣工时间	管道长度（千米）	新增输送能力（万吨/年）	隶属公司
赣州—上饶	在建（2013年）	742	220	中石化
驻马店—信阳	在建（2013年）	172	225	中石化
锦州—徐州	在建（2014年）	1636	1300	中石油
甬台温	在建（2015年）	430	600	中石化

数据来源：中石油经济技术研究院。

三、炼油能力持续扩张，多元化炼油业格局基本形成

2012年我国炼油能力接近6.0亿吨/年，比2011年增加5746.7万吨/年，同比增长10.7%，增长率较2011年提高5.5%，比“十一五”期间年均增长率提高3.1%。其中，中石油和中石化原油一次加工能力分别达到1.68亿吨/年和2.62亿吨/年，两大集团合计占全国总能力的72%，与2011年相比，中石油一次加工能力占比下降3个百分点，中石化占比下降约2个百分点。中海油、中国化工、中国兵器及地方炼厂等原油一次加工能力合计为1.67亿吨/年，占比为28%，较2011年上升了5个百分点，以两大集团为主，多种所有制形式并存、内外资兼有的多元化炼油业格局基本形成，如图7-3、图7-4所示。

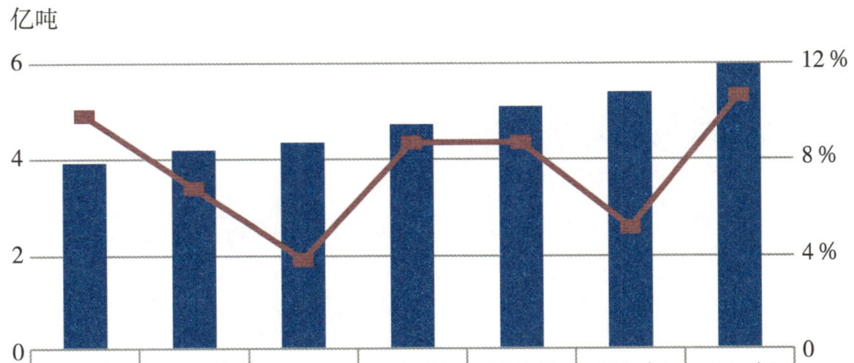

	2006年	2007年	2008年	2009年	2010年	2011年	2012年
■ 炼油能力（亿吨）	3.9	4.2	4.3	4.7	5.1	5.4	6.0
增长率（%）	9.8	6.8	3.8	8.7	8.7	5.2	10.7

图7-3　2006～2012年中国炼油能力及增长率

数据来源：2006～2011年数据来自BP Statistical Review of World Energy 2012，2012年数据为预计数。

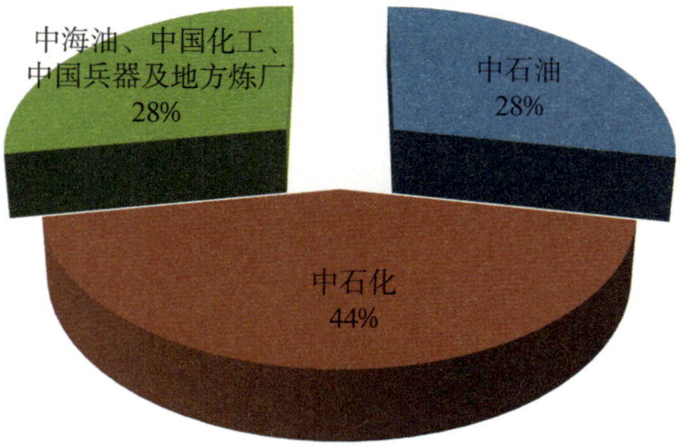

图7–4　中国炼油能力公司分布

数据来源：中石化经济技术研究院。

从全年来看，2012年1月，宁夏石化500万吨炼油改扩建工程投产成功。5月，石家庄石化500万吨炼油装置规模增加300万吨；7月，济南炼厂500万吨炼油扩建为800万吨，跻身大型炼厂行列。10月，延长石油集团榆林炼厂150万吨/年常压装置技改工程顺利投产。12月，华北石化从500万吨扩建成1000万吨，成为我国北部地区又一大型炼厂。当月，茂名石化新建1000万吨/年常减压装置投产成功，成为国内第3家原油一次加工能力超过2000万吨/年的特大型炼油企业，如表7–5所示。

表7–5　　2012年中国新增炼能情况

炼厂名称		新增产能（万吨/年）	投产时间
中石化	金陵石化	500	2012年10月
	上海石化	400	2012年10月
	青岛炼化	200	2012年11月
	茂名石化	650	2012年12月
中石油	呼和浩特	500	2012年10月
合计新增	2250		
其他炼油企业	山东东明石化	600	2012年四季度
	中海沥青（滨州）	300	2012年四季度
总计	3150		

数据来源：中石化经济技术研究院。

从世界范围来看，炼油能力主要分布在经济总量大和经济高速发展的国家或者资源丰富的国家。根据BP统计数据，2011年美国的炼油能力为8.83亿吨，占世界炼油能力的19%，居世界首位。中国的炼油能力为5.39亿吨，居世界第二位，占世界炼油能力的12%，相当于俄罗斯和日本的总和，是印度的2.85倍。俄罗斯、日本和印度的炼油能力分别为2.82亿、2.13亿、1.89吨，分别位居世界第三位、第四位和第五位，如图7-5所示。

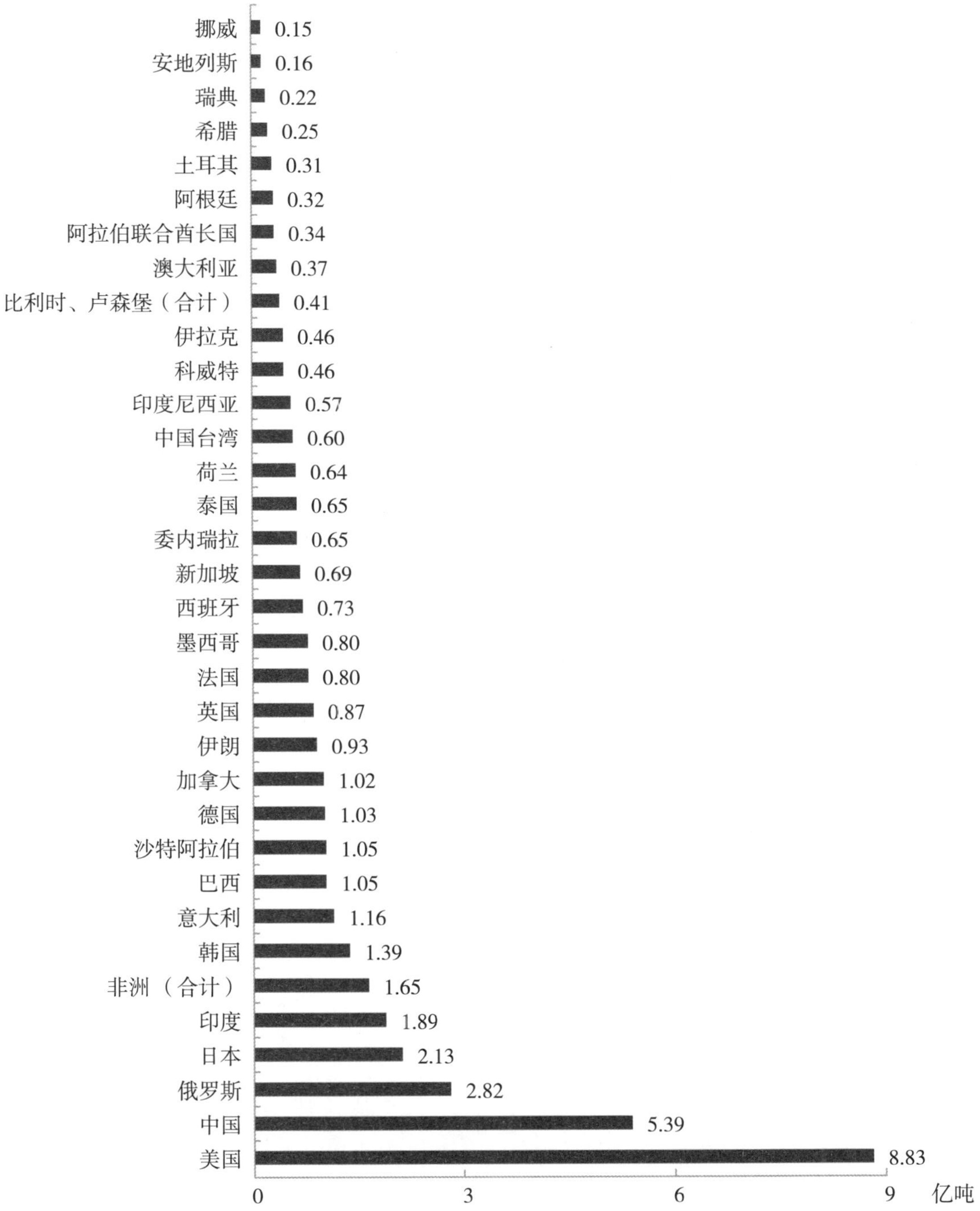

图7-5 2011年炼油能力国际比较

数据来源：BP Statistical Review of World Energy 2012。

分地区来看，中国原油加工能力主要集中在华北（含山东）地区，约占全国总能力的31%，其次是东北（含内蒙古）、华东和中南（含广西）地区，均占全国的18% ~19%。山东是全国炼油能力最大的省份，超过1.1亿吨/年，约占全国的22%，其次为辽宁和广东，分别占13%和9%。近几年，我国炼油工业在增加产能建设的同时，注重调整结构、合理布局、优化配置资源和市场。

随着原料劣质化和国内市场对油品质量要求的不断提高，我国炼油装置构成近年来不断调整，深加工、精加工能力逐年提高。其中，加氢装置占加工能力的比例已从2000年的15.6%上升到2012年的42%，但与世界平均水平52%相比，仍有较大差距。目前，中国已经建成了12个高硫原油加工基地、8个高酸原油加工基地，有效提高了高硫油和高酸油的加工能力。

第八章 天然气投资与建设

一、天然气上游投资力度加大，勘探成果显著

根据中国石油和化学工业联合会统计数据，2012年1～11月中国石油石化产业在天然气采掘方面原计划固定资产投资787.4亿元，实际完成189.0亿元，累计天然气开采施工项目117个。

各石油公司对天然气勘探与开发方面的大力投资产生了丰硕的成果。2005年以来中国天然气剩余技术可采储量保持了4.9%的年平均增长速度，在2008年增长率超过8%后有所下降。截至2011年底，中国天然气剩余技术可采储量达4.02万亿米^3。2012年，中石油新增探明天然气地质储量4520亿米^3，中石化新增探明天然气地质储量2060亿米^3，两大石油公司合计新增探明储量6580亿米^3，如图8-1所示。

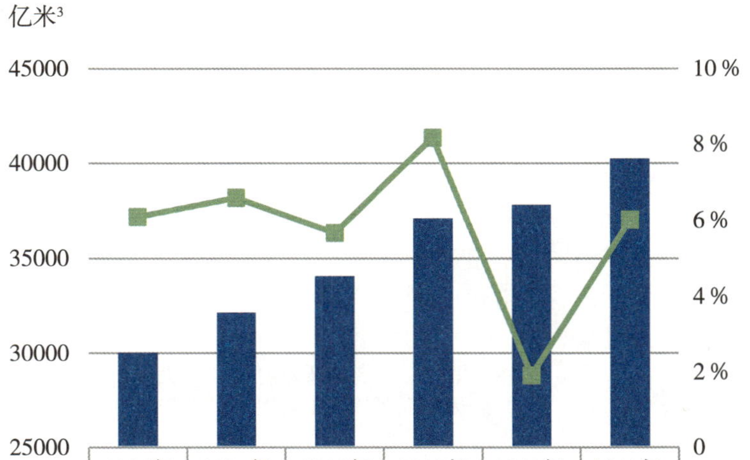

	2006年	2007年	2008年	2009年	2010年	2011年
天然气剩余技术可采储量（亿米^3）	30009	32124	34050	37074	37793	40206
增长率（%）	6.08	6.58	5.66	8.16	1.90	6.00

图8-1 2006～2011年中国天然气剩余技术可采储量及增长率

数据来源：历年《中国统计年鉴》。

2012年中国陆上天然气勘探继续保持良好发展态势，在四川盆地磨溪震旦系、川中须家河、川西中浅层，鄂尔多斯盆地西北部和松辽盆地南部及长垣等地区获得多项重要进展。海上则继续加强深水勘探，积极拓展新区和新领域，渤海发现近年来规模最大的油气构造蓬莱9-1，秦皇岛29-2构造储量规模不断扩大，辽东构造带新领域勘探进一步拓展。南海西部、莺歌海高温高压天然气勘探取得突破。

2012年，各大石油公司强化勘探，以实现资源的良性接替。中石油继续实施储量增长高峰期工程，加大松辽、鄂尔多斯、塔里木、四川、渤海湾盆地等重点油气区域的勘探开发力度。中石化以鄂尔多斯等气田为重点，深化老区勘探，加强页岩油气资源评价。中海油勘探投资主要用于深水钻探，加大深水和非常规能源的勘探力度，如表8-1所示。

表8-1　　2012年中国各大石油公司主要天然气勘探成果

公司	地点	主要内容
中石油	塔里木	塔里木盆地库车坳陷博孜1井加深钻探取得重大突破
	塔里木	克深8井在白垩系巴什基奇克组测试日产气72米^3，在克深区块新发现超千亿方气藏
	四川	四川盆地磨溪—高石梯寒武系龙王庙组勘探获历史性突破，磨溪8、9、11井获高产工业气流，提交天然气储量超过2000亿米^3
中石化	四川	川西马井—什邡中浅层12井获工业气流，蓬莱镇组含气面积扩大，新增探明地质储量1652亿米^3；广汉—金堂地区中浅层勘探取得重要发现，新增预测天然气地质储量2372.5亿米^3
	四川	川东北元坝中浅层勘探获重大突破，西北部须家河新增控制天然气地质储量1043亿米^3；须三段预测天然气地质储量1169亿米^3；中部元陆5井获高产气流
中海油	珠江口	“海洋石油981”钻井平台在珠江口盆地东部海域投入运营，是中国石油公司首次独立进行深水油气勘探开发
	莺歌海	高温高压天然气勘探领域新发现东方13-2，东方13-2-1井测试日产天然气约120万米^3，为莺歌海盆地勘探开发进入中层高温高压气藏打下了基础
延长石油	鄂尔多斯	甘泉区域延653井试气获无阻流量40万～50万米^3/天，证实该区域较大勘探潜力，预测天然气资源量1000亿米^{3}左右

数据来源：中石油经济技术研究院，《2012年国内外油气行业发展报告》。

2012年，各石油公司在天然气产能建设方面进展顺利。中石油在鄂尔多斯长庆苏里格气田通过管理创新、技术创新，新钻井1058口，新建产能84亿米^3，形成天然气集输、处理能力230亿米^{3}规模，年产气168亿米^3。中石化在鄂尔多斯大牛地气田针对低品位储层部署100口开发水平井，建成年产能10亿米^3。中海油在南海东部的荔湾3-1深水气田是中国第一个深水气田开发项目，建成年产能380万吨油当量，其采油平台是目前亚洲最大的深海油气平台。

二、天然气管网覆盖面扩大，区域市场管网正在推进

自“十一五”到2012年底，全国新增天然气骨干管线7000千米，天然气管道总长度达到5.5万千米。2012年新增天然气干线、支干线管道里程超5000千米。2012年，陕京三线全线、西气东输二线“一干八支”全面建成投产，形成近4万千米的天然气管网，基本覆盖28个省（直辖市、自治区）和香港特别行政区。

天然气管网长输干线建设在引进天然气和国内天然气传输两方面都有突出进展。引进天然气的长输干线工程是管网建设重点，2012年，中石油西三线管道工程开建，西起新疆霍尔果斯，终点位于福建福州，干线全长5220千米，配套建设8条支线，长度合计2158千米，设计输气量300亿米^3/年，该管道建成后用于接收新疆当地的煤制天然气及进口中亚二期天然气。中缅天然气管道工程国内段开建，干线全长2806千米，国内段管道长1727千米，建成后每年可向中国输入120亿米^{3}天然气。新疆广汇能源的中哈天然气管道投运，全长118.5千米，设计输气能力5亿米^3/年。2012年，国内天然气长输干线工程继续推进。长庆气田—呼和浩特天然气管道（长—呼管道）浮现投运。中卫—贵阳线投运，实现了川渝天然气管网与全国管网连接，中国统一天然气市场初现雏形，如表8-2所示。

表8-2　2012年中国主要天然气管道建设情况

类别	投运时间	管道	所属公司	起点	终点	长度（千米）	输气能力（亿米^3/年）
已建长输管道	1996年6月	崖港线	中海油	南海崖13-1	海南、香港	778	34
	1997年9月	陕京线	中石油	陕西靖边	北京	1256	33
	2001年9月	涩宁兰线	中石油	涩北1号	甘肃兰州	931	34
	2004年12月	西气东输	中石油	新疆轮南	上海	4000	120
	2004年12月	忠武线	中石油	重庆忠县	湖北武汉	738	30
	2005年7月	陕京二线	中石油	陕西榆林	北京	932	120
	2009年1月	长庆-呼和浩特管道	内蒙古天然气有限公司	陕西靖边	内蒙古呼和浩特	286	7
	2009年6月	永唐秦	中石油	河北永清	河北秦皇岛	320	90
	2009年12月	长长吉	中石油	吉林长岭	吉林石化	221	28
	2010年3月	川气东送	中石化	四川普光	上海	1702	120

续表

类别	投运时间	管道	所属公司	起点	终点	长度（千米）	输气能力（亿米^3/年）
已建长输管道	2010年12月	陕京三线	中石油	陕西榆林	北京	1000	150
	2011年6月	西二线	中石油	新疆霍尔果斯	广州	9000	300
	2011年6月	秦沈线	中石油	河北秦皇岛	辽宁沈阳	406	80
	2011年6月	江都—如东	中石油	江苏江都	江苏如东	276	120
	2011年9月	大沈线	中石油	辽宁大连	辽宁沈阳	430	84
	2011年12月	克—古线	大唐国际	内蒙古克什克腾旗	北京密云古北口	359	40
	2012年10月	长庆—呼和浩特复线	内蒙古天然气有限公司	陕西靖边	内蒙古呼和浩特	518	80
已建联络管道	2005年11月	靖榆线	中石油	陕西靖边	陕西榆林	113	155
	2006年6月	冀宁线	中石油	江苏仪征	河北安平	1494	91
	2006年12月	淮武线	中石油	河南淮阳	湖北武汉	475	15
	2007年6月	兰银线	中石油	甘肃兰州	宁夏银川	401	35
	2012年12月	中贵线	中石油	宁夏中卫	贵州贵阳	1636	150
在建长输管道	2013年	中缅管道	中石油	云南瑞丽	云南昆明	1727	120
	2015年	西三线	中石油	新疆霍尔果斯	福建福州	5220	300

注：靖榆线连通陕京一线和二线；冀宁线连通西气东输和陕京线；淮武线连通西气东输和忠武线；兰银线连通西气东输和涩宁兰线。中贵线在中卫与西气东输一线、二线，在四川与川渝管网对接，在贵阳与中缅管道对接。

数据来源：中石油经济技术研究院，《2012年国内外油气行业发展报告》。

连接区域市场的天然气支干线管道和区域性管道建设也逐步推进。2012年新投运连接区域市场的支干线输气管道长度达3600千米。区域性管网建设中，广东管网东莞—惠州段投运，广东“全省一张网”工程获阶段性成果；南疆利民工程主干线—喀什至泽普段、和田至泽普段投运，可与“气化南疆”管道对接，保障供气安全，如表8-3所示。

表8-3　　2012年中国连接区域市场天然气支干线管道投运情况

区域连接管道	起点	终点	长度（千米）	输气能力（亿米^3/年）	投运时间
西二线平顶山—泰安	西二线鲁山	山东泰安	514.6	100	2012年3月
西二线上海支干线	江西赣州	上海	880	100	2012年4月
西二线广州—深圳	广东从化	广东宝安	192		2012年5月
新疆伊宁—霍尔果斯	新疆伊宁	新疆霍尔果斯	64	300	2012年9月
太原—长治(煤层气)	山西太原	山西长治	460	20	2012年9月
西二线南宁支干线	广东广州	广西南宁	632	100	2012年12月
西二线香港支干线	广东深圳	香港	70		2012年12月

数据来源：中石油经济技术研究院，《2012年国内外油气行业发展报告》。

三、LNG接收站建设高速发展，储气库建设相对滞后

中国LNG接收站建设高速发展，LNG接受能力已从2006年的370万吨/年提高到2012年的1880万吨/年。据测算，2015年新投产LNG接收站全部建成后，中国LNG接收站能力将达到4000万吨/年，如图8-2所示。

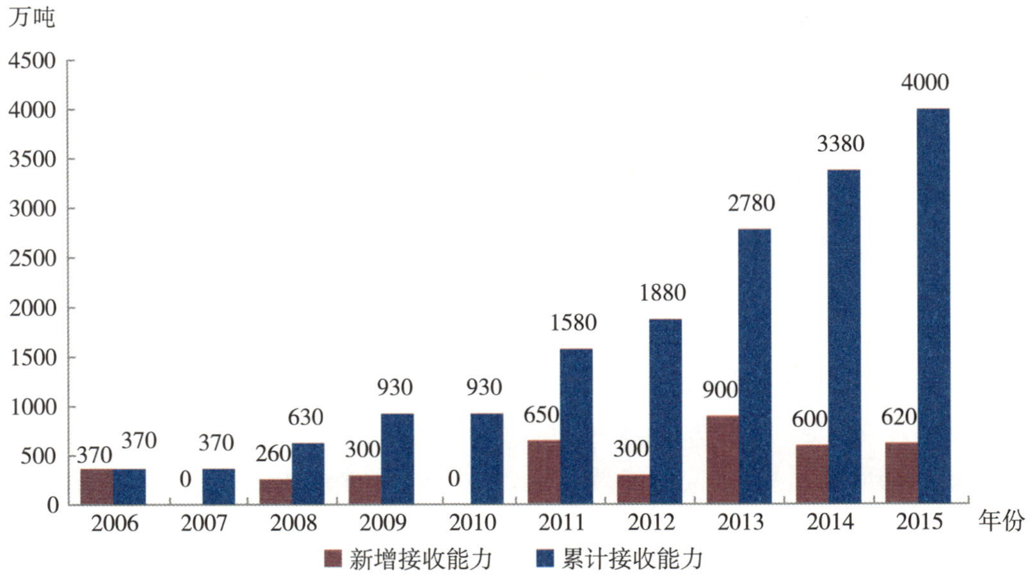

图8-2　2006～2015年中国LNG接收能力发展情况

数据来源：中石油经济技术研究院，《2012年国内外油气行业发展报告》。

截至2012年底，全国已投产LNG接收站6座，总接收能力达到2190万吨/年，在建7座（包括新开建2座）。其中2012年新投产的中海油宁波LNG接收站一期规模300万吨/年，配套建设3座16万米^{3}的液化天然气储罐，如表8-4、表8-5所示。

表8–4 2012年中国已投产LNG接收站项目

项目名称	所在位置	所属单位	设计能力（万吨/年）		投产时间
			一期	二期合计	
广州大鹏LNG项目	广东深圳大鹏湾	中海油	370	700	2006年
福建莆田LNG项目	福建莆田湄洲湾	中海油	260	600	2008年4月
上海洋山LNG项目	上海洋山深水港	中海油	300	600	2009年10月
江苏如东LNG项目	江苏如东洋口港	中石油	350	650	2011年6月
辽宁大连LNG项目	辽宁大连大孤山半岛	中石油	300	600	2011年7月
浙江宁波LNG项目	浙江宁波白峰镇中宅	中海油	300	900	2012年9月

表8–5 2012年中国在建LNG接收站项目

项目名称	所在位置	所属单位	设计能力（万吨/年）		投产时间
			一期	二期合计	
珠海金湾LNG	广东珠海高栏港	中海油	350	700	2013年底
山东青岛LNG	山东青岛胶南董家口	中石化	300	600	2014年
粤东揭阳LNG	粤东揭阳惠来县	中海油	200	400	2013年
河北曹妃甸LNG	唐山市唐海县曹妃甸港区	中石油	350	650	2013年
海南LNG	海南洋浦经济开发区黑岩港区	中海油	300	300	2014年
深圳LNG	深圳市大鹏新区迭福片区	中海油	400	400	2015年
天津浮式LNG	天津港南疆港区	中海油	220	600	2015年

数据来源：中石油经济技术研究院，《2012年国内外油气行业发展报告》。

小型LNG项目方面，截至2012年，中国小型LNG总产能已经达到2014万米^3/天（73.5亿米^3/年），为2011年的2倍多。在建和规划建设中的小型LNG项目共计52个，总产能达到4023万米^3/天。中国小型LNG厂主要分布于西部资源地，以陕西小型LNG产能居全国之首，占全国总量的23.8%。

中国小型LNG市场形成了多主体竞争格局。2012年小型LNG企业多达30家，竞争日益激烈。其中以中石油小型LNG产能最大，达到500万米^3/天，占据市场份额的23.8%。其次是宁夏哈纳斯新能源集团，总产能为300万米^3/天，占据市场份额的14.3%。

在储气库建设方面，近年中国加快建设天然气储气库。截至2010年，中国地下储气库已建成调峰能力18.7亿米^3，其中环渤海地区18.2亿米^3，长江三角洲地区0.5亿米^3。2011年新建刘庄储气库并于2012年6月投产，另有苏桥储气库群在建，该储气库群设计总库容量67.38亿米^3，工作气量23.32亿米^3。

中国储气库建设相对滞后于管道建设，目前已投产的地下储气库分别为喇嘛甸北块、大张坨、板876、板中北、板808、板828、金坛、京58及文96储气库等。形成有效工作气量24.6亿米^3，仅为全国天然气消费量的1.6%。

四、非常规天然气开发进程加快，勘探领域深化国际合作

非常规天然气开发潜力大，有望成为中国常规天然气的重要补充。中国非常规天然气勘探开发主要包括页岩气和煤层气。

中国页岩气资源潜力巨大，陆域页岩气地质资源潜力为134.42万亿米^3，可采资源潜力为25.08万亿米^3。根据美国能源信息署（EIA）于2012年公布的评估结果，中国页岩气技术可采储量占世界总量20%，排名世界第一。中国页岩气的开发也已经进入了实施阶段。《页岩气发展规划（2011～2015年）》计划在"十二五"期间探明页岩气地质储量6000亿米^3，可采储量2000亿米^3，2015年页岩气产量达到65亿米^3。以13个省为重点，设置19个页岩气勘探开发区，目标到2015年实现页岩气产量65亿米^3。目前，中国已在四川、重庆、云南、湖北、贵州、陕西等地开展了页岩气实验井钻探，已钻井62口，其中24口已获天然气流。

中国还具有丰富的煤层气资源。埋深小于2000米的煤层气地质资源量约为36.8万亿米^3，可采资源量为10.8万亿米^3。2012年全国煤层气抽采量141亿米^3，利用量58亿米^3。其中，地面抽采量27亿米^3，利用量20亿米^3，利用率达到74%。井下抽采量114亿米^3，利用量38亿米^3，利用率为33%。

《煤层气（煤炭瓦斯）开发利用"十二五"规划》提出2015年煤层气产量达210亿米^3，建设13条输气管道，设计年输气能力120亿米^3。

在天然气勘探尤其是非常规天然气勘探开发领域，国际合作不断深化，自1999年壳牌公司签订中国最大的陆域天然气勘探开发项目开始，外资逐步加快进入中国天然气勘探开发领域的步伐，如表8-6所示。

表8-6　中国天然气勘探开发国际合作项目

时间	中资公司	外资公司	勘探开发位置
2009年	中石油	道达尔	苏里格南区块
2010年	中石油	壳牌、雪佛龙及道达尔	重点在非常规天然气：四川金秋、川东北、内蒙古鄂尔多斯盆地、苏里格南
2012年	中石油	壳牌	鄂尔多斯盆地长北区块
2012年	中石油	壳牌、三菱瓦斯	四川梓潼致密气区块

资料来源：中石油经济技术研究院，《2012年国内外油气行业发展报告》

在页岩气开发领域也有多家国际大公司在中国有合作项目。2009年在中美合作下重庆开启了第一个页岩气资源勘查项目。2011年壳牌公司和中石油合作的对四川富顺—永平区块页岩气勘探项目完成，并于2012年成功试采该项目第一口页岩气井。此外，中石化与BP、埃克森美孚及雪佛龙合作勘探贵州凯里及苏北黄桥区块、川西南五指山区块、黔南盆地的页岩气资源。

第九章 电力投资与建设

一、电源投资下降3.9%，电网投资与2011年基本持平

2012年，中国电力工程建设投资7466亿元，较2011年减少148亿元，同比下降1.9%，继2011年出现小幅反弹后再次出现负增长。其中电源工程建设完成投资3772亿元，同比下降3.9%；电网工程建设完成投资3693亿元，比2011年增加0.2%，如图9-1所示。

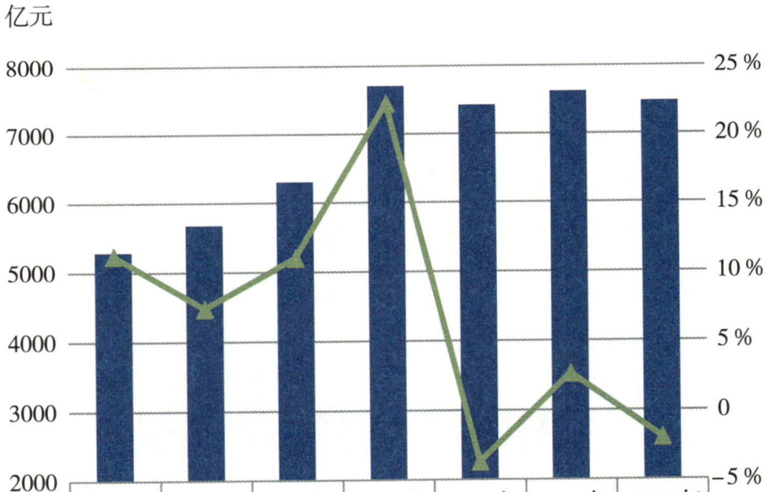

	2006年	2007年	2008年	2009年	2010年	2011年	2012年
电力工程投资总量（亿元）	5288	5677	6302	7702	7417	7614	7466
增长率（%）	11.2	7.4	11.0	22.2	−3.7	2.7	−1.9

图9-1　2006～2012年中国电力工程投资总量与增长率

数据来源：2006～2011年数据来自《2011年电力工业统计资料汇编》；2012年数据来自《2012年电力工业统计快报》。

从电源和电网投资增速来看，自2006年以来，中国电网投资增长率仅在2010年低于电源投资增长率，其余年份均高于电源投资增长率。电源投资连续两年出现负增长。反映在新增电力工程投资结构上，电网投资比重有所提高。2006～2012年，电网投资比重提高了9.2个百分点，达到49.5%，如图9-2、图9-3所示。

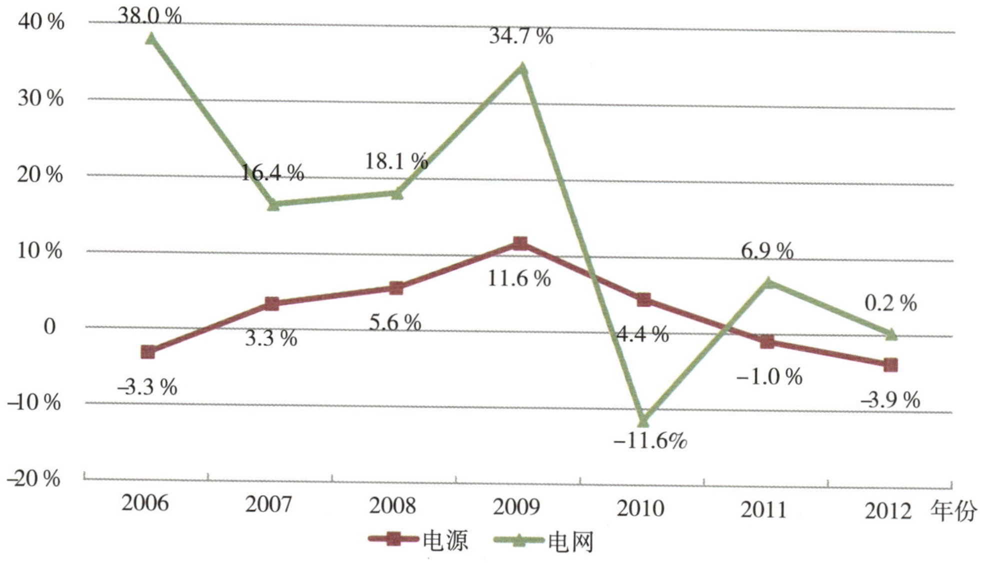

图9-2 2006～2012年中国电源与电网投资增长率比较

数据来源：2006～2011年数据来自《2011年电力工业统计资料汇编》；2012年数据来自《2012年电力工业统计快报》。

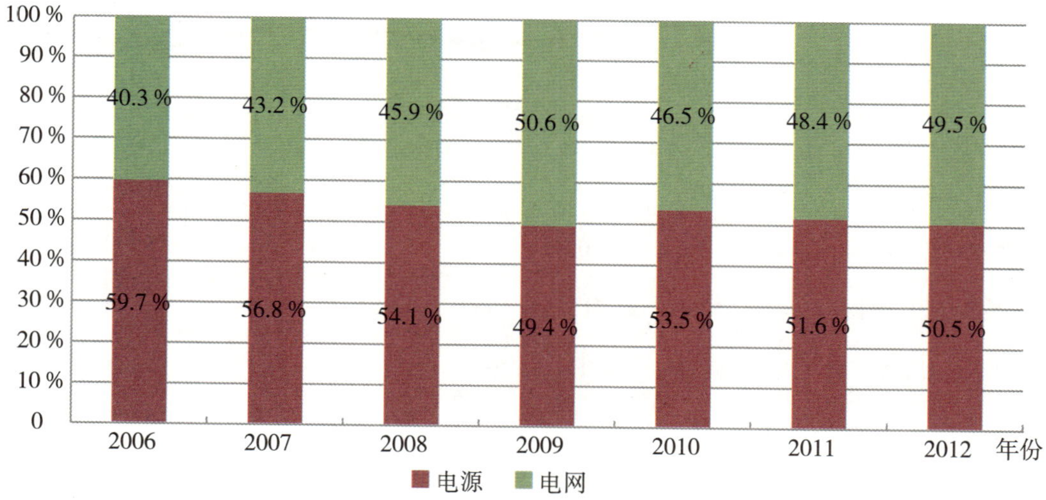

图9-3 2006～2012年中国电源与电网投资结构

数据来源：2006～2011年数据来自《2011年电力工业统计资料汇编》；2012年数据来自《2012年电力工业统计快报》。

在3772亿元电源工程投资中，水电完成投资1277亿元，比2011年大幅增长31.5%；火电完成投资1014亿元，比2011年减少10.5%，持续逐年递减趋势；核电完成投资778亿元，同比增长1.8%；风电投资则大幅降温，全年完成投资615亿元，比2011年大幅下降31.8%。

2006年以来，火电投资额逐年减少，这一方面与之前大规模的火电投资导致基数较高有关系，另一方面也是由于近年来火电发电亏损导致企业投资火电积极性不高。水电方面，“十一五”期间水电投资建设基本停滞不前，“十二五”开局两年水电投资出现了较大幅度的反弹。核电投资方面，日本福岛核事故发生后，核安全检查使得中国2012年核电投资增速有较大幅度回落。不过，发展核电是中国非化石能源利用的必要选项，核安全检查后国家将重启核电审批，在确保安全的前提下高效发展核电，未来核电投资仍将保持较快增速。风电投资方面，经过大规模投资建设后，国家开始控制风电发展速度，遏制重复建设与盲目发展，风电投资额连续两年下降，未来风电投资难以重现井喷式增长，如图9-4所示。

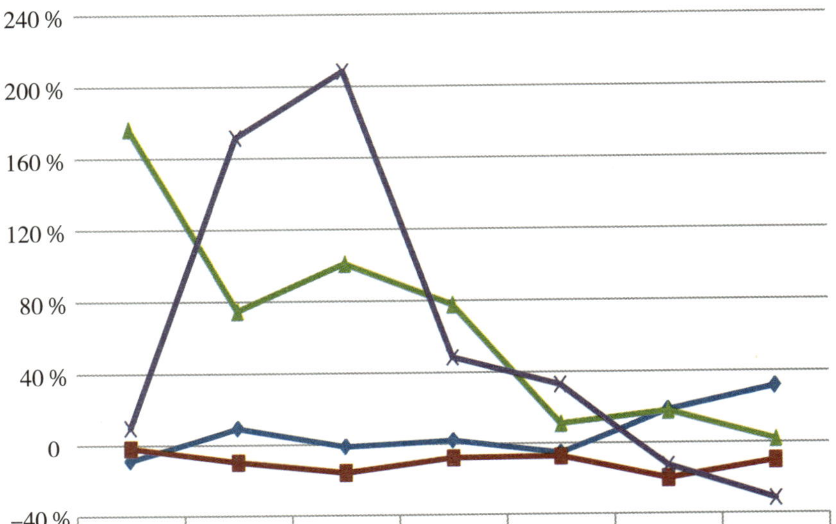

	2006年	2007年	2008年	2009年	2010年	2011年	2012年
水电投资增长率（%）	-9.0	9.6	-1.2	2.1	-5.5	18.6	31.5
火电投资增长率（%）	-1.8	-10.0	-16.3	-8.0	-7.6	-20.4	-10.5
核电投资增长率（%）	176.5	74.5	100.6	77.5	11.0	17.9	1.8
风电投资增长率（%）	10.0	171.4	208.2	48.4	32.7	-13.1	-31.8

图9-4　2006～2012年中国分电源投资增长率

数据来源：2006～2011年数据来自《2011年电力工业统计资料汇编》；2012年数据来自《2012年电力工业统计快报》。

在新增投资中，火电投资比重逐步下降，而水电、风电、核电投资比重则有较大幅度的提高。火电、水电、核电与风电的投资占比分别从2006年的70%、25%、3%和2%变为2012年的27%、34%、21%和16%，如图9-5所示。

	2006年	2007年	2008年	2009年	2010年	2011年	2012年
火电投资（亿元）	2229	2005	1679	1544	1424	1133	1014.5
水电投资（亿元）	784	859	849	867	819	971	1276.9
核电投资（亿元）	94	164	329	584	648	764	778.1
风电投资（亿元）	63	171	527	782	1038	902	615.5
其他投资（亿元）	25	27	23	26	38	157	87.3

图9-5 2006～2012年中国分电源投资结构

数据来源：2006～2011年数据来自《2011年电力工业统计资料汇编》；2012年数据来自《2012年电力工业统计快报》。

二、发电装机容量跃居世界第一，人均发电装机容量仍较低

2012年中国新增发电设备容量8020万千瓦。截至2012年底，中国全口径发电装机容量为11.45亿千瓦，同比增长7.8%，发电装机容量增速为2006年以来的低值，如图9-6所示。

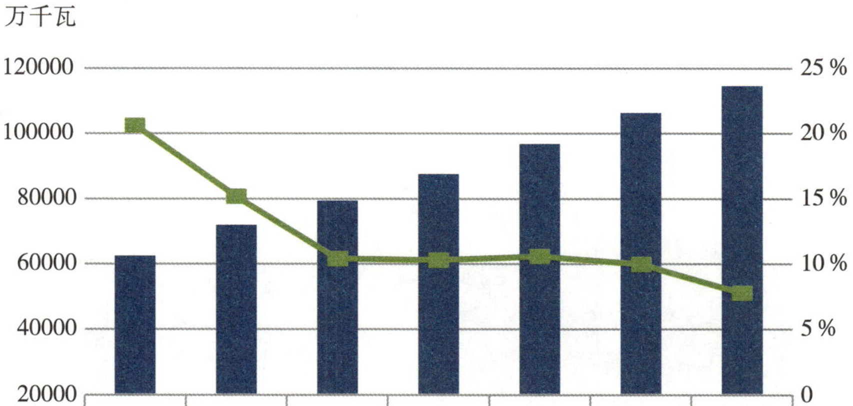

	2006年	2007年	2008年	2009年	2010年	2011年	2012年
发电装机容量（万千瓦）	62370	71822	79273	87410	96641	106253	114491
增长率（%）	20.6	15.2	10.4	10.3	10.6	9.9	7.8

图9-6 2006～2012年中国发电装机容量与增长率

数据来源：2006～2011年数据来自《2011年电力工业统计资料汇编》；2012年数据来自《2012年电力工业统计快报》。

2011年中国发电装机容量首次超过美国（10.41亿千瓦）成为世界第一大电力装机容量国家。但是，从人均水平上看，2012年中国人均装机容量为0.85千瓦/人，约为2011年美国人均装机容量（3.36千瓦/人）的25%、2010年日本人均装机容量（2.25千瓦/人）的38%、德国人均装机容量（1.92千瓦/人）的44%，如图9–7所示。

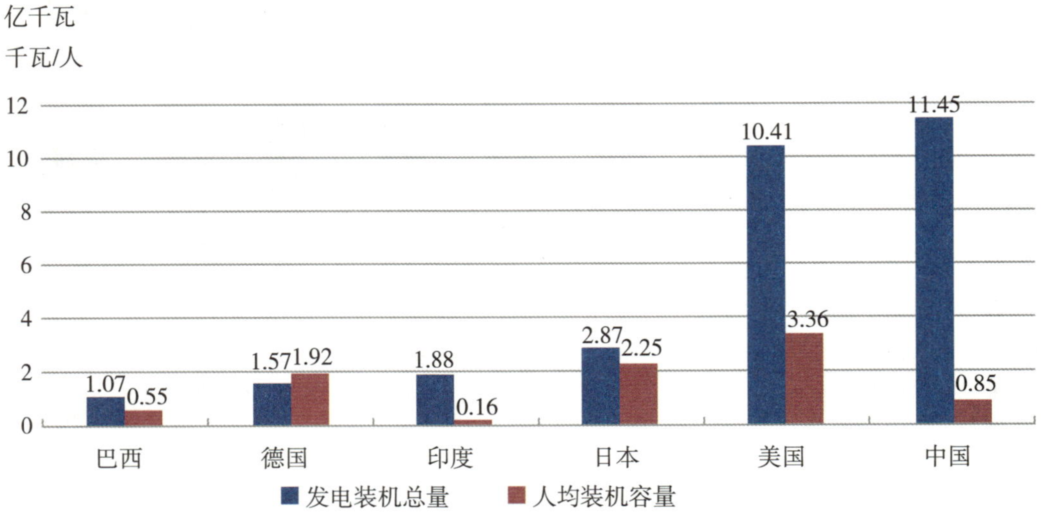

图9–7　发电装机容量国际比较

数据来源：中国发电装机容量数据来自《2012年电力工业统计快报》，人口数据来自《2012年国民经济和社会发展统计公报》；巴西、印度为2009年数据，来自United Nations，2009 Energy Statistics Yearbook；其他国家为2010年数据，来自IEA，Electricity Information 2012。

三、非化石能源装机比重提高0.8个百分点，火电装机仍占主导

分电源看，2012年水电、火电、风电和太阳能新增装机容量分别为1551万、5065万、1285万千瓦和119万千瓦，核电没有新增发电装机容量，分别占新增总装机容量8020万千瓦的19.3%、63.2%、16.0%、1.5%和0，如图9–8所示。

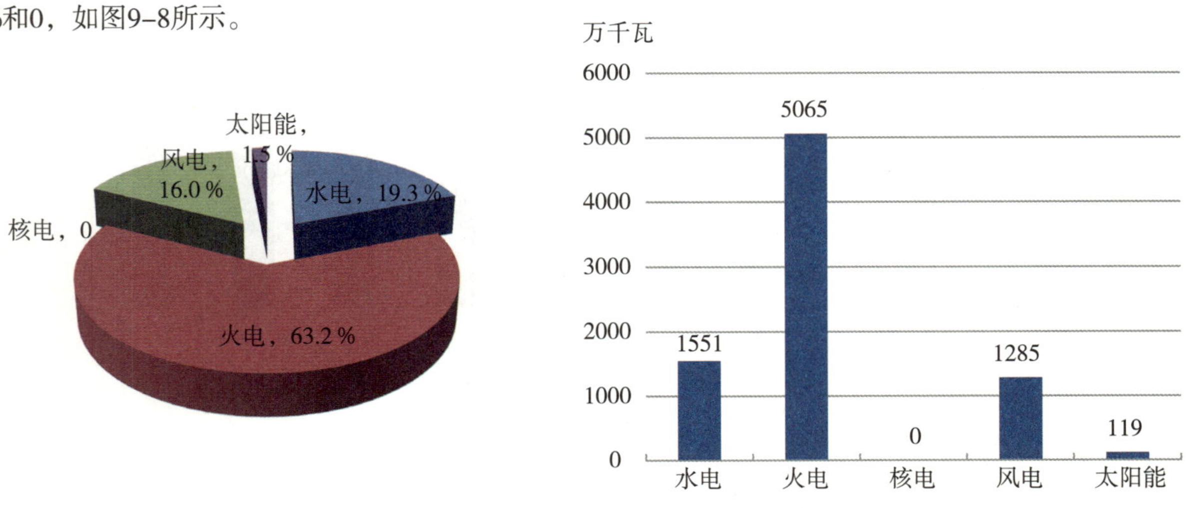

图9–8　2012年中国分电源新增装机容量与结构

数据来源：《2012年电力工业统计快报》。

截至2012年底，水电、火电、核电、风电和太阳能发电累计装机容量分别为24890万、81917万、1257万、6083万千瓦和328万千瓦，占总装机容量的比重分别为21.7%、71.5%、1.1%、5.3%和0.3%。2012年中国非化石能源发电装机比重为28.5%，比2011年提高0.8个百分点，如图9-9所示。

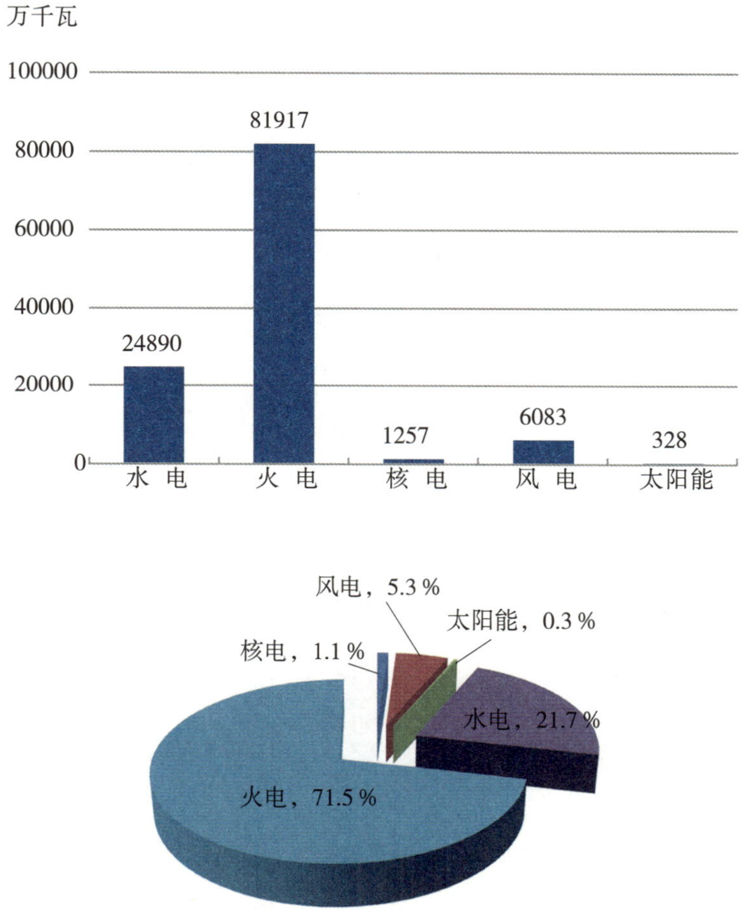

图9-9 2012年中国分电源累计装机容量与结构

数据来源：《2012年电力工业统计快报》。

四、电力装机主要集中在东部，西南地区水电比重高

分地区看，2012年各省发电装机容量中，排名前五的省份为广东、内蒙古、江苏、山东、浙江；其中广东装机容量最大，为7796万千瓦，占全国6.8%；西藏装机容量最少，约为102万千瓦。

从装机结构看，青海、四川、湖北、云南、广西和西藏等省份以水电为主，比重均超过50%；重庆、湖南和贵州的水电装机比重超过40%，其他省份则以火电为主导。风电主要分布于内蒙古、甘肃、河北、辽宁等省份，而核电则主要分布在广东、浙江、江苏三个省份中，如表9-1、图9-10所示。

表9–1　　2012年中国分地区发电装机容量　　单位：万千瓦

区域	合计	其中				
		水电	火电	核电	风电	太阳能
全国	114491	24890	81917	1257	6083	328
广东	7796	1303	5806	612	74	0
内蒙古	7770	111	6016	—	1634	10
江苏	7638	114	7080	212	200	43
山东	7315	108	6818	0	382	7
浙江	6170	984	4705	433	40	1
湖北	5787	3595	2174	0	17	1
河南	5765	395	5355	0	15	0
山西	5454	243	5011	—	198	2
四川	5427	3932	1493	0	2	0
河北	4868	179	3999	—	675	0
云南	4835	3264	1442	—	126	3
贵州	4010	1728	2186	0	96	0
福建	3874	1138	2623	0	112	0
辽宁	3844	287	3066	0	491	0
安徽	3532	278	3223	0	30	2
湖南	3297	1372	1906	0	19	0
广西	3007	1513	1485	0	10	0
甘肃	2916	730	1551	—	597	38
新疆	2778	414	2029	—	316	18
陕西	2494	250	2227	0	15	2
吉林	2397	442	1625	—	330	0
黑龙江	2168	97	1747	—	323	0
上海	2142	0	2118	—	23	1
宁夏	2000	43	1640	0	265	53
江西	1933	418	1494	0	20	1
青海	1470	1101	230	—	2	136
重庆	1336	609	722	0	5	0
天津	1134	1	1110	0	23	0
北京	732	105	612	—	15	0
海南	502	82	388	—	30	2
西藏	102	54	37	—	0	8

数据来源：《2012年电力工业统计快报》。

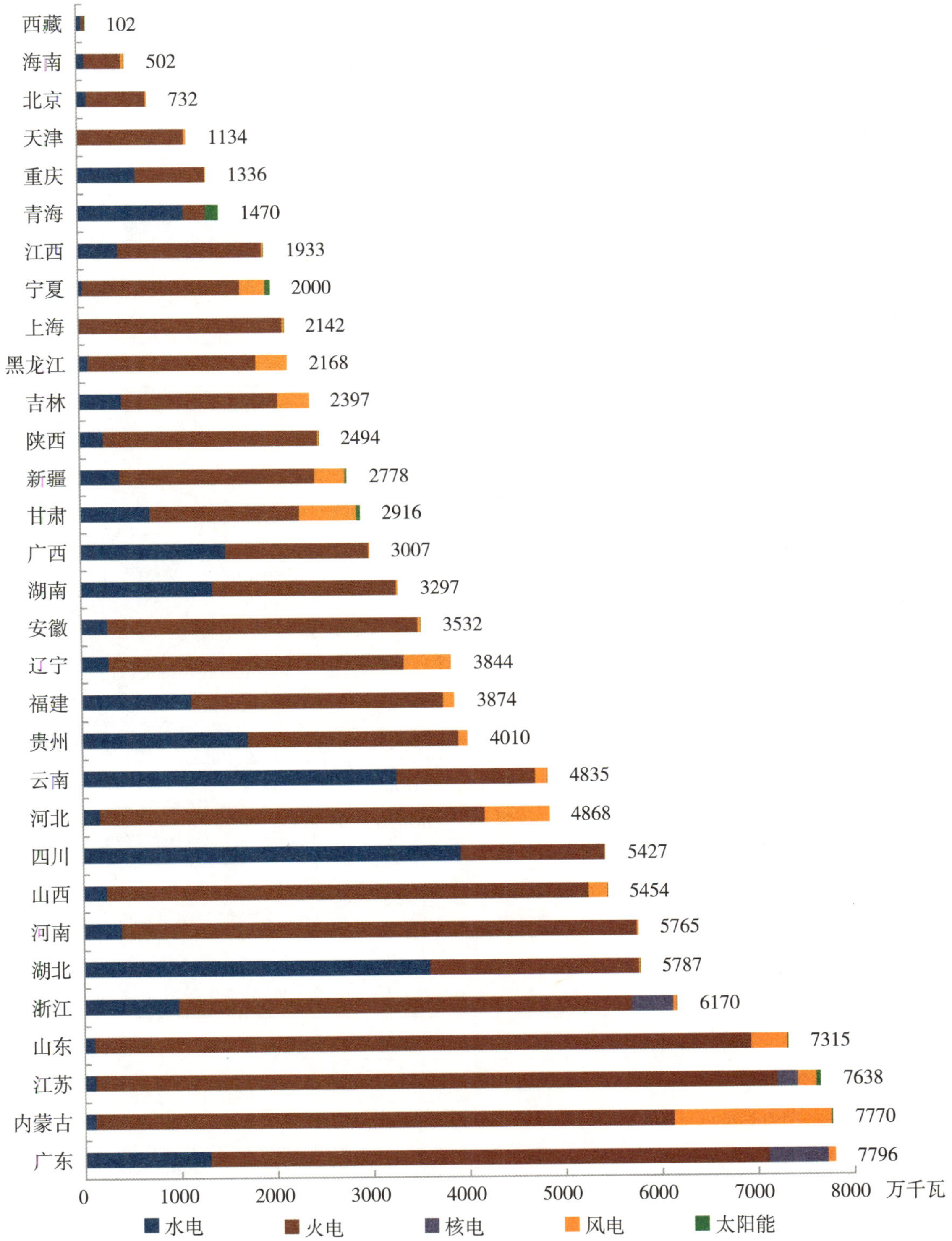

图9-10　2012年中国分地区发电装机容量及其构成

数据来源：《2012年电力工业统计快报》。

五、电力输送能力显著增强

2012年中国电网新增220千伏及以上线路长度3.23万千米；新增220千伏及以上变电设备容量1.82亿千伏安。到2012年底，中国220千伏及上线路长度50.66万千米，同比增长6.7%；220千伏及以上变电容量22.77亿千伏安，同比增长8.3%，如表9-2、表9-3表示。

表9-2　　2012年中国新增及累计输电线路长　　单位：千米

指标	2012年	同比增长（%）
基建新增220千伏及以上输电线路回路长度	32251	-10.9
其中：直流部分	2090	101.3
±800千伏	2090	—
±660千伏	—	—
±500千伏	—	—
±400千伏	—	—
其中：交流部分	30161	-14.2
1000千伏	—	—
750千伏	—	—
500千伏	4520	-38.3
330千伏	219	-77.3
220千伏	25421	5.4
220千伏及以上输电线路回路长度	506553	6.7
其中：直流部分	16199	8.3
±800千伏	4574	37.2
±660千伏	1400	—
±500千伏	9174	—
±400千伏	1051	—
其中：交流部分	490354	6.6
1000千伏	639	—
750千伏	10032	—
500千伏	136850	4.4
330千伏	22517	1.1
220千伏	320316	8.2

数据来源：《2012年电力工业统计快报》。

表9-3　　2012年中国新增及累计变电设备容量　　单位：万千伏安

指标名称	2012年	同比增长（%）
基建新增220千伏及以上变电设备容量	18208	−14.8
1000千伏	—	—
750千伏	—	—
500千伏	6750	15.1
330千伏	372	−39.4
220千伏	11086	−7.9
220千伏及以上公用变压器设备容量	227658	8.3
1000千伏	1800	—
750千伏	5320	—
500千伏	82686	8.9
330千伏	7098	6.4
220千伏	130754	8.5

数据来源：《2012年电力工业统计快报》。

第十章 非化石能源投资与建设

2012年8月，国家能源局发布了《可再生能源发展“十二五”规划》以及水能、风能、太阳能、生物质能四个专题规划，为“十二五”可再生能源发展提供了依据。在规划的指导下，2012年中国可再生能源生产能力和开发规模均实现平稳较快增长，为实现“十二五”规划目标奠定了良好的基础，如表10-1所示。

表10-1 2011、2012年中国非化石能源风电装机容量 单位：万千瓦

利用形式	2011年	2012年	同比增长（%）
非化石能源装机容量总量	30228	33800	11.8
1. 水电装机容量	23298	24890	6.8
其中：抽水蓄能	1838	2031	10.5
2. 核电装机容量	1257	1257	0
3. 风电装机容量	4623	6083	31.6
4. 光伏发电装机容量	300	700	133.3
5. 各类生物质发电装机容量	750	870	16.0

数据来源：《2012年电力工业统计快报》、《可再生能源数据手册2012》。

一、水力资源丰富，水电开发程度有待提高

（1）中国水力资源丰富。根据国家发展和改革委员会2005年11月28日发布的全国水力资源复查成果，中国水力资源理论蕴藏量年电量为60829亿千瓦·时，平均功率为69440万千瓦；水力资源技术可开发量为54164万千瓦，年发电量为24740亿千瓦·时；经济可开发装机容量为40180万千瓦，年发电量为17534亿千瓦，均为世界最高，如图10-1、表10-2所示。

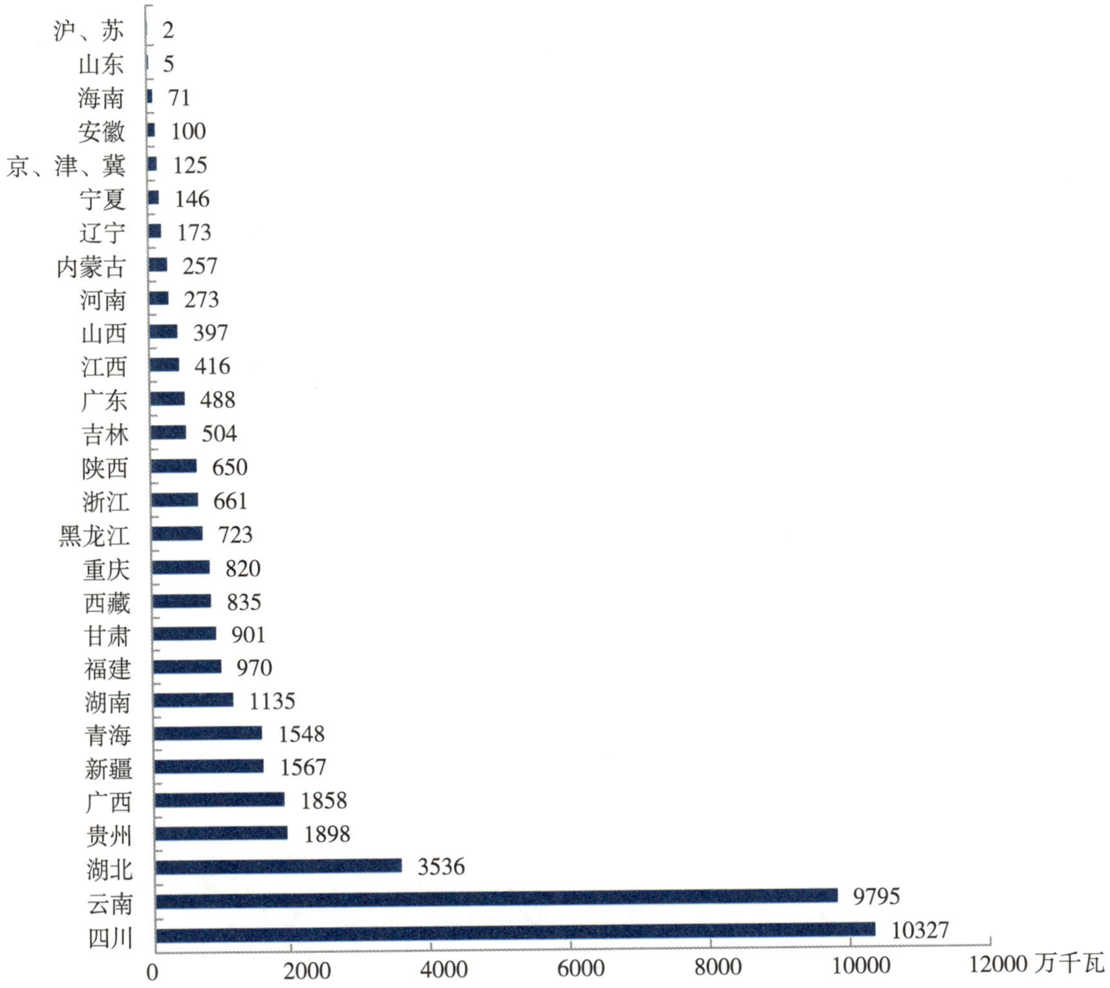

图10-1 中国水力资源经济可开发装机容量

注：经济可开发量是指在当前技术、经济条件下，具有经济开发价值的水力资源量，包括从技术可开发水电站群中筛选出来的与其他能源相比具有竞争力，且没有制约性环境问题和制约性水库淹没处理问题的水电站所统计的装机容量和年发电量。

数据来源：《中华人民共和国水力资源复查成果（2003年）》。

表10-2 全国核准重点水电项目

序号	项目名称	所在省（自治区）	所在河流	装机容量（万千瓦）
1	龙开口	云南	金沙江	180
2	鲁地拉	云南	金沙江	216
3	观音岩	云南	金沙江	300
4	枕头坝一级	四川	大渡河	72
5	沙坪二级	四川	大渡河	34.8
6	安谷	四川	大渡河	77.2

续表

序号	项目名称	所在省（自治区）	所在河流	装机容量（万千瓦）
7	马马崖一级	贵州	北盘江	55.8
8	刘家峡排沙洞扩机	甘肃	黄河	30
9	丰满重建	吉林	松花江	148
10	敦化抽水蓄能	吉林	—	140
11	绩溪抽水蓄能	安徽	—	180
12	丰宁抽水蓄能	河北	—	180
13	荒沟抽水蓄能	黑龙江	—	120

数据来源：《中华人民共和国水力资源复查成果（2003年）》。

从空间分布来看，中国水力资源在地域分布上极不均匀。总体呈西部多、东部少的特点。其中，西部地区的云南、贵州、四川、重庆、陕西、甘肃、宁夏、青海等12个省（自治区、直辖市）水力资源占全国总量的81.5%，特别是西南地区的云南、贵州、四川、重庆和西藏占比达66.7%；经济发达、用电负荷集中的东部省区只占有4.9%，如表10–3和图10–2所示。

表10–3　　中国各地区水力资源分布（年发电量）　　单位：亿千瓦·时

地区	理论蕴藏量	技术可开发量	经济可开发量
西藏	17639	5760	376
四川	12572	6122	5233
云南	9144	4919	4713
新疆	3344	713	683
重庆	2012	446	378
青海	1916	913	555
贵州	1584	778	752
广西	1545	809	795
湖北	1507	1386	1380
甘肃	1304	444	370
湖南	1163	486	458
陕西	1119	222	217
福建	941	353	345
黑龙江	664	238	212
浙江	538	161	161
广东	532	198	178
内蒙古	509	73	72

续表

地区	理论蕴藏量	技术可开发量	经济可开发量
山西	494	121	119
江西	426	171	138
河南	412	97	91
吉林	301	118	115
安徽	274	30	27
京、津、冀	199	37	25
宁夏	184	59	59
辽宁	178	60	59
沪、苏	152	2	1
山东	102	2	1
海南	74	21	20

数据来源：《中华人民共和国水力资源复查成果（2003年）》。

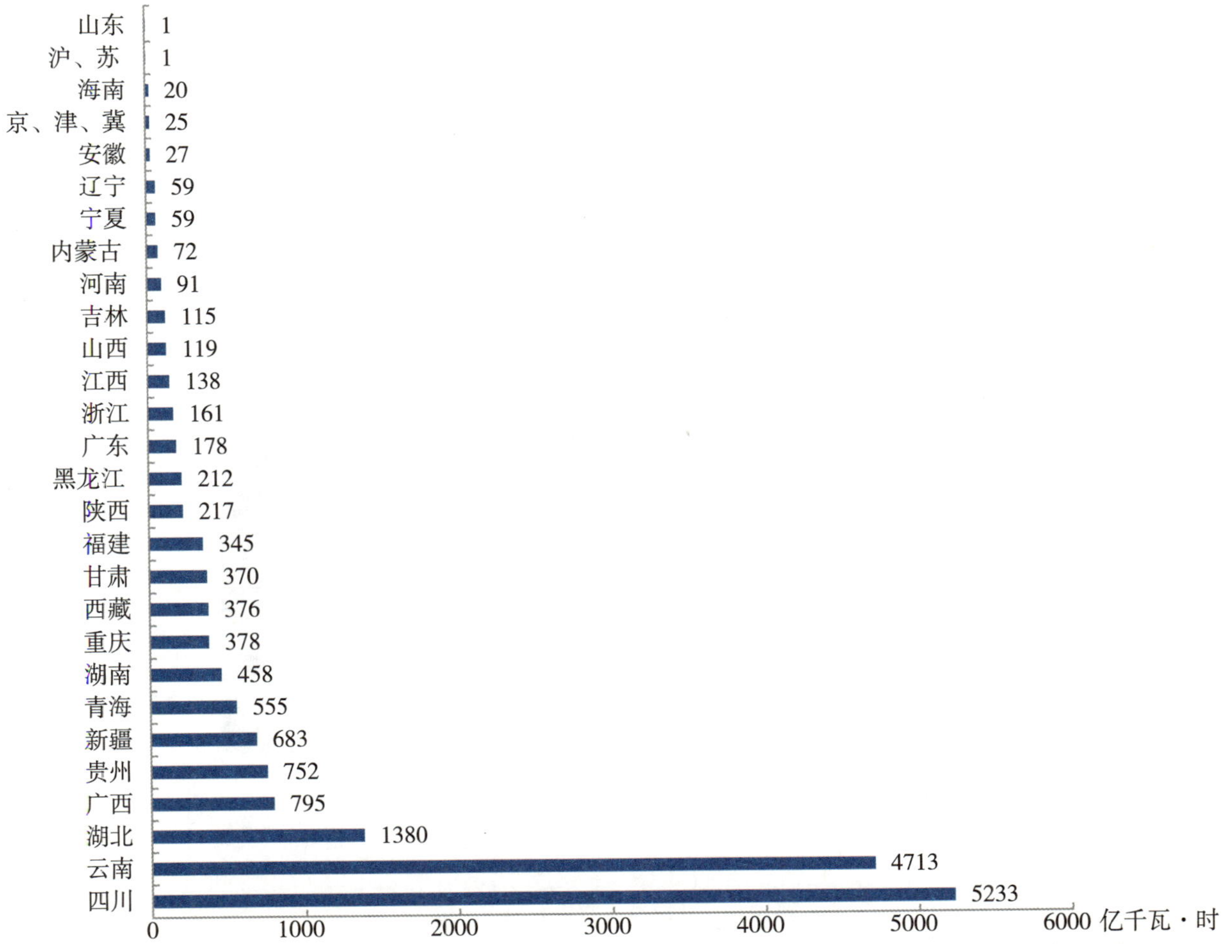

图10-2 中国各地区水力资源量排序

数据来源：《中华人民共和国水力资源复查成果（2003年）》。

（2）水电装机容量世界第一。随着金安桥、三峡地下电站等建成投产，中国的水电装机规模稳步增加，水电前期工作有序推进，政策法规不断完善。水电是中国装机总量中占比第二大的电源。截至2012年底，中国全口径水电装机容量为2.49亿千瓦，比2011年增加1928万千瓦，同比增长8.4%，如图10-3所示。

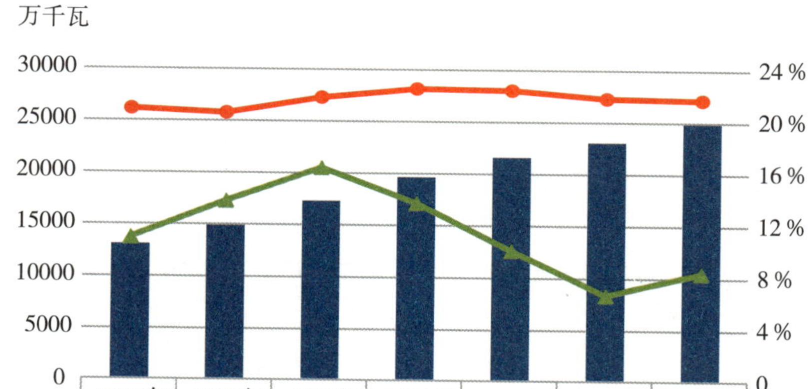

	2006年	2007年	2008年	2009年	2010年	2011年	2012年
水电装机容量（万千瓦）	13029	14823	17260	19629	21606	23052	24890
占比（%）	20.9	20.6	21.8	22.5	22.4	21.8	21.7
增长率（%）	11.0	13.8	16.4	13.7	10.1	6.7	8.4

图10-3　2006～2012年中国水电装机容量及增长率

数据来源：2006～2011年数据来自《电力统计资料汇编2011》，2012年数据来自《2012年电力工业统计快报》。

中国是世界第一水电大国，2012年中国水电装机容量为2.49亿千瓦。根据IEA统计数据，2010年处于世界第二位的美国水电装机容量为1.01亿千瓦，中国水电装机容量约为美国的2倍多。从占比上看，中国水电装机占比为21.7%；俄罗斯为20.9%，与中国相当；美国水电装机的比重则为9.7%，如图10-4所示。

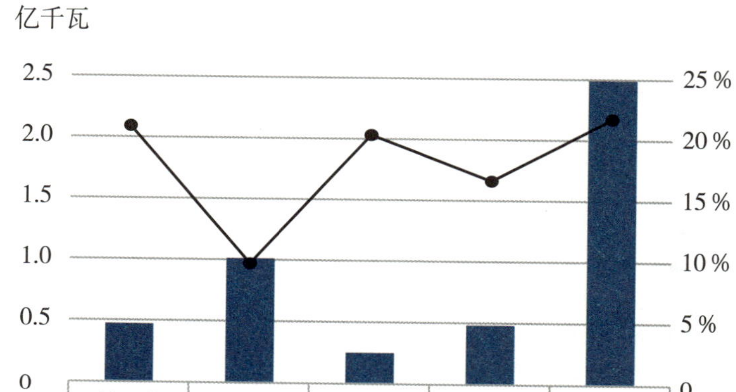

	俄罗斯	美国	法国	日本	中国
水电装机容量（亿千瓦）	0.47	1.01	0.25	0.48	2.49
比重（%）	20.9	9.7	20.3	16.6	21.7

图10-4　水电装机容量的国际比较

数据来源：IEA，Electricity Information2012，其中俄罗斯为2008年数据，美国、法国、日本为2010年数据；中国为2012年数据，来自《2012年电力工业统计快报》。

从空间分布看，中国水电装机主要集中在中西部地万份，2012年各省份的装机容量中，排名前五的为四川、湖北、云南、贵州、广西，装机容量分别为3932万、3595万、3264万、1728万、1513万千瓦；排名靠后的五个分别是上海、天津、宁夏、西藏、海南。水电装机容量在1000万千瓦以上的省份有9个，如图10-5所示。

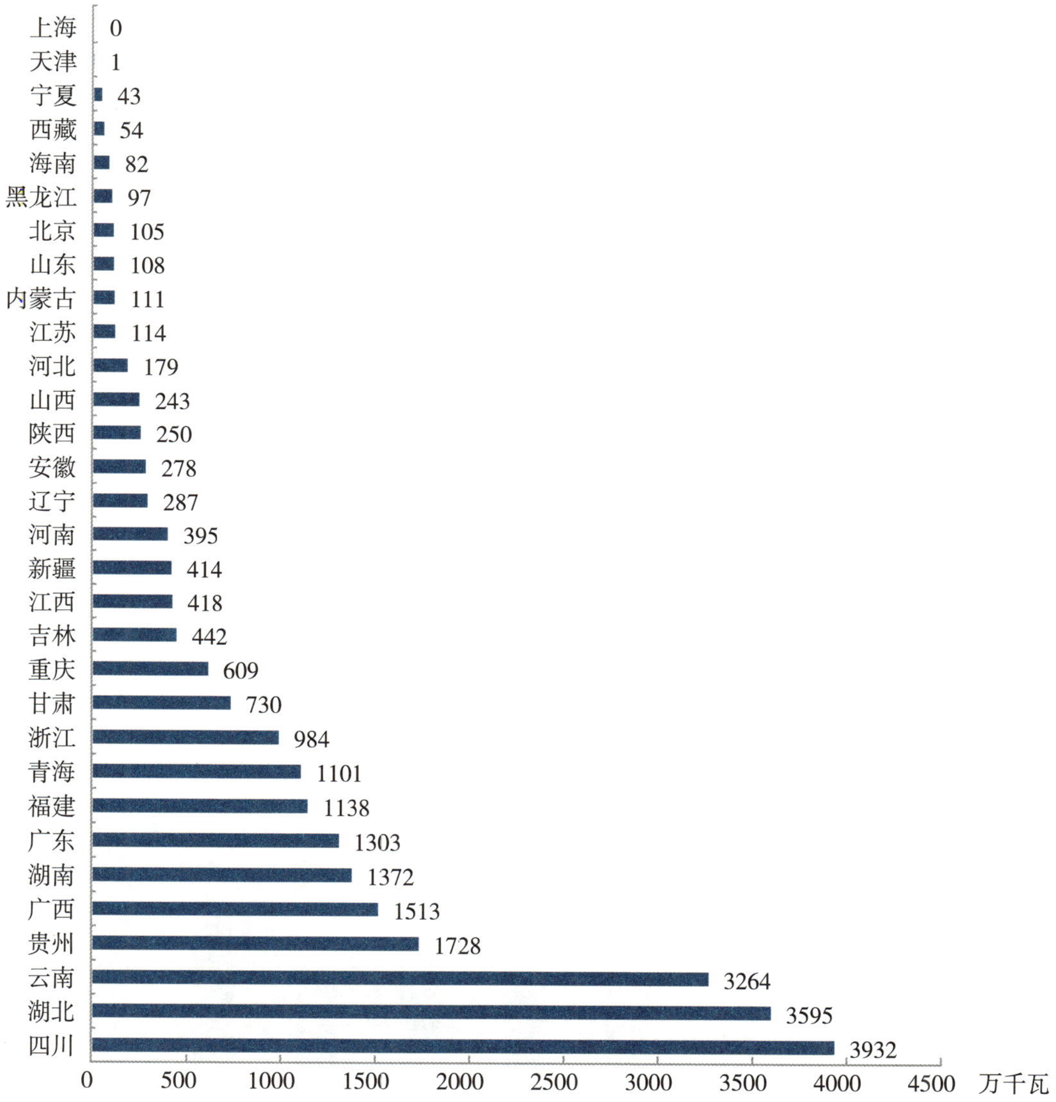

图10-5　2012年各省水电装机容量

数据来源：《2012年电力工业统计快报》。

（3）水电开发程度仍有待提高。尽管中国的水电装机容量世界第一，但相对于丰富的水能资源，水电开发程度仍有待进一步提高。如图10-6所示，水力发电量占技术可开发量的比重为29.19%，高于世界平均水平22.04%，俄罗斯的开发率最低，约为10.08%；日本开发率较高，约为67%，较中国高38个百分点。

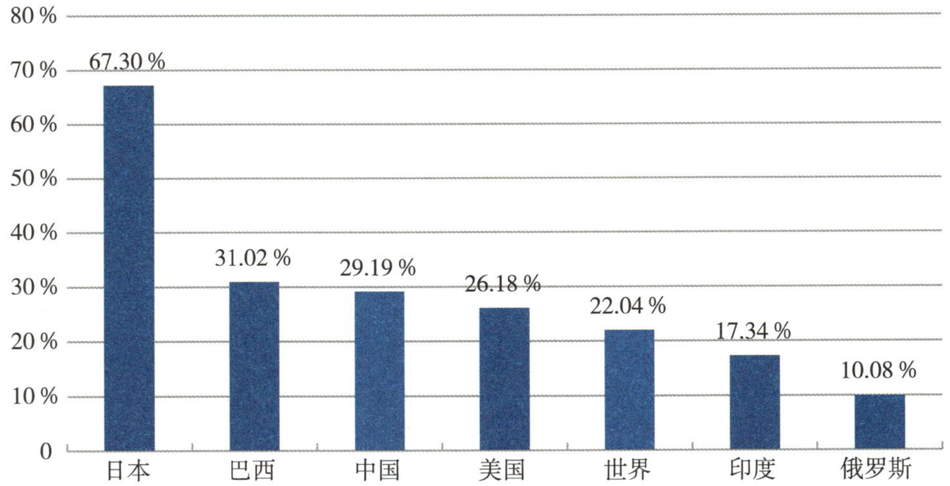

图10–6　2011年世界主要国家和地区的水电开发率

数据来源：World Energy Council，2010 Survey of Energy Resources；IEA，Energy Balances of OECD Countries 2012、Energy Balances of non–OECD Countries 2012。其中世界、中国、巴西、印度为2010年数据，其他国家为2011年数据。

（4）水电投资有待加强。2006 ~ 2012年间，中国水电投资经历了先升后降再升的过程，如图10–7所示。2006 ~ 2007年间，水电投资增长了9.6%，从783.39亿元增加到859.14亿元；而2010年，水电投资额下降到791亿元；2011年，水电投资额再次上升到971亿元，与2010年相比，同比增长22.76%；2012年，水电投资达到1277亿元，同比增长31.51%，增长率达到历年高点。总体上看，"十一五"期间中国的水电投资徘徊不前。"十二五"开局之年，水电投资停滞不前的局面出现扭转。

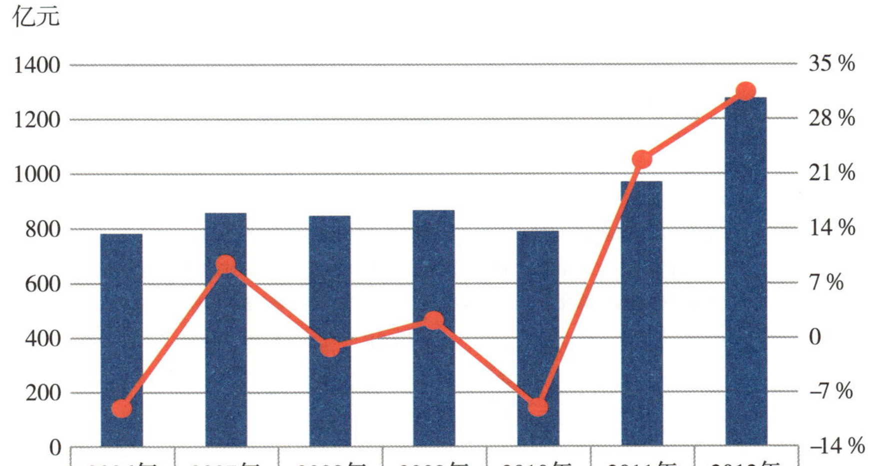

	2006年	2007年	2008年	2009年	2010年	2011年	2012年
水电投资额（亿元）	783.89	859.14	849	868.6	791	971	1277
增长率（%）	–9.00	9.60	–1.18	2.31	–8.93	22.76	31.51

图10–7　2006 ~ 2012年水电投资额及增长率

数据来源：2006 ~ 2011年数据来自《中国能源统计年鉴2012》，2012年数据来自《2012年电力工业统计快报》。

二、大规模风电投资已“降温”，风电产业健康有序发展

（1）风电装机容量逐年增加。中国风电近年来发展迅速，2006～2008年，风电装机容量每年的增长率都在100%以上。2010～2012年间增长率有所放缓，随着中国风电产业体系的逐步完善，风电产业开始健康有序发展。到2012年底，全国（不含港、澳、台）共建设了1445个风电场，安装风电机组52827台，累计装机容量为6266万千瓦，较2011年增加1482万千瓦，增长率为31%，发电量超过1000亿千瓦·时，如图10–8所示。全国共有50多家风电开发企业旗下的1300家项目公司参与我国的风电投资和建设，其中，国有企业约1000家，占全国风电总装机容量的81%；民营企业约150家，占全国风电总装机容量的4.5%；中外合资企业约98家，占全国风电总装机容量的13.3%；外资企业约21家，占全国风电总装机容量的1.2%。目前，我国风电并网装机容量超过100万千瓦的主要开发企业有国电集团、华能集团、大唐集团、华电集团、神华集团、中广核公司和中电投集团等11家企业。国电集团以累计并网装机容量1300万千瓦居全国第一，全球第二；华能集团和大唐集团分别以834万千瓦和771万千瓦列全国二、三位。

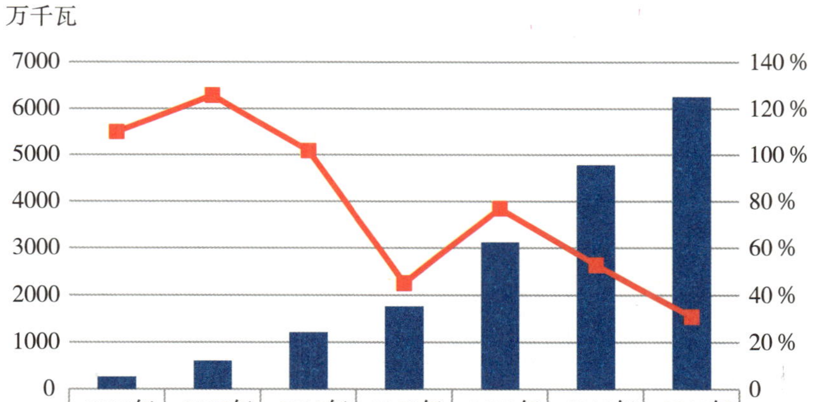

	2006年	2007年	2008年	2009年	2010年	2011年	2012年
风电并网装机容量（万千瓦）	267	603	1217	1767	3131	4784	6266
增长率（%）	110	126	102	45	77	53	31

图10–8　2006～2012年中国风电并网装机容量

数据来源：2006～2011年数据来自《可再生能源数据手册2012》，
2012年数据来自国家风电信息管理中心。

2006～2012年，中国大部分省份均大力开展风电建设，其中内蒙古2012年并网风电装机容量为1634万千瓦，是中国并网风电累计装机容量最大的省份。“三北”（华北、东北、西北）地区是我国风电建设比较集中的地区，占全国风电并网装机容量的86%。华北地区风电并网装机容量2332万千瓦，占该地区全部电力装机容量的比例为9.8%，发电量占3.6%；东北地区风电并网装机容量1825万千瓦，占该地区全部电力装机容量的15.3%，发电量占6.0%；西北地区风电并网装机容量1232万千瓦，占该地区全部电力装机容量的10.6%,发电量占3.7%。南方电网风电并网装机容量388万千瓦，占该地区全部电力装机容量和发电量比例分别为1.9%和0.7%，如表10–4所示。

表10-4　　2012年各省发电机装机容量及风电装机占比　　单位：万千瓦

区域	发电机装机总量	并网风电装机容量	占比（%）
西藏	102	0	0
四川	5427	2	0.03
青海	1470	2	0.12
重庆	1336	5	0.35
广西	3007	10	0.33
陕西	2494	15	0.59
北京	732	15	2.05
河南	5765	15	0.26
湖北	5787	17	0.29
湖南	3297	19	0.57
江西	1933	20	1.04
上海	2142	23	1.07
天津	1134	23	2.05
安徽	3532	30	0.84
海南	502	30	6.03
浙江	6170	40	0.64
广东	7796	74	0.95
贵州	4010	96	2.41
福建	3874	112	2.90
云南	4835	126	2.60
山西	5454	198	3.62
江苏	7638	200	2.62
宁夏	2000	265	13.23
新疆	2778	316	11.39
黑龙江	2168	323	14.91
吉林	2397	330	13.76
山东	7315	382	5.22
辽宁	3844	491	12.78
甘肃	2916	597	20.48
河北	4868	675	13.86
内蒙古	7770	1634	21.02

数据来源：《2012年电力工业统计快报》。

从世界范围看，2011年中国风电装机总量为6241万千瓦，占世界总量的26%，居世界首位，超过排名第二的美国1533万千瓦，如图10-9所示。

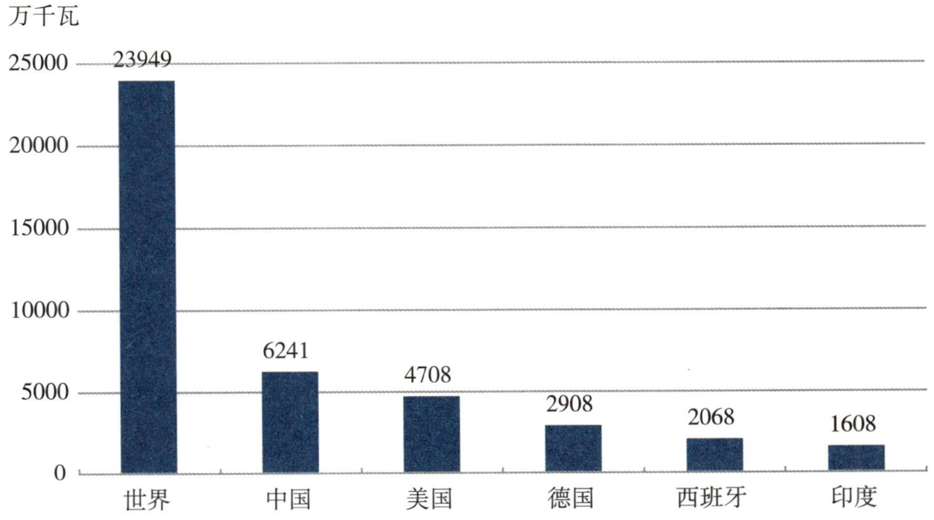

图10-9　2011年风电装机容量的国际比较

数据来源：BP Statistical Review of World Energy 2012。

（2）风电投资逐步“降温”。2006～2008年，中国风电投资增速不断加快，2008年风电投资增速超过200%。但是2009年以来，风电投资增速逐年降低，自2011年出现负增长，同比减少200多亿元，增长率为-20.1%；2012年风电投资为615亿元，比2011年同比减少287亿元，增长率为-31.8%，这与政府的风电投资政策直接相关，如图10-10所示。

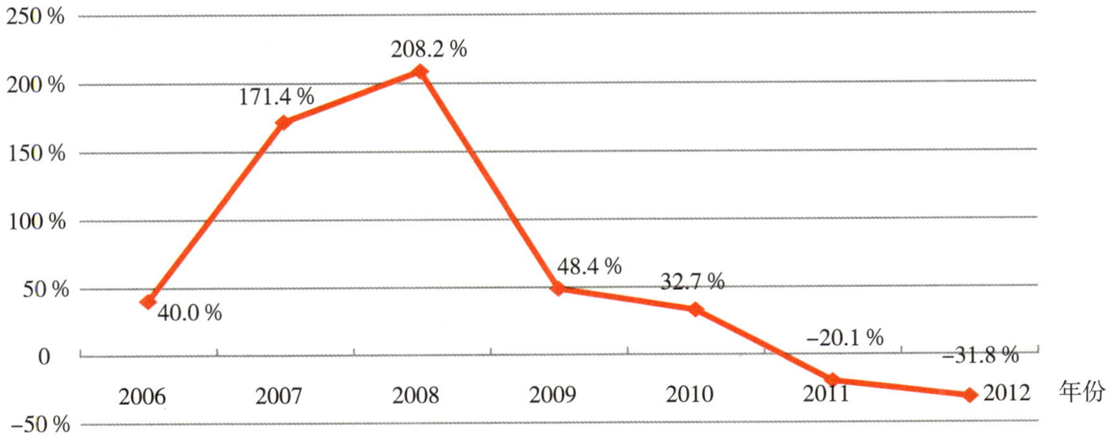

图10-10　2006～2012年中国风电投资增长率

数据来源：2006～2011年数据来自《2011年电力工业统计资料汇编》，2012年数据来自《2012年电力工业统计快报》。

三、核电投资建设暂停，装机容量处于较低水平

中国是继美国、英国、法国、苏联、加拿大和瑞典之后，世界上第7个自主设计和建造核电站的国家，核电在建施工规模居世界首位。但由于福岛核泄漏带来的问题和隐患，中国在2012年暂停了核电的投资建设。截至2012年，已建成的核电站有7座，投入运行的核电机组有15台，13个在建的核电站。投入运行的核电站主要是：浙江省的秦山核电站、秦山第二核电站、秦山第三核电站，广东省的大亚湾核电站、岭澳核电站，江苏省的田湾核电站，全部集中在东部地区。2012年的核电装机容量为1257万千瓦，占电力总装机容量的比重为1.1%，如表10–5～表10–7所示。

表10–5　　2005～2012年中国核电装机容量　　单位：万千瓦

年份	核电装机容量	总装机容量	占比（%）
2005	685	51718	1.3
2006	685	62370	1.1
2007	908	71822	1.3
2008	908	79273	1.1
2009	908	87410	1.0
2010	1082	96641	1.1
2011	1257	105576	1.2
2012	1257	114491	1.1

数据来源：中国电力企业联合会《2011年电力工业统计资料汇编》，2012年数据来源于《2012年电力统计快报》。

表10–6　　截至2012年中国已建成核电站　　单位：万千瓦

省份	公司	机组	机组容量
浙江	秦山核电站有限公司	秦山一期1号	31
	核电秦山联营有限公司	秦山一期1号	65
		秦山一期2号	65
		秦山二期扩建	66
		秦山二期扩建	66
	秦山第三核电站有限公司	秦山三期1号	70
		秦山三期2号	70

续表

省份	公司	机组	机组容量
广东	广东核电合营有限公司	大亚湾1号	98.38
		大亚湾2号	98.38
	岭澳核电合营有限公司	岭澳1号	99.03
		岭澳2号	99.03
	岭东核电合营有限公司	岭澳二期	108.6
		岭澳二期	108.6
江苏	江苏核电有限公司	田湾1号	106
		田湾2号	106
合计			1257.0

数据来源：《2011年电力工业统计资料汇编》。

表10–7　　2011年中国在建核电机组数量

项目名称	建设地址	在建规模	
		台数（台）	容量（万千瓦）
红沿河核电一期工程	辽宁大连	4	448
秦山一期扩建工程	浙江海盐	2	200
秦山二期扩建工程	浙江海盐	1	65
三门核电一期工程	浙江台州	2	250
宁德核电期工程	福建宁德	4	436
福清核电一期工程	福建福清	2	216
福清核电二期工程	福建福清	2	216
海阳核电项目	山东烟台	2	125
台山核电项目	广东台山	2	350
岭澳核电站二期项目	广东深圳	1	109
阳江核电项目	广东阳江	6	652
防城港核电项目	广西防城港	2	200
昌江核电项目	海南昌江	2	130
合计		32	3397

数据来源：《2011年电力工业统计资料汇编》。

根据IEA的统计数据，2010年核电装机容量最多的美国为1.01亿千瓦，核电装机比重最高的是法国，核电装机占比约为50%；2012年中国核电装机容量为1257万千瓦，占装机总量的比重为1.1%，远远低于世界平均水平，如图10–11所示。

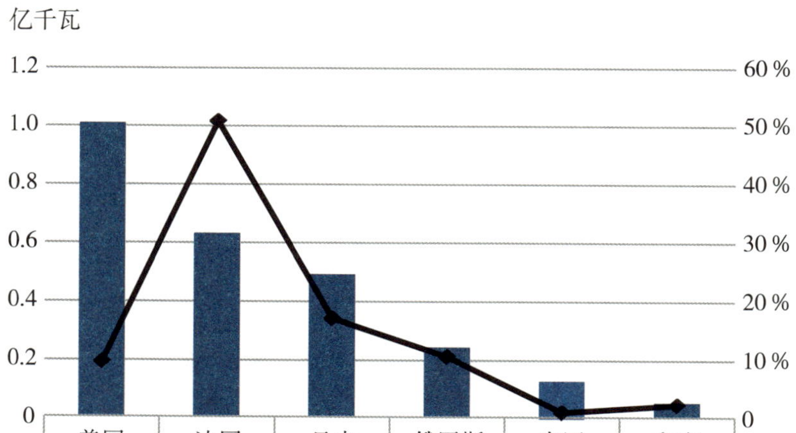

	美国	法国	日本	俄罗斯	中国	印度
核电装机容量（亿千瓦）	1.01	0.63	0.49	0.24	0.13	0.05
比重（%）	9.7	50.8	17.1	10.6	1.1	2.4

图10-11　核电装机容量国际比较

数据来源：中国为2012年数据，来自《2012年电力工业统计快报》，俄罗斯为2008年数据，美国、法国、日本为2010年数据，来源于IEA，Electricity Information 2012。

四、太阳能投资建设井喷式发展，装机容量高速增加

2012年，光伏发电继续保持快速增长势头，全国新增并网光伏发电核准容量400万千瓦以上，新核准规模超过2012年之前全国光伏发电安装容量的总和。

2012年，继内蒙古鄂尔多斯5万千瓦太阳能热发电特许权项目招标之后，宁夏盐池哈纳斯9.25万千瓦太阳能热发电实验电站和甘肃金塔红柳洼5万千瓦热发电项目相继获得核准并开工建设，项目的开发建设将积极推动中国太阳能光热商业化进程，并为光热发电规模化发展积累宝贵的经验。

（1）太阳能产业发展迅速，光伏市场不断扩大。自2007年始，中国的光伏电池产量一直位居世界首位。从市场分布看，大型光伏并网电站是中国太阳能光伏发电的主要形式，分布式光伏发电、与建筑结合的光伏发电和农村电气化也是光伏发电的重要市场。2011年全国新增太阳能核准项目为116个，新增核准容量为228.5万千瓦。截至2011年底，全国共核准了336个太阳能发电项目，累计核准容量为399.3万千瓦。2012年中国重点地区太阳能项目情况如表10-8所示。

表10-8　　2012年中国重点地区太阳能项目情况

序号	地区	核准容量(万千瓦)
1	甘肃	100
2	青海	70
3	新疆	57
4	宁夏	10.3

数据来源：中国水利水电规划设计总院。

（2）太阳能光伏总装机容量不断增加。近年来，中国出台了一系列的政策措施，促进了太阳能发电的快速发展，2012年中国太阳能光伏并网装机容量达到700万千瓦，较2011年增加了400万千瓦，同比增长233%，呈现井喷式发展，如图10-12所示。

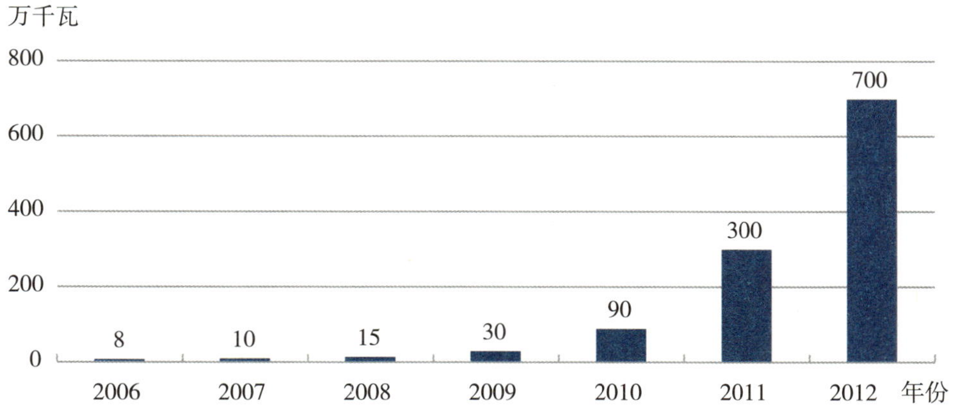

图10-12　2006～2011年中国太阳能光伏发电累计装机容量

数据来源：中国水利水电规划设计总院。

五、生物质能利用多元发展，装机容量逐年稳步增加

近几年，生物质能的各个领域均稳步发展，生物质发电技术成熟稳定，在国家政策推动下，规模效益逐步显现。2012年，全国开工建设生物质发电项目8个，总规模25.4万千瓦，其中山东省新建4个生物质能工程，规模为10万千瓦，如表10-9所示。

表10-9　2012年中国生物质能重点开工项目

地区	项目	规模（万千瓦）
湖南	永顺凯迪生物质能热电厂	3.0
广西	藤县生物质发电项目	3.0
广东	韶关市韶能生物质发电项目	6.0
山东	薛城污泥焚烧热电联产项目	5.0
	东营市生活垃圾焚烧发电项目	1.2
	烟台润达垃圾焚烧余热发电厂	1.8
	高密市垃圾焚烧发电项目	2.4
吉林	镇赉县吉林众合稻壳发电热电联产综合利用项目	3.0
北京	海淀区六里屯垃圾填埋场二期填埋区填埋气治理项目	12

数据来源：中国水利水电规划设计总院。

截至2012年底，全国建成各类生物质发电装机容量总计约870万千瓦，其中，以秸秆林木废弃物发电和城市垃圾发电为主，装机容量分别为360万千瓦和340万千瓦，如图10-13所示。农村户用沼气达5千万户，农业废弃物沼气工程达11万项。

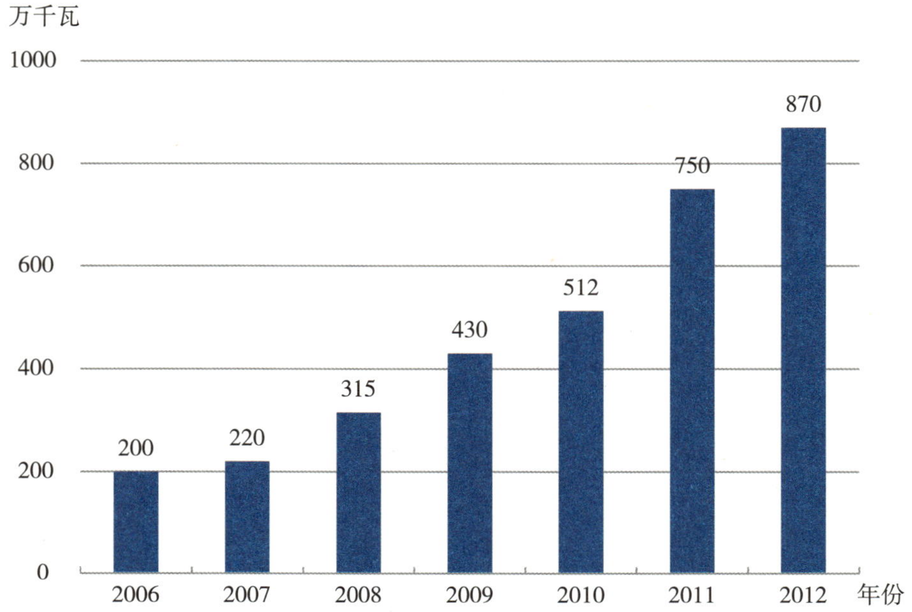

图10-13　2006～2012年中国生物质发电装机容量

数据来源：中国水利水电规划设计总院。

第三篇

能源生产与供应

2012年中国一次能源生产总量为33.3亿吨标准煤，同比增长4.8%。2012年中国能源自给率为92%，较2011年上升0.6个百分点。其中，煤炭产量36.5亿吨，同比增长3.8%；原油产量2.07亿吨，同比增长2.3%；天然气产量为1072.2亿米^3，同比增长4.4%；发电量4.96万亿千瓦·时，同比增长4.8%。在一次能源生产中，煤炭、原油产量所占比重分别为76.3%和8.9%，比2011年分别下降1.5个和0.2个百分点；天然气产量占一次能源生产总量的4.3%，与2011年持平；由于来水较好，以及风电、核电增长较快，2012年非化石能源占一次能源生产总量的比重达到10.5%，比2011年提高1.7个百分点。

2012年能源进口继续增长，能源对外依存度进一步提高。净进口煤炭2.79亿吨，创历史新高；原油进口多元化步伐加快，全年累计进口2.71亿吨，增长6.8%，与2011年持平，原油对外依存度上升到56.4%，比2011年高1.1个百分点；累计进口天然气442亿米^3（LNG201亿米^3、管道气241亿米^3），增长41.9%；天然气对外依存度约为27.7%，比2011年提高6.3个百分点。

2012年能源生产与供应

项目	生产	净进口	对外依存度
综合能源（亿吨标准煤）	33.3	—	—
煤炭（亿吨）	36.5	2.79	7.1%
原油（亿吨）	2.07	2.71	56.4%
天然气（亿米^3）	1072.2	412	27.7%
发电量（亿千瓦·时）	49591	—	—

注：对外依存度是指净进口与表观消费量的比值，表观消费量为生产量与净进口量之和。

第十一章 煤炭生产与供应

一、煤炭产量36.5亿吨，增长率回落5个百分点

2012年中国原煤产量36.5亿吨，比2011年（35.2亿吨）增加1.3亿吨，同比增长3.7%，增长率比2011年回落近5个百分点，较煤炭消费增速（2.5%）高1.2个百分点，较“十一五”期间煤炭生产年均增速（5.1%）低1.4个百分点，如图11–1所示。

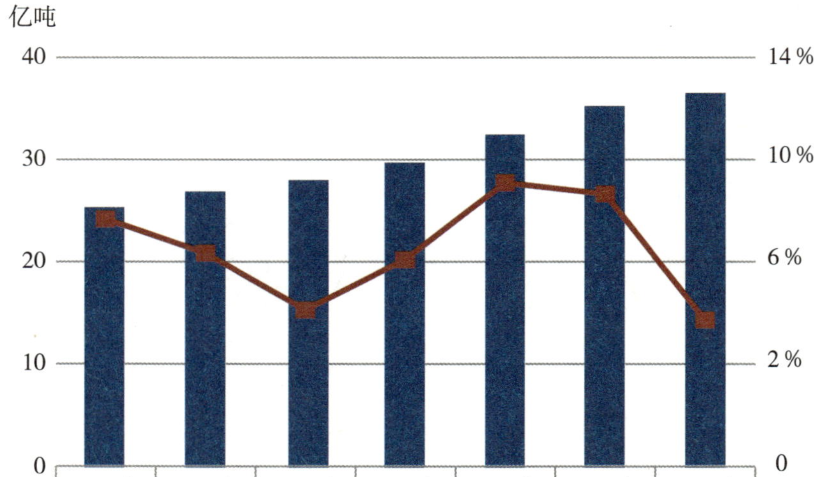

	2006年	2007年	2008年	2009年	2010年	2011年	2012年
产量（亿吨）	25.3	26.9	28.0	29.7	32.4	35.2	36.5
增长率（%）	7.7	6.3	4.1	6.1	9.1	8.6	3.7

图11–1　2006～2012年中国原煤产量及增速

数据来源：2006～2011年数据来自《中国能源统计年鉴2012》，2012年数据来自《2012年国民经济和社会发展统计公报》。

根据BP统计数据，2011年世界原煤总产量为76.95亿吨，中国原煤产量占世界总产量的49.5%；世界原煤产量排名前五的中国、美国、印度、澳大利亚和俄罗斯原煤产量总和占世界原煤产量的79%。中国作为世界第一大煤炭生产国，2012年原煤产量36.5亿吨，是第二大煤炭生产国美国的3.5倍，相当于排名中国之后的13个煤炭生产国2011年的原煤产量总和（36.7亿吨），如图11–2所示。

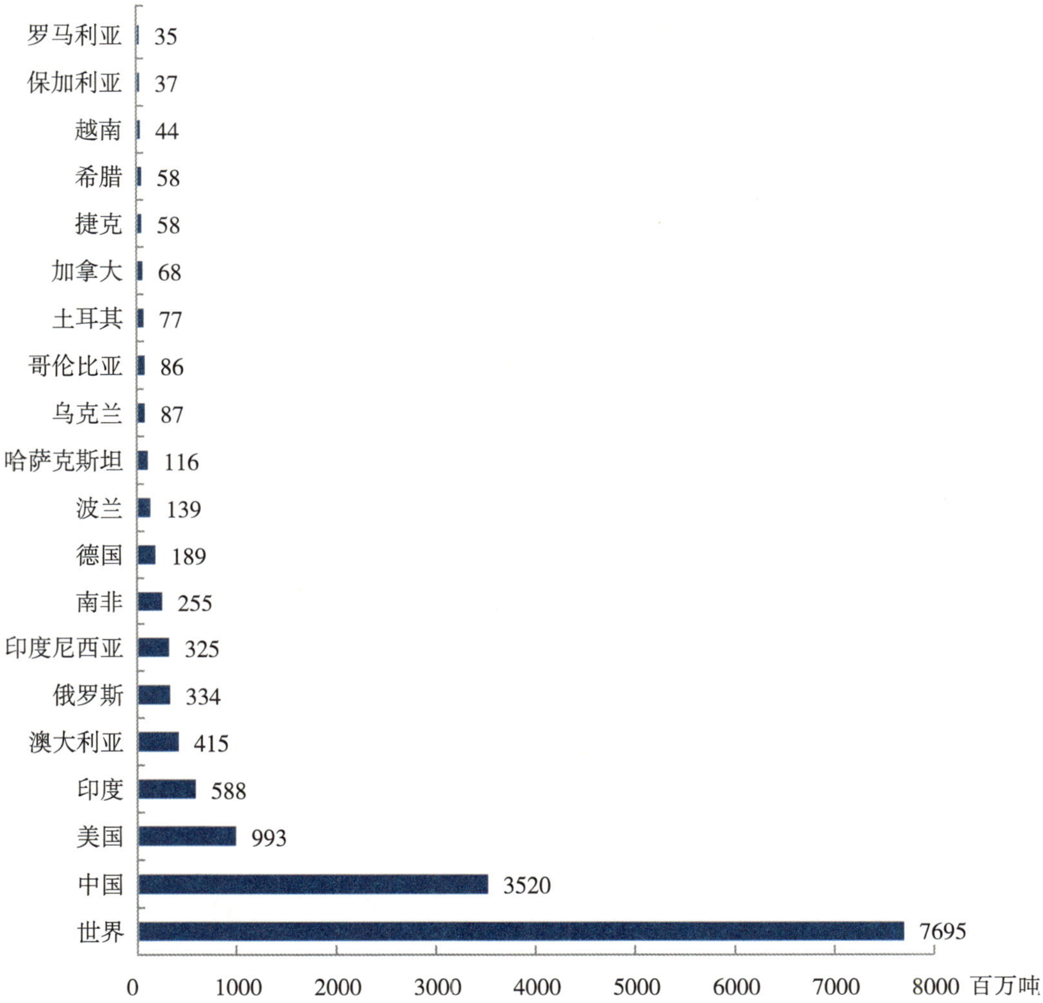

图11-2 2011年世界主要国家原煤产量

数据来源: BP Statistical Review of World Energy 2012。

分地区看，中国煤炭生产主要集中在中西部地区。2011年中国原煤产量排名前三的省份为内蒙古、山西和陕西，产量分别为9.8亿、8.7亿吨和4.1亿吨。原煤产量超亿吨的省份还有河南、山东、贵州、安徽、新疆、河北六省，分别为2.1亿、1.6亿、1.6亿、1.4亿、1.2亿吨和1.1亿吨（如图11-3和表11-1所示）。上述九个省份的原煤产量占全国原煤总产量的79.8%。除山东和河北以外，其余七省均位于中西部地区。

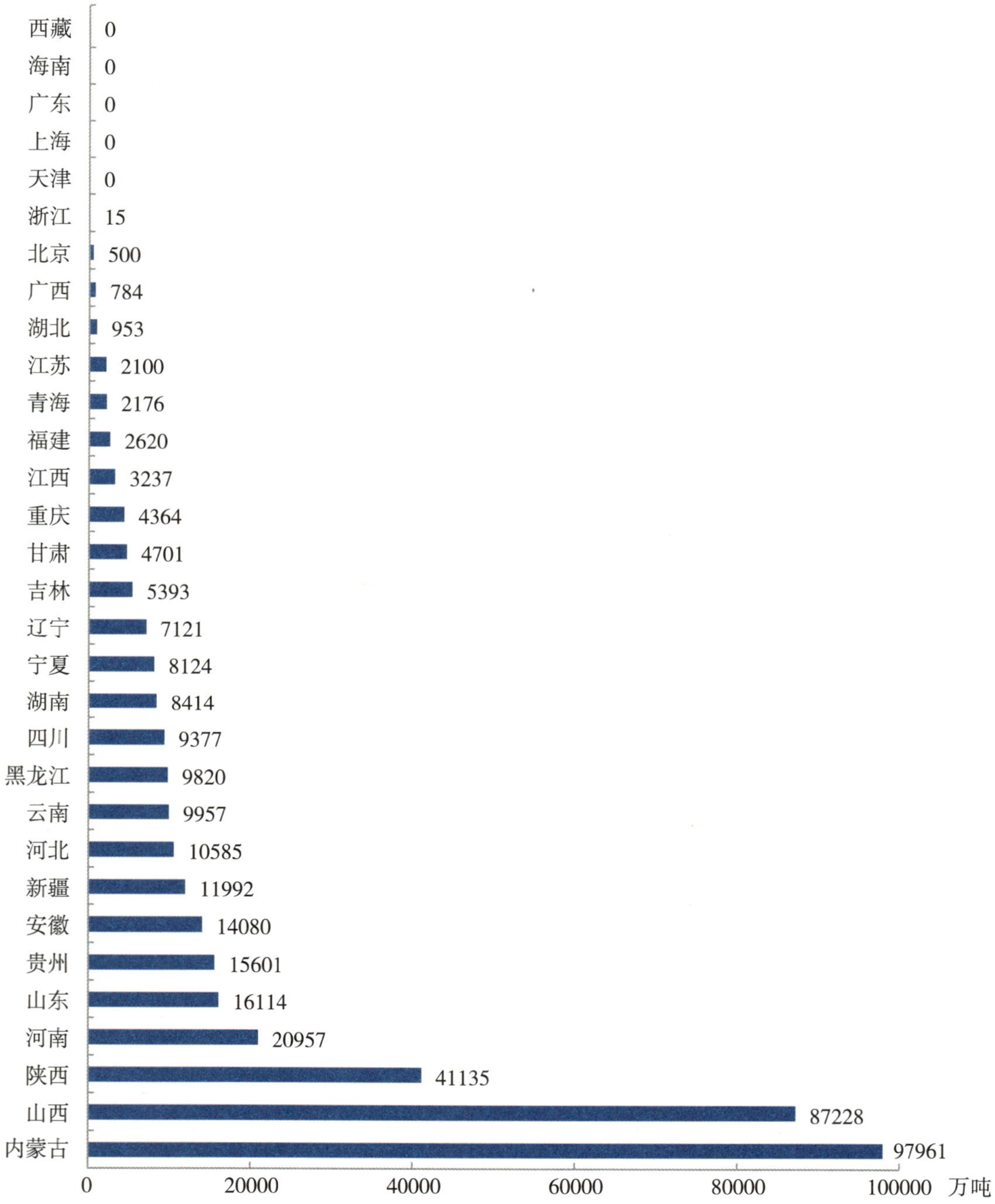

图11-3　2011年中国分地区原煤产量

数据来源：《中国能源统计年鉴2012》。

表11-1　　2006～2011年中国分地区原煤产量　　单位：万吨

地区	2006年	2007年	2008年	2009年	2010年	2011年
北京	651.1	648.8	578.6	641.3	500.1	500.1
天津	—	—	—	—	—	—

续表

地区	2006年	2007年	2008年	2009年	2010年	2011年
河北	8364.7	8663.0	8145.4	8494.6	10199.3	10584.6
山西	58141.9	63020.9	64501.3	59354.0	74096.0	87228.0
内蒙古	29759.6	35437.9	50222.8	60058.5	78664.7	97961.0
辽宁	7367.3	6349.1	6495.1	6624.2	7525.2	7121.4
吉林	3004.1	3354.2	3980.1	4401.5	5239.0	5393.2
黑龙江	10282.4	10065.1	9760.1	8748.7	9706.6	9820.0
上海	—	—	—	—	—	—
江苏	3047.5	2480.2	2430.1	2397.4	2090.5	2100.3
浙江	18.3	12.3	13.1	13.2	15.1	15.1
安徽	8331.9	9265.7	11649.5	12848.6	13346.4	14079.9
福建	1932.8	2050.0	2350.2	2466.1	2524.9	2620.5
江西	2783.4	2997.2	3303.0	2982.5	2912.2	3236.8
山东	14069.5	14518.3	13742.5	14377.7	15653.9	16113.6
河南	19532.2	19287.2	21305.7	23018.1	22384.1	20957.1
湖北	1116.3	1084.3	1073.2	1058.5	1291.7	952.6
湖南	5948.8	6217.2	6153.9	6572.9	7902.9	8414.5
广东	—	—	10.5	—	—	—
广西	680.5	721.5	451.2	519.7	757.6	783.8
海南	—	—	—	—	—	—
重庆	3990.0	4293.6	4666.5	4290.8	4575.0	4364.0
四川	8600.0	9557.7	9495.5	8997.3	9247.9	9377.5
贵州	11816.6	10864.2	11319.5	13690.7	15954.0	15601.0
云南	7339.1	7755.2	8029.7	5571.3	9763.4	9957.4
西藏	—	—	—	—	—	—
陕西	18262.0	20353.5	24162.8	29611.1	36164.1	41135.1
甘肃	3950.6	3949.3	4022.2	3875.6	4688.3	4700.7
青海	694.8	963.6	1293.6	1283.6	2015.5	2175.8
宁夏	3273.0	3771.8	4325.4	5509.5	6807.6	8123.9
新疆	4316.8	4915.5	6735.9	7646.0	9926.7	11991.7

数据来源：《中国能源统计年鉴2012》。

近年来，随着内蒙古、陕西和新疆地区原煤产量不断提高，西部地区占全国原煤产量的比重也不断提高，由2006年的不到40%提高到2011年的一半以上；同期中东部地区原煤产量占全国的比重逐年下降，其中，东部地区由2006年的14.9%下降到2011年的9.9%，下降了5个百分点；中部地区由2006年的46.0%降为2011年的38.0%，下降了8个百分点，如图11-4所示。

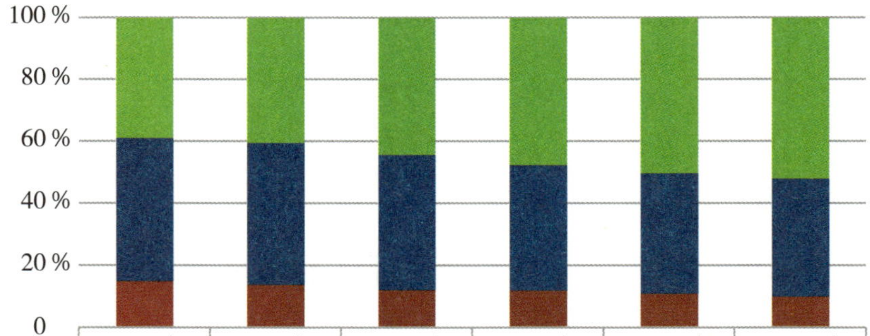

	2006年	2007年	2008年	2009年	2010年	2011年
西部（%）	39.1	40.6	44.5	47.8	50.4	52.2
中部（%）	46.0	45.6	43.4	40.3	38.7	38.0
东部（%）	14.9	13.7	12.0	11.9	10.9	9.9

图11-4　2006～2011年中国分区域原煤生产量

数据来源：《中国能源统计年鉴2012》。

从人均煤炭产量来看，2012年中国人均煤炭生产量2.7吨/人，比2011年提高102千克/人。根据IEA统计数据，2010年中国人均煤炭生产量（1.2吨标准油/人）约为澳大利亚（10.5吨标准油/人）的1/9，南非（2.9吨标准油/人）的2/5，低于美国（1.7吨标准油/人）0.5吨标准油/人，是世界平均水平（0.5吨标准油/人）的2.4倍。2012年中国人均煤炭生产量约相当于2010年世界平均水平的2.7倍，如图11-5所示。

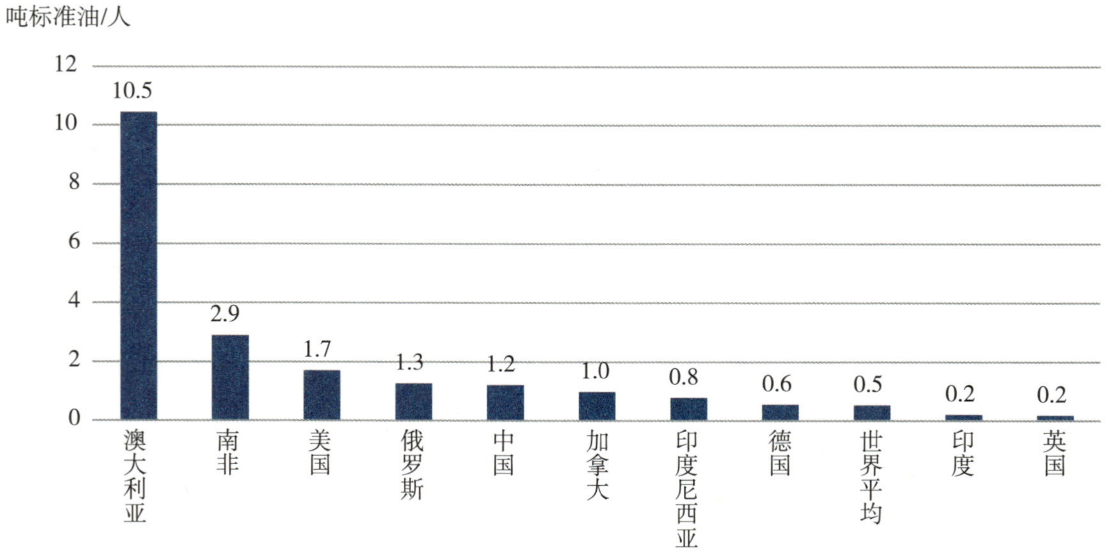

图11-5　2010年部分国家和地区人均煤炭生产量

数据来源：《中国能源统计年鉴2012》。

二、原煤入洗率21%以上，洗选煤数量突破7亿吨

近年来中国原煤入洗比率维持在21%左右，原煤入洗量由2006年的4.9亿吨增长到2011年的7.5亿吨，累计增长53.1%。原煤入洗率也呈现出逐年上升的趋势，由“十一五”初期的19.5%提高至21%以上，如图11-6所示。

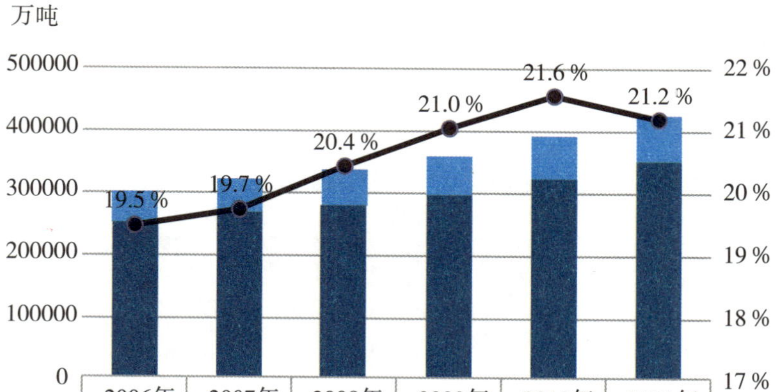

	2006年	2007年	2008年	2009年	2010年	2011年
原煤入洗量（万吨）	49256	53126	57237	62568	69759	74502
原煤产量（万吨）	252855	269164	280200	297300	323500	351600
原煤入洗率（%）	19.5	19.7	20.4	21.0	21.6	21.2

图11-6　2006～2011年中国原煤入洗情况

数据来源：《中国能源统计年鉴2012》、《中国能源统计年鉴2011》、《中国能源统计年鉴2010》、《中国能源统计年鉴2009》。

随着中国原煤入洗率和原煤产量的不断提高，洗精煤数量也连年创出新高。由2006年的3.4亿吨增长到2011年的5.1亿吨，累计增长50.3%。洗精煤增速则有所起伏，由2006年的14.3%陡降至2007年的6.2%，之后增速平稳上升，2011年增长率为10.9%，如图11-7所示。

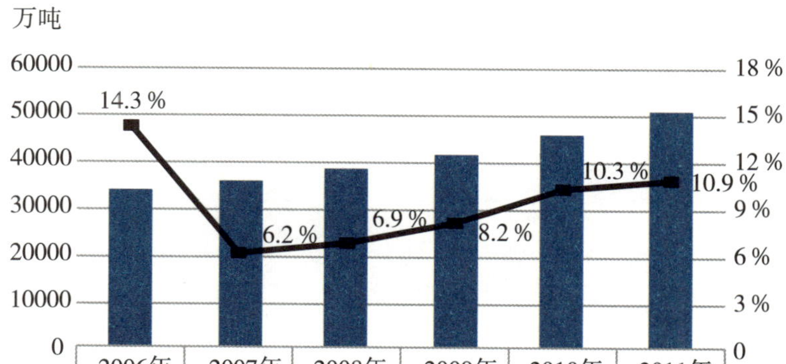

	2006年	2007年	2008年	2009年	2010年	2011年
洗精煤产量（万吨）	33897	36014	38496	41646	45949	50949
增长率（%）	14.3	6.2	6.9	8.2	10.3	10.9

图11-7　2006～2011年中国洗精煤产量及增长率

数据来源：《中国能源统计年鉴2012》、《中国能源统计年鉴2011》、《中国能源统计年鉴2010》、《中国能源统计年鉴2009》。

三、煤炭探明剩余可采储量世界第三，但储采比处于较低水平

根据BP统计数据，2011年底中国煤炭探明可采储量1145亿吨，位居世界第三，占全世界剩余探明可采储量的13.3%。虽然中国煤炭探明剩余可采储量比较丰富，但储采比仅为33，远低于世界平均水平112。俄罗斯煤炭储采比为471，高居首位，乌克兰和哈萨克斯坦紧随其后，分别为390和290，如表11-2所示。

表11-2　　2010年底部分国家和地区煤炭探明剩余可采储量

国家/地区	烟煤和无烟煤（亿吨）	次烟煤和褐煤（亿吨）	总计（亿吨）	比重（%）	储采比
世界	4047.6	4561.8	8609.4	100.0	112
OECD国家	1559.3	2226.0	3785.3	44.0	182
非OECD国家	2488.4	2335.7	4824.1	56.0	86
欧盟	51.0	510.5	561.5	6.5	97
美国	1085.0	1287.9	2373.0	27.6	239
加拿大	34.7	31.1	65.8	0.8	97
墨西哥	8.6	3.5	12.1	0.1	77
巴西	0	45.6	45.6	0.5	*
哥伦比亚	63.7	3.8	67.5	0.8	79
委内瑞拉	4.8	0.0	4.8	0.1	55
保加利亚	0	23.6	23.7	0.3	64
捷克	1.9	9.1	11.0	0.1	19
德国	1.0	406.0	407.0	4.7	216
希腊	0	30.2	30.2	0.4	53
匈牙利	0.1	16.5	16.6	0.2	174
哈萨克斯坦	215.0	121.0	336.0	3.9	290
波兰	43.4	13.7	57.1	0.7	41
罗马尼亚	0.1	2.8	2.9	^	8
俄罗斯	490.9	1079.2	1570.1	18.2	471
西班牙	2.0	3.3	5.3	0.1	81
土耳其	5.3	18.1	23.4	0.3	30
乌克兰	153.5	185.2	338.7	3.9	390
英国	2.3	0.0	2.3	^	12
南非	301.6	0.0	301.6	3.5	118
津巴布韦	5.0	0.0	5.0	0.1	202
澳大利亚	371.0	393.0	764.0	8.9	184

续表

国家/地区	烟煤和无烟煤（亿吨）	次烟煤和褐煤（亿吨）	总计（亿吨）	比重（%）	储采比
中国	622.0	523.0	1145.0	13.3	33
印度	561.0	45.0	606.0	7.0	103
印度尼西亚	15.2	40.1	55.3	0.6	17
日本	3.4	0.1	3.5	^	275
新西兰	0.3	5.4	5.7	0.1	115
朝鲜	3.0	3.0	6.0	0.1	19
巴基斯坦	0	20.7	20.7	0.2	*
韩国	0	1.3	1.3	^	60
中国台湾	0	12.4	12.4	0.1	58
越南	1.5	0.0	1.5	^	3

注："*"代表大于500；"^"代表小于0.05%。

数据来源：BP Statistical Review of World Energy 2012。

根据国土资源部《全国矿产资源储量通报2011》的数据，中国煤炭资源基础储量总量为2157.9亿吨，山西、内蒙古和新疆的煤炭基础储量位居全国前三，分别为834.6亿、368.9亿吨和148.4亿吨，浙江（0.4亿吨）、广东（0.2亿吨）和西藏（0.1亿吨）分列全国后三位。

从根据基础储量计算的储采比来看，全国为61.3，排名前五的省份分别为新疆（123.7）、山西（95.7）、北京（75.2）、青海（74.1）和黑龙江（62.9）。而产煤大省内蒙古和陕西的储采比分别为37.7和26.2，江西的储采比最低，为13.2，如表11–3所示。

表11–3　　2011年中国分地区煤炭资源储量　　单位：亿吨

地区	矿区数（个）	查明资源储量	基础储量	产量	储采比
全国	7442	13778.9	2157.9	35.2	61.3
北京	28	19.2	3.8	0.1	75.2
天津	2	3.8	3.0	—	—
河北	144	175.5	38.4	1.1	36.3
山西	609	2667.9	834.6	8.7	95.7
内蒙古	406	3690.3	368.9	9.8	37.7
辽宁	261	59.7	31.0	0.7	43.5
吉林	390	25.6	9.5	0.5	17.7
黑龙江	230	195.2	61.8	1.0	62.9
江苏	96	32.8	10.8	0.2	51.5
浙江	51	0.9	0.4	—	—

续表

地区	矿区数（个）	查明资源储量	基础储量	产量	储采比
安徽	213	288.5	79.9	1.4	56.8
福建	206	11.5	4.3	0.3	16.4
江西	165	14.3	4.3	0.3	13.2
山东	181	277.6	74.1	1.6	46.0
河南	259	251.5	97.5	2.1	46.5
湖北	584	7.9	3.3	0.1	34.1
湖南	331	35.0	13.3	0.8	15.8
广东	170	6.0	0.2	—	—
广西	116	15.9	2.0	0.1	25.8
海南	3	1.7	1.2	—	—
重庆	37	38.9	18.6	0.4	42.6
四川	615	114.7	51.8	0.9	55.3
贵州	758	471.6	58.7	1.6	37.7
云南	429	304.1	59.6	1.0	59.9
西藏	23	0.6	0.1	—	—
陕西	217	1640.1	107.6	4.1	26.2
甘肃	207	181.6	23.5	0.5	50.0
青海	93	48.8	16.1	0.2	74.1
宁夏	121	327.1	31.3	0.8	38.5
新疆	507	2770.7	148.4	1.2	123.7

数据来源：产量数据来自《中国能源统计年鉴2012》，储量数据来自国土资源部《全国矿产资源储量通报2011》。

四、煤炭进口大幅增加，出口持续下降

受全球经济持续低迷、煤炭需求下降，澳大利亚等产煤国产能的继续释放，美国量化宽松等多重因素影响，国际煤炭价格持续波动，国际煤炭成本有利于煤炭进口。同时，主要产煤国陆续调整出口政策：越南下调出口税率，蒙古加大煤炭出口支持力度，美国煤炭消费受页岩气增加和排放标准影响将继续下降，俄罗斯调整对华煤炭出口预期等均有利于中国的煤炭进口。2012年，国际煤炭价格处于90美元/吨水平，与国内煤炭价格相比具有较大优势，对东南沿海电厂有较大吸引力。2012年，中国煤炭进口大幅增长，全年累计进口煤炭2.89亿吨，同比增长29.8%，进口煤对国内市场调节作用增强。出口方面，从国内外经济形势和煤炭比价关系分析，全球经济依然在困境中缓慢恢复，东北亚地区煤炭需求仍然不旺；而中国出口的煤炭在国际上不具成本优势，且由于资源环境约束，以及配额、关税等政策和国内外市场情况作用下，煤炭出口延续弱势，2012年中国累计出口煤炭926万吨，同比下降36.8%；受进出口“一增一减”的影响，全年中国煤炭累计净进口2.8亿吨，同比增加7190万吨，增长34.5%，如图11–8所示。

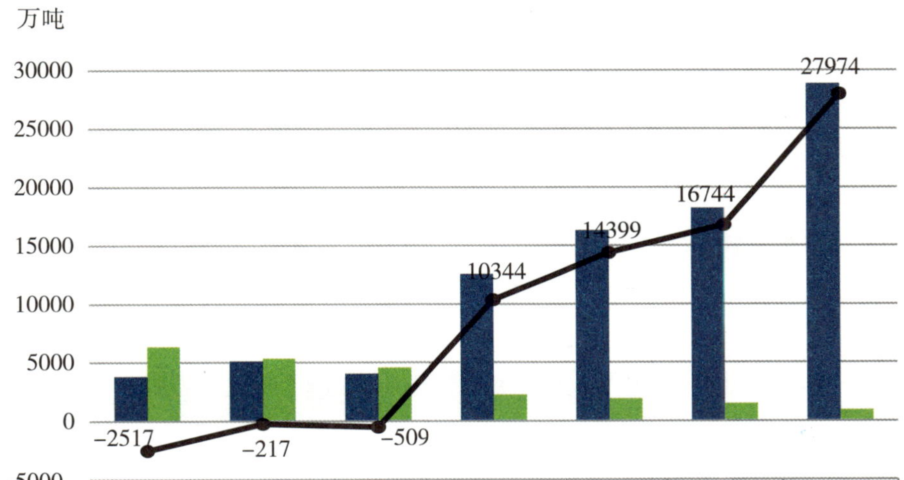

	2006年	2007年	2008年	2009年	2010年	2011年	2012年
煤炭进口量（万吨）	3810.5	5101.6	4034.1	12584.0	16309.5	18209.81	28851.0
煤炭出口量（万吨）	6327.3	5318.7	4543.4	2239.6	1910.4	1465.78	926.0
煤炭净进口（万吨）	-2517	-217	-509	10344	14399	16744	27974

图11-8　2006～2012年中国煤炭进出口情况

数据来源：2006～2011年数据来自《中国能源统计年鉴2012》，2012年数据来自《2012年国民经济和社会发展统计公报》。

随着中国经济的不断发展，煤炭消费量也不断提高，煤炭对于国外的依赖程度也日益加深。自2009年首次成为煤炭净进口国以来，中国的煤炭对外依存度不断提高，由2009年的3.4%提高到2012年的7.1%，如图11-9所示。

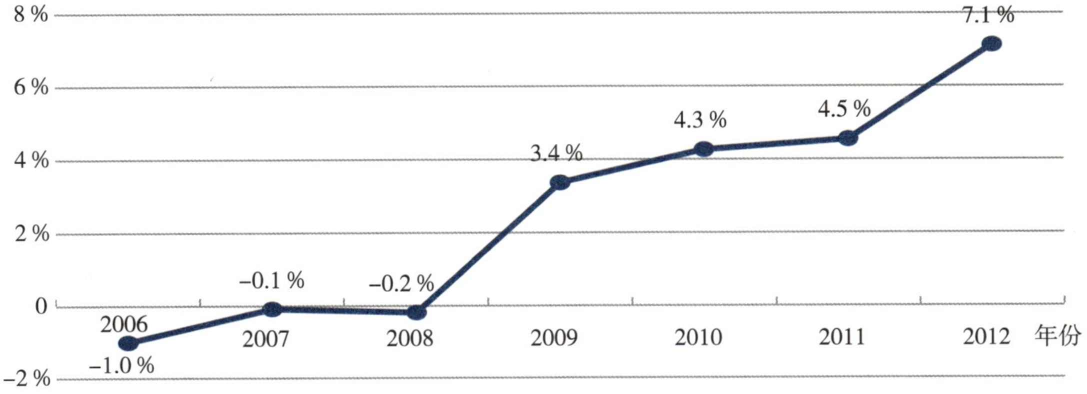

图11-9　2006～2012年中国煤炭对外依存度

数据来源：2006～2011年数据根据《中国能源统计年鉴2012》计算得到，2012年数据来自《2012年国民经济和社会发展统计公报》。

从世界范围来看，2010年煤炭净进口排名前五名的国家和地区是日本、中国、韩国、印度、中国台湾，分别净进口煤炭1.15亿、0.75亿、0.73亿、0.47亿吨标准油和0.41亿吨标准油（如表11-4所示）。净出口超亿吨的国家有印度尼西亚（1.56亿吨标准油）和澳大利亚（1.90亿吨标准油）两国，美国净出口0.37亿吨标准油。根据2011年和2012年的经济形势来看，中国这两年的煤炭净进口大幅增加，加之日本国内经济疲软，煤炭进口受阻，可以推断，中国已经超越日本成为世界第一大煤炭净进口国，2012年净进口量约为1.40亿吨标准油。

表11–4　2006～2010年部分国家和地区煤炭净进口量　单位：百万吨标准油

国家/地区	2006年	2007年	2008年	2009年	2010年
日本	112.0	116.2	114.2	100.9	114.9
中国	-30.5	-17.4	-15.9	60.8	74.8
韩国	50.4	54.5	61.5	62.9	73.0
印度	29.5	33.4	36.6	46.2	47.3
中国台湾	40.0	41.9	40.8	37.3	41.4
德国	29.1	32.0	31.0	25.9	31.8
英国	31.2	26.9	26.9	23.0	15.7
意大利	16.6	16.7	16.6	12.4	14.3
土耳其	13.6	14.6	12.9	13.3	13.9
法国	13.8	12.6	14.2	10.3	12.2
巴西	10.2	11.3	11.8	9.1	12.1
荷兰	8.0	8.9	8.6	9.3	9.2
以色列	8.0	8.1	7.7	7.1	7.4
西班牙	13.5	13.3	11.0	9.0	6.7
比利时	4.6	4.1	4.6	2.4	3.1
波兰	-12.3	-8.5	-3.6	-2.6	-2.7
加拿大	-5.2	-7.9	-7.6	-9.6	-12.1
美国	-5.1	-12.5	-27.1	-22.1	-36.8
南非	-44.6	-42.8	-39.2	-33.3	-43.1
哥伦比亚	-40.3	-42.0	-44.1	-43.8	-45.1
印度尼西亚	-107.8	-124.2	-128.6	-136.3	-155.9
澳大利亚	-150.0	-164.8	-172.6	-169.0	-190.1

注：负数表示净出口。

数据来源：《中国能源统计年鉴2012》。

五、煤炭库存居高不下，去库存压力较大

截至2012年底，全社会煤炭库存3.65亿吨，全年新增库存预计超过9000万吨，比2011年增长15.6%。煤炭市场连续六年库存增加，去库存压力较大，如图11-10所示。

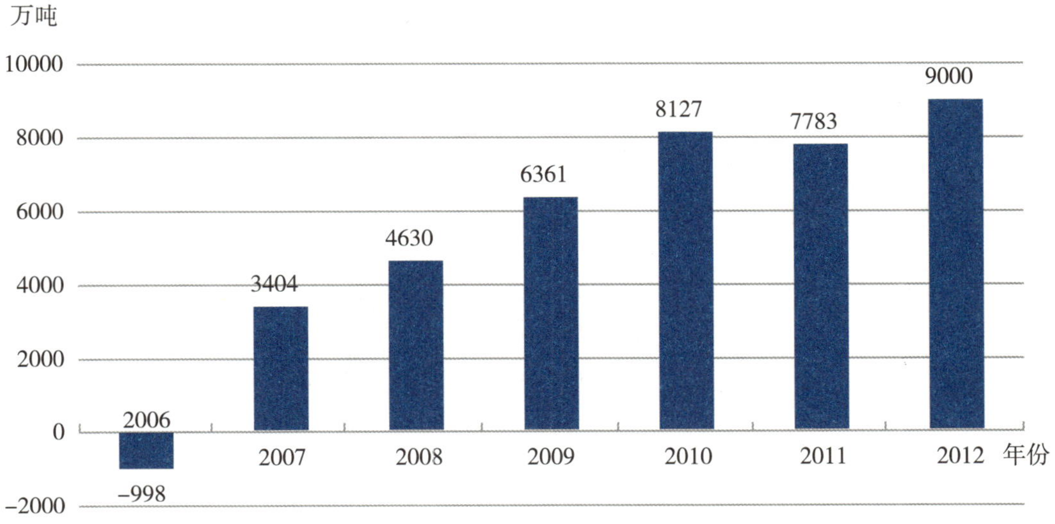

图11-10 2006~2012年煤炭新增库存

数据来源：中国煤炭工业协会。

六、煤炭净调出省主要分布在中西部地区，净调入省主要为经济发达地区

中国煤炭资源丰富，但分布不均。目前，全国煤炭产量主要来自内蒙古、山西、陕西等西部省份，每年的增量也主要来自这三省和新疆，而煤炭消费主要集中于东南部沿海等经济发达地区。由此决定了我国煤炭消费和供给的区域矛盾成为常态，煤炭省际的调入调出对中国经济的健康运行有着极其重要的作用。

2011年，中国煤炭净调出超过2000万吨的省份分别为内蒙古（6.5亿吨），山西（5.3亿吨）和陕西（2.7亿吨），而煤炭净调入量超过5000万吨的省份分别为天津（0.5亿吨）、河南（0.5亿吨）、吉林（0.6亿吨）、上海（0.6亿吨）、辽宁（1.1亿吨）、广东（1.3亿吨）、浙江（1.4亿吨）、湖北（1.5亿吨）、河北（2.0亿吨）、山东（2.3亿吨）和江苏（2.5亿吨）。

2011年，内蒙古、山西和陕西煤炭产量分别为9.8亿、8.7亿吨和4.1亿吨，其中分别有66.3%、60.9%和65.8%的煤炭产量向外省净输出；在煤炭净调入省份中，河南、吉林、辽宁、山东、河北、浙江和广东七省的煤炭净调入量占其煤炭供应量的比重分别达到20.1%，53.7%，58.5%，59.6%，66.3%，74.1%和84.7%；而上海、天津、湖北、江苏四省份90%以上的煤炭供应需要从外省调入，如图11-11所示。

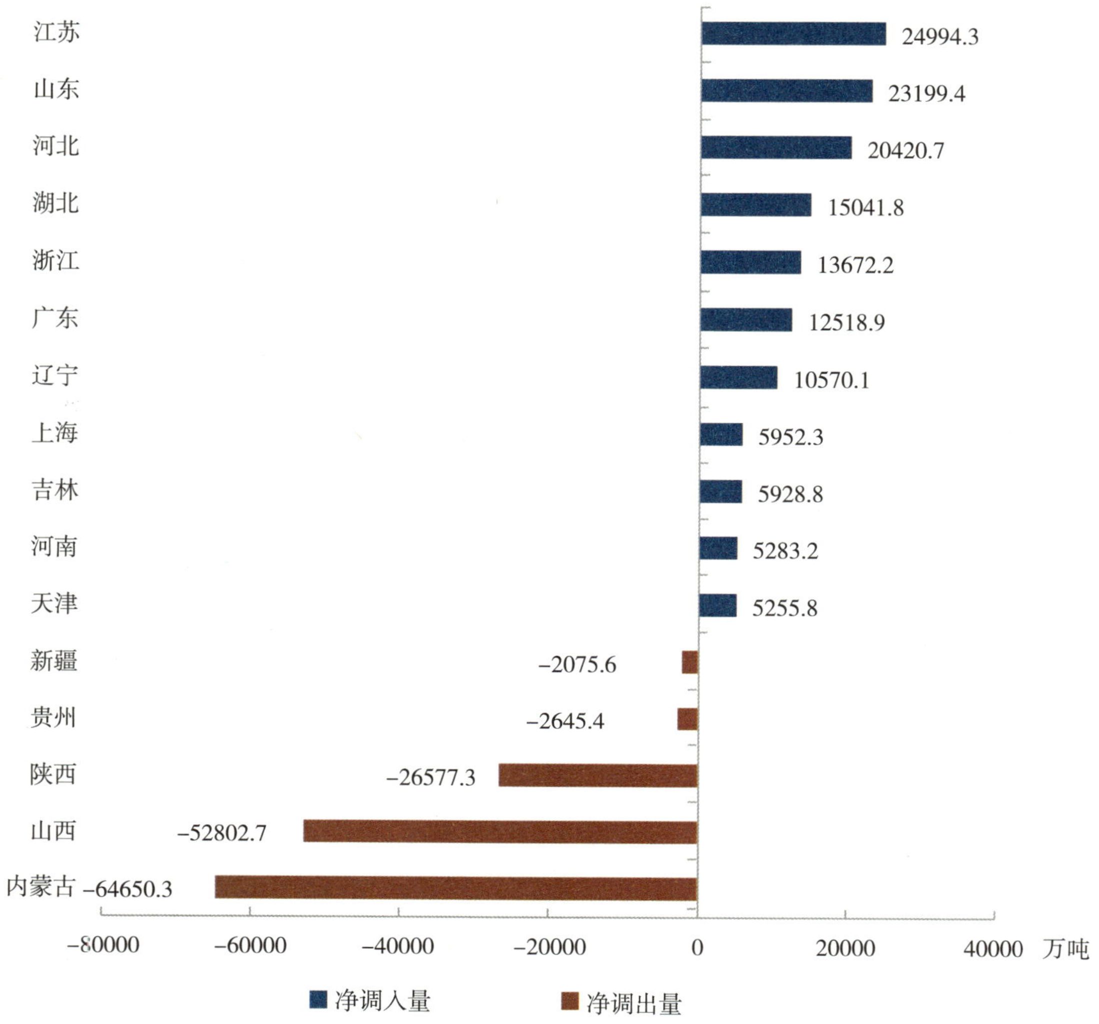

图11-11　2011年各省煤炭净调入、调出量

注：本图中仅展示了净调入量大于5000万吨、净调出量大于2000万吨的省份数据。

数据来源：《中国能源统计年鉴2012》。

第十二章 石油生产与供应

一、原油产量显著增加，西部陆上原油产量快速增长

2012年中国原油产量为2.07亿吨，比2011年增加400万吨，同比增长2.3%，增速较2011年提高2.4个百分点，较“十一五”期间年均增长率高出0.1个百分点，如图12–1所示。

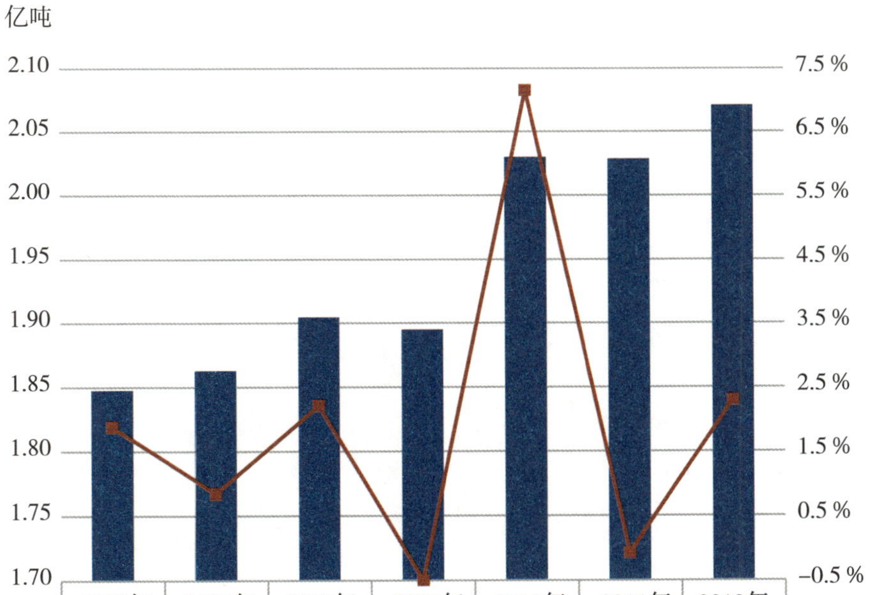

	2006年	2007年	2008年	2009年	2010年	2011年	2012年
■ 产量（亿吨）	1.85	1.86	1.90	1.89	2.03	2.03	2.07
增长率（%）	1.9	0.8	2.2	–0.5	7.1	–0.1	2.3

图12–1　2006～2012年中国原油产量及增长率

数据来源：2006～2011年数据来自《中国能源统计年鉴2012》，2012年数据来自《2012年国民经济和社会发展统计公报》。

根据BP统计数据，2011年，世界原油产量为39.96亿吨，其中中国原油产量为2.04亿吨，占全世界产量的5.1%，为世界第五大产油国。世界第一大原油生产国沙特阿拉伯产量为5.26亿吨，为中国产量的2.58倍，俄罗斯、美国、伊朗分别位居第二、第三和第四大产油国，前五大石油生产国占全世界石油总产量的45%，如表12–1所示。

表12–1　　2006～2011年世界主要国家原油产量　　单位：亿吨

国家/地区	2006年	2007年	2008年	2009年	2010年	2011年	2011年比重（%）
世界	39.29	39.29	39.65	38.69	39.45	39.96	100.00
非OECD国家	30.16	30.31	31.01	30.05	30.77	31.29	78.31
OECD国家	9.13	8.98	8.64	8.64	8.68	8.67	21.69
沙特阿拉伯	5.12	4.92	5.13	4.63	4.67	5.26	13.16
俄罗斯	4.81	4.91	4.88	4.94	5.05	5.11	12.80
美国	3.10	3.10	3.05	3.29	3.40	3.52	8.82
伊朗	2.08	2.10	2.13	2.04	2.07	2.06	5.15
中国	1.85	1.86	1.90	1.89	2.03	2.04	5.10
加拿大	1.53	1.59	1.56	1.56	1.64	1.73	4.32
阿拉伯联合酋长国	1.45	1.41	1.43	1.26	1.31	1.50	3.76
墨西哥	1.83	1.73	1.58	1.47	1.46	1.45	3.63
科威特	1.34	1.30	1.36	1.21	1.23	1.40	3.50
委内瑞拉	1.51	1.52	1.54	1.50	1.43	1.40	3.49
伊拉克	0.98	1.05	1.19	1.20	1.21	1.37	3.43
尼日利亚	1.20	1.14	1.05	1.02	1.17	1.17	2.94
巴西	0.94	0.95	0.99	1.06	1.12	1.15	2.87
挪威	1.29	1.19	1.14	1.09	0.99	0.93	2.3
哈萨克斯坦	0.66	0.68	0.72	0.78	0.82	0.82	2.06
阿尔及利亚	0.86	0.86	0.86	0.78	0.76	0.74	1.86
卡塔尔	0.51	0.54	0.61	0.58	0.66	0.71	1.78
英国	0.77	0.77	0.72	0.68	0.63	0.52	1.30
阿塞拜疆	0.32	0.43	0.45	0.51	0.51	0.46	1.14
印度尼西亚	0.49	0.48	0.49	0.48	0.48	0.46	1.14
印度	0.36	0.36	0.36	0.35	0.39	0.40	1.01
埃及	0.34	0.34	0.35	0.35	0.35	0.35	0.88
阿根廷	0.36	0.35	0.34	0.34	0.33	0.30	0.76
澳大利亚	0.24	0.25	0.24	0.23	0.25	0.21	0.53
叙利亚	0.22	0.21	0.20	0.20	0.19	0.17	0.41
越南	0.17	0.16	0.15	0.17	0.16	0.16	0.40
泰国	0.12	0.13	0.13	0.14	0.14	0.14	0.35

续表

国家/地区	2006年	2007年	2008年	2009年	2010年	2011年	2011年比重（%）
土库曼斯坦	0.09	0.10	0.10	0.10	0.11	0.11	0.27
秘鲁	0.05	0.05	0.06	0.07	0.07	0.07	0.17
意大利	0.06	0.06	0.05	0.05	0.05	0.05	0.13

数据来源：BP Statistical Review of World Energy 2012。

分区域看，中国陆上油气开发和生产主要集中在西北、东北和华北地区，2011年西北、东北和华北地区原油产量占到全国原油生产总量的比重分别为30.1%、28.3%和18.6%，合计占到全国原油总产量的77%，如表12-2、表12-3所示。而由于东部一些高产油田已经进入开发后期，产量递减率加快，产油含水率高，维持原来的高产越来越难，因而原油增产的重点还将不断向华北和东北集中。

表12-2　　2006～2011年中国分区域原油产量　　单位：万吨

区域	2006年	2007年	2008年	2009年	2010年	2011年
华北	2553.90	2584.29	2636.96	2896.05	3931.7	3773.90
东北	6247.32	6000.93	5918.26	5640.62	5657.2	5745.40
华东	2965.04	3009.46	3028.23	3021.34	2980.3	2910.55
华中	571.79	570.62	560.22	555.39	584.4	564.50
华南	1352.26	1274.67	1402.63	1366.39	1309.8	1174.80
西南	17.98	18.14	22.75	21.68	15.1	16.20
西北	4768.28	5173.72	5474.02	5447.49	5822.9	6102.20
总量	18476.57	18631.83	19043.07	18948.96	20301.4	20287.55

数据来源：《中国能源统计年鉴2012》。

表12-3　　2006～2011年中国分区域原油产量占比　　单位：%

区域	2006年	2007年	2008年	2009年	2010年	2011年
华北	13.8	13.9	13.8	15.3	19.4	18.6
东北	33.8	32.2	31.1	29.8	27.9	28.3
华东	16.0	16.2	15.9	15.9	14.7	14.3
华中	3.1	3.1	2.9	2.9	2.9	2.8
华南	7.3	6.8	7.4	7.2	6.5	5.8
西南	0.1	0.1	0.1	0.1	0.1	0.1
西北	25.8	27.8	28.7	28.7	28.7	30.1

数据来源：《中国能源统计年鉴2012》。

从生产原油的具体省份来看，2011年原油产量排名前五的是黑龙江、陕西、天津、山东和新疆，这五个省份的原油产量总和约为15748万吨，占全国原油产量的78%，如表12-4、图12-2所示。黑龙江、山东和新疆作为传统的产油区依然位列前五位。天津则受益于渤海油田，2011产量稳定在3000万吨以上，位居第三位。随着西部大开发的推进，陕西矿产资源勘探开发取得了突破性进展，包括煤炭、石油、天然气等在内的多种矿产资源新增储量大幅增加，为原油产量大幅增加奠定了坚实的基础。

表12-4　　2006～2011年中国分地区原油生产量　　单位：万吨

地区	2006年	2007年	2008年	2009年	2010年	2011年
天津	1943.1	1924.3	1993.9	2297.0	3332.7	3187.8
河北	610.8	660.0	643.1	599.1	599.0	586.1
辽宁	1226.5	1207.2	1199.3	1000.0	950.0	1000.0
吉林	680.4	623.9	698.5	639.9	702.3	739.4
黑龙江	4340.5	4169.8	4020.5	4000.7	4004.9	4006.0
上海	21.5	20.7	14.6	9.1	8.3	8.1
江苏	188.5	195.7	184.0	184.0	186.0	189.0
山东	2755.1	2793.1	2829.6	2828.2	2786.0	2713.5
河南	492.1	485.1	476.3	474.5	497.9	485.5
湖北	79.7	85.5	83.9	80.9	86.5	79.0
广东	1337.8	1261.1	1387.7	1345.1	1287.1	1152.8
广西	3.4	2.9	2.9	2.9	2.7	2.3
海南	11.1	10.7	12.1	18.4	20.0	19.7
四川	18.0	18.1	22.8	21.7	15.1	16.2
陕西	1988.9	2265.9	2463.6	2695.9	3017.3	3225.4
甘肃	81.7	82.9	74.9	49.2	58.2	62.6
青海	223.0	220.7	220.4	186.4	186.1	195.0
宁夏	—	—	—	3.1	3.1	3.6
新疆	2474.7	2604.3	2715.1	2512.9	2558.2	2615.6

数据来源：《中国能源统计年鉴2012》。

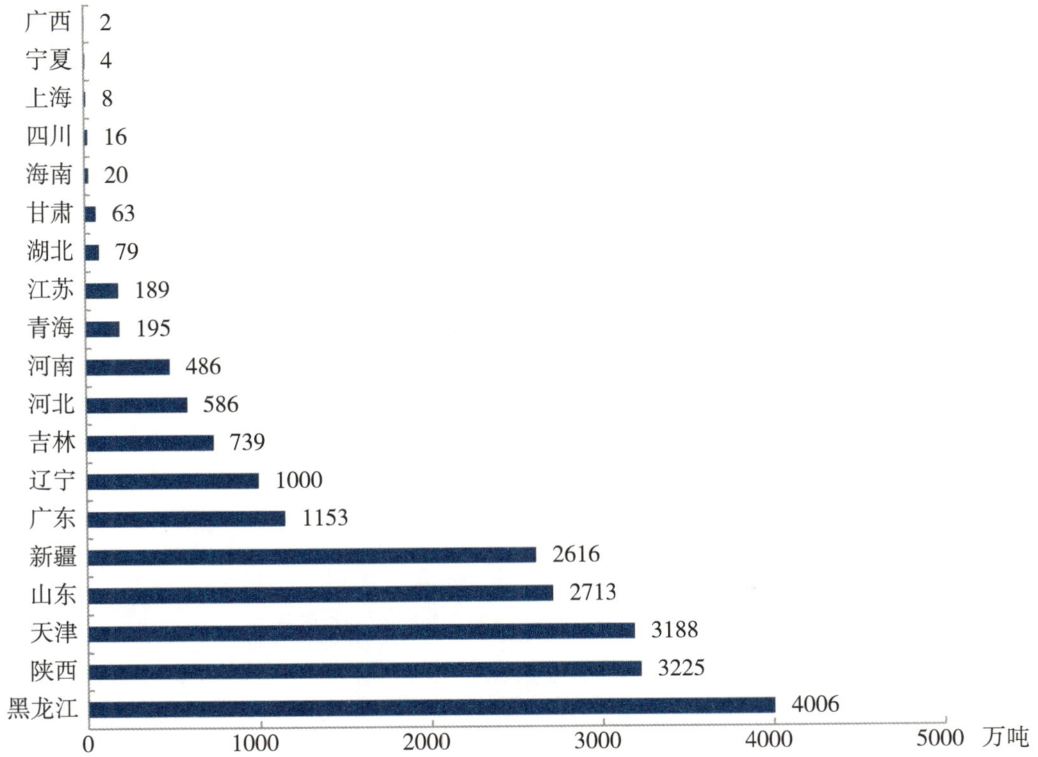

图12-2 2011年中国分地区原油生产量

数据来源：《中国能源统计年鉴2012》。

二、汽油产量增幅较大，新增产量集中在华东和西北

2012年中国汽油产量为8976万吨，较2011年增加1058万吨，同比增长13.4%，增长率较2011年提高5.8个百分点，较“十一五”期间年均增长率高7.1个百分点，如图12-3所示。

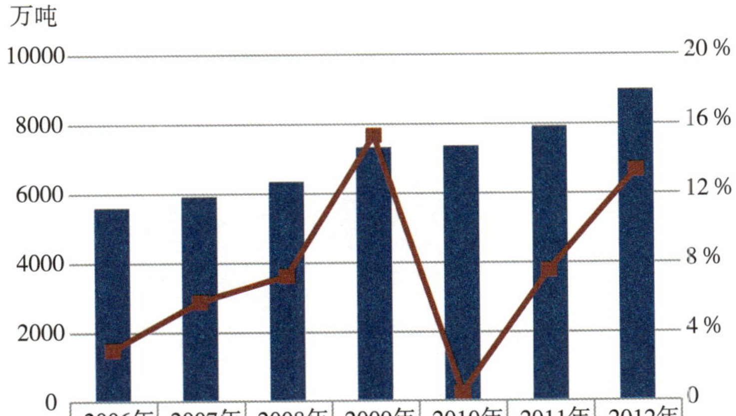

	2006年	2007年	2008年	2009年	2010年	2011年	2012年
产量（万吨）	5595	5918	6347	7321	7360	7918	8976
增长率（%）	3.0	5.8	7.3	15.3	0.5	7.6	13.4

图12-3 2006～2012年中国汽油产量及增长率

数据来源：2006～2011年数据来自《中国能源统计年鉴2012》，2012年数据来自中国石油和化学工业联合会。

分区域看，尽管华北地区汽油产量绝对规模在上升，但在全国所占的比重在下降。这主要是由于在华北地区，除北京和天津外其他地区总体经济发展程度相对较低，汽油需求增速较低，限制了汽油的发展，导致比重下降；华东和华南地区海洋运输便利，炼制海外原油的数量增加较多，同时该地区经济非常活跃，对汽油的需求旺盛，因此汽油产量的规模和比重都在上升；随着西部大开发以及石油资源不断被勘探开发，西北汽油产量上升，占全国生产量的比重也上升，如表12–5、表12–6所示。

表12–5　2006～2011年中国分区域汽油产量　单位：万吨

区域	2006年	2007年	2008年	2009年	2010年	2011年
华北	576.18	607.90	647.16	733.85	737.00	759.30
东北	1579.51	1562.06	1574.97	1625.77	1683.64	1692.63
华东	1393.55	1440.54	1736.74	2081.67	2293.36	2407.80
华中	530.00	544.76	557.03	635.61	681.90	726.00
华南	491.89	685.67	735.37	840.96	976.20	1160.40
西南	32.47	45.53	52.46	69.40	57.80	76.20
西北	991.16	1102.98	1131.03	1208.22	1246.15	1335.73
总量	5594.76	5989.44	6434.76	7195.48	7676.05	8158.06

数据来源：《中国能源统计年鉴2012》。

表12–6　2006～2011年中国分区域汽油产量占比　单位：%

区域	2006年	2007年	2008年	2009年	2010年	2011年
华北	10.3	10.1	10.1	10.2	9.6	9.3
东北	28.2	26.1	24.5	22.6	21.9	20.7
华东	24.9	24.1	27.0	28.9	29.9	29.5
华中	9.5	9.1	8.7	8.8	8.9	8.9
华南	8.8	11.4	11.4	11.7	12.7	14.2
西南	0.6	0.8	0.8	1.0	0.8	0.9
西北	17.7	18.4	17.6	16.8	16.2	16.4

数据来源：《中国能源统计年鉴2012》。

分地区看，大部分省份汽油产量基本上都有所增加，除了海南和广西的较快增速与其汽油产量基数较低有关外，其余增长较快的地区主要是需求增长较快和资源地以及传统的炼油大省，如表12–7所示。

表12–7 2006～2011年中国分地区汽油生产量 单位：万吨

地区	2006年	2007年	2008年	2009年	2010年	2011年
北京	172.9	181.7	215.5	272.6	257.1	251.2
天津	129.8	150.1	117.2	136.4	164.6	178.2
河北	212.9	230.2	272.5	275.2	270.0	292.8
山西	—	—	—	—	3.2	2.8
内蒙古	60.6	45.9	42.0	49.7	42.1	34.3
辽宁	1032.3	1005.4	1017.3	1043.6	1057.7	1017.4
吉林	159.7	154.0	166.8	151.7	163.0	193.5
黑龙江	387.4	402.7	390.8	430.5	462.9	481.7
上海	248.2	211.1	244.9	260.0	259.7	274.4
江苏	200.6	223.7	232.2	318.2	286.5	298.5
浙江	254.9	259.6	288.8	321.3	305.1	315.2
安徽	86.9	89.4	87.9	97.5	97.0	96.3
福建	102.6	98.6	83.4	122.4	149.6	137.1
江西	86.9	81.3	86.6	96.6	108.6	100.7
山东	500.3	558.2	799.7	962.2	1195.5	1286.3
河南	140.9	157.8	159.4	189.4	208.0	191.4
湖北	178.1	175.7	173.2	216.5	239.8	242.9
湖南	124.2	129.9	137.8	133.2	125.5	191.0
广东	401.4	417.4	459.8	538.7	635.7	635.5
广西	24.8	29.6	31.5	37.9	77.3	229.7
海南	65.7	238.7	244.1	264.3	263.2	295.2
重庆	—	—	0.8	—	—	—
四川	32.5	45.5	51.6	69.4	57.8	76.2
云南	—	—	0.0	—	—	—
陕西	410.3	465.9	465.1	526.2	572.5	610.8
甘肃	239.1	276.0	289.3	314.4	287.9	398.6
青海	31.5	32.6	30.9	23.6	40.8	46.3
宁夏	58.2	51.7	65.6	69.4	76.8	46.5
新疆	252.0	276.8	280.2	274.6	268.2	233.5

数据来源：《中国能源统计年鉴2012》。

如图12–4所示，2011年汽油产量排名前五的省份是山东、辽宁、广东、陕西和黑龙江，这五个省份的汽油产量总和占全国汽油产量的一半左右，占比分别为15.8%、12.5%、7.8%、7.5%和5.9%，其中山东和辽宁的汽油生产量超过1000万吨。排名后五的省份是山西、内蒙古、青海、宁夏、四川，主要为经济欠发达或者资源匮乏的省份。

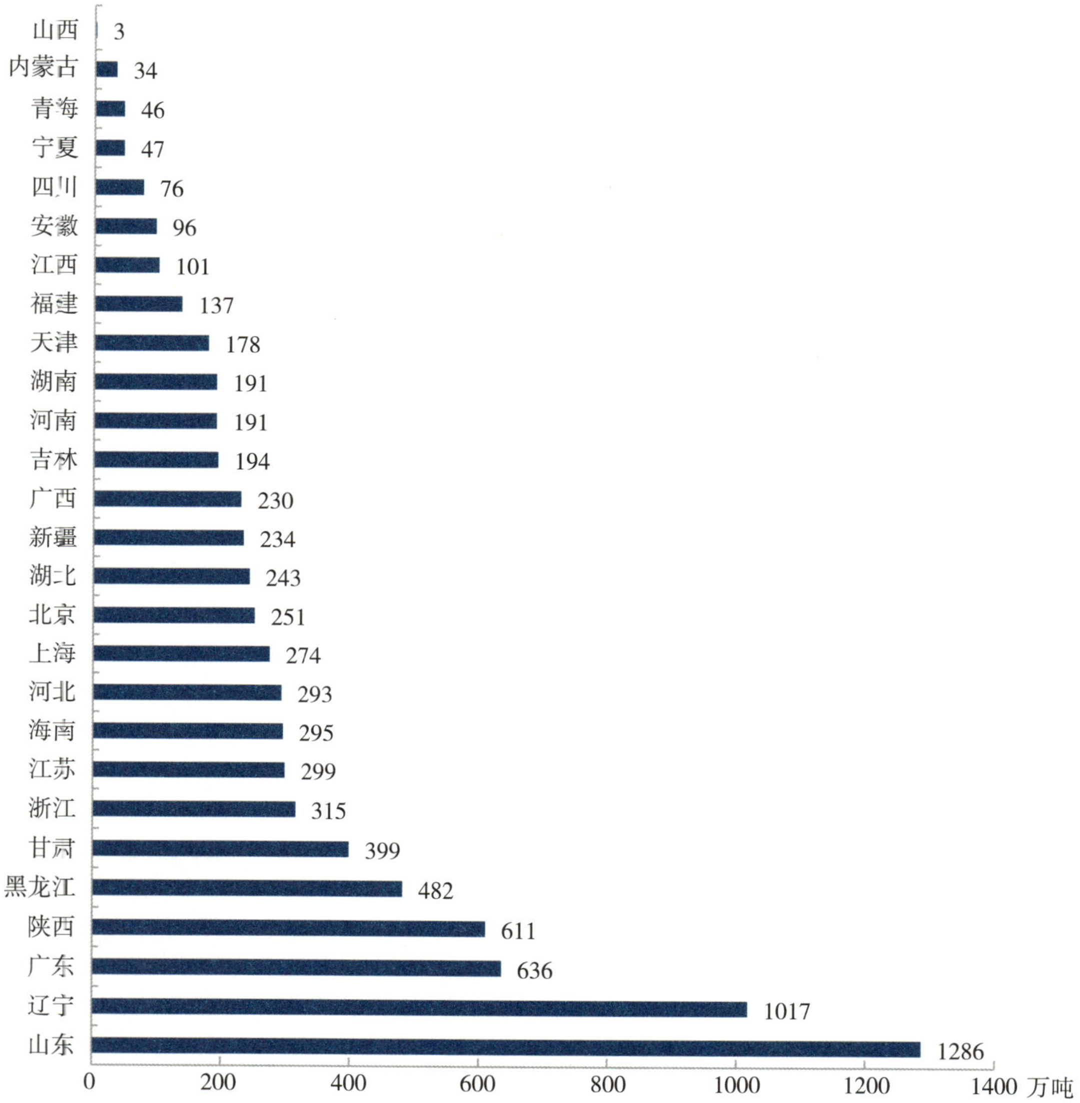

图12–4　2011年中国分地区汽油产量

数据来源：《中国能源统计年鉴2012》。

三、柴油产量较快增长，区域集中度有所下降

2012年柴油生产量为17000万吨，较2011年增加1310万吨，同比增长8.4%，增长率较2011年提高3.3个百分点，较“十一五”期间年均增长率高2.3个百分点，如图12–5所示。

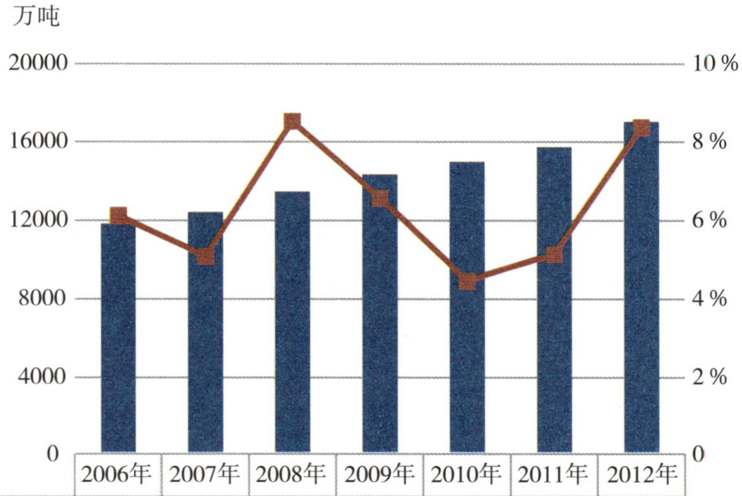

	2006年	2007年	2008年	2009年	2010年	2011年	2012年
产量（万吨）	11762	12359	13409	14289	14924	15690	17000
增长率（%）	6.1	5.1	8.5	6.6	4.4	5.1	8.4

图12-5 2006～2012年中国柴油产量及增长率

数据来源：2006～2011年数据来自《中国能源统计年鉴2012》，
2012年数据来自中国石油和化学工业联合会。

分区域看，西北、华中和华北柴油产量增长较快，这主要源于需求的带动以及资源勘探和开发。2011年，西北柴油生产量增长率为9%，华中地区柴油生产量增长率为6%。华东和华南由于需求旺盛，产量较高，分别占全国柴油产量比重的32%和14.1%。东北和西北是传统的产油大区，因此柴油生产量占全国的比重也较大，分别为19.8%和16.9%，如表12-8和表12-9所示。

表12-8　　2006～2011年中国分区域柴油产量　　单位：万吨

区域	2006年	2007年	2008年	2009年	2010年	2011年
华北	1057.8	1133.9	1269.9	1236.4	1519.5	1633.6
东北	2832.2	2953.3	2917.3	3011.4	3317.5	3306.8
华东	3481.6	3489.7	4284.6	4656.6	5262.4	5341.5
华中	1015.9	1017.8	1008.7	1049.6	1083.0	1149.1
华南	1131.3	1440.1	1571.1	1673.6	2022.5	2345.7
西南	61.2	80.6	83.5	103.0	83.9	86.6
西北	2075.4	2243.8	2323.2	2396.4	2599.4	2813.0
总量	11655.5	12359.1	13458.3	14127.0	15888.2	16676.3

数据来源：《中国能源统计年鉴2012》。

表12–9　　2006～2011年中国分区域柴油产量占比　　单位：%

区域	2006年	2007年	2008年	2009年	2010年	2011年
华北	9.1	9.2	9.4	8.8	9.6	9.8
东北	24.3	23.9	21.7	21.3	20.9	19.8
华东	29.9	28.2	31.8	33.0	33.1	32.0
华中	8.7	8.2	7.5	7.4	6.8	6.9
华南	9.7	11.7	11.7	11.8	12.7	14.1
西南	0.5	0.7	0.6	0.7	0.5	0.5
西北	17.8	18.2	17.3	17.0	16.4	16.9

数据来源：《中国能源统计年鉴2012》。

2011年柴油生产量排名前五的省份是山东、辽宁、广东、新疆和浙江，这五个省份的柴油生产量总和占到全国柴油生产量的一半，其占比分别为14.8%、13.7%、9.3%、6.6%和5.2%，其中，山东和辽宁的柴油产量超过2000万吨。宁夏、青海、四川、内蒙古、江西的柴油生产量排名末五位，如表12–10和图12–6所示。

表12–10　　2006～2011年中国分地区柴油生产量　　单位：万吨

地区	2006年	2007年	2008年	2009年	2010年	2011年
北京	204.8	270.9	373.3	364.2	350.4	355.7
天津	387.0	383.5	340.2	338.7	602.7	646.0
河北	412.1	425.8	513.6	482.3	486.9	538.3
山西	—	—	—	—	0.2	—
内蒙古	54.0	53.7	42.8	51.1	79.3	93.6
辽宁	1911.2	2048.9	2048.4	2101.4	2379.8	2284.8
吉林	344.0	320.7	321.7	320.9	322.2	412.9
黑龙江	577.0	583.6	547.3	589.2	615.5	609.1
上海	639.3	603.5	748.0	682.6	773.6	798.9
江苏	702.3	696.3	738.3	751.1	808.3	746.8
浙江	749.5	758.7	862.3	825.9	832.6	870.9
安徽	193.8	188.2	178.0	184.9	196.0	208.2
福建	155.9	135.5	112.9	273.5	388.0	253.2
江西	179.0	166.9	182.9	187.5	190.8	193.9
山东	1040.8	1107.5	1645.2	1938.6	2263.9	2463.5
河南	265.5	244.0	253.6	287.0	297.6	274.3
湖北	352.4	378.3	341.1	360.1	379.6	389.3
湖南	219.1	228.7	231.2	215.0	215.0	291.6
广东	994.3	1033.5	1187.4	1287.4	1531.0	1551.7
广西	42.4	47.5	38.9	44.9	145.5	474.8

续表

地区	2006年	2007年	2008年	2009年	2010年	2011年
海南	94.7	359.1	344.9	341.4	346.0	319.2
重庆	—	—	—	0.3	0.6	—
四川	61.2	80.6	83.4	102.7	83.3	86.6
云南	—	—	0.0	—	—	—
陕西	605.2	707.7	769.5	801.6	854.4	853.3
甘肃	585.7	597.4	594.8	641.8	619.9	736.0
青海	47.5	49.6	46.6	37.3	56.7	73.0
宁夏	77.6	69.2	85.6	79.9	92.3	53.3
新疆	759.5	820.0	826.8	835.8	976.1	1097.4

数据来源：《中国能源统计年鉴2012》。

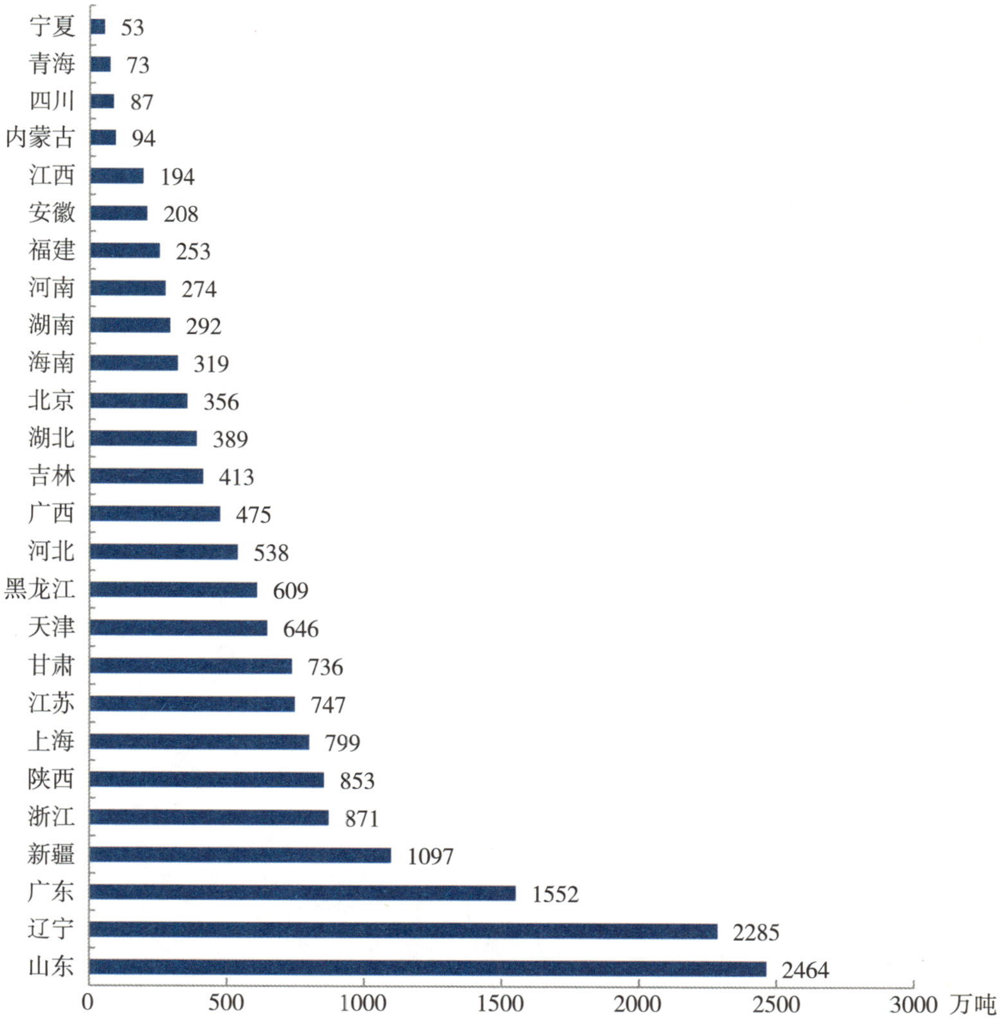

图12-6 2011年中国分地区柴油产量

数据来源：《中国能源统计年鉴2012》。

四、煤油产量大幅增长

2012年中国煤油产量为2132万吨，比2011年增加200万吨，同比增长10.3%，增长率较2011年提高9.9个百分点，较“十一五”期间年均增长率低3.6个百分点，如图12-7所示。

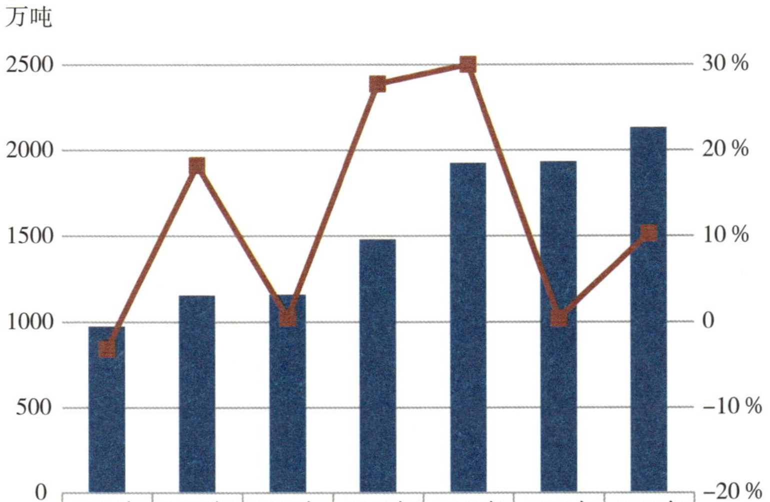

	2006年	2007年	2008年	2009年	2010年	2011年	2012年
产量（万吨）	975	1153	1159	1480	1924	1932	2132
增长率（%）	-3.1	18.2	0.5	27.7	30.0	0.4	10.3

图12-7　2006～2012年中国煤油产量及增长率

数据来源：2006～2011年数据来自《中国能源统计年鉴2012》，2012年数据来自中国石油和化学工业联合会。

从煤油生产的地区构成来看，华东和华南的煤油产量占全国生产量的比重最大，这源于两地区的航空运输规模较大，煤油需求较大，产量有较大增长，如表12-11和表12-12所示。

表12-11　　2006～2011年中国分区域煤油生产量　　单位:万吨

区域	2006年	2007年	2008年	2009年	2010年	2011年
华北	52.2	82.7	119.2	151.4	201.6	241.4
东北	239.3	229.7	255.1	260.4	255.7	256.7
华东	377.0	456.6	419.6	553.0	650.9	713.3
华中	38.6	54.8	51.0	76.7	107.9	111.4
华南	167.6	237.6	219.7	336.9	391.9	452.6
西南	1.9	1.4	1.1	0.8	1.1	0.9
西北	92.3	90.5	104.0	100.2	105.6	103.5
总量	591.8	696.7	750.1	926.5	1063.8	1166.5

数据来源：《中国能源统计年鉴2012》。

表12-12　　2006～2011年中国分区域煤油产量占比　　单位：%

区域	2006年	2007年	2008年	2009年	2010年	2011年
华北	8.8	11.9	15.9	16.3	19.0	20.7
东北	40.4	33.0	34.0	28.1	24.0	22.0
华东	63.7	65.5	55.9	59.7	61.2	61.1
华中	6.5	7.9	6.8	8.3	10.1	9.5
华南	28.3	34.1	29.3	36.4	36.8	38.8
西南	0.3	0.2	0.1	0.1	0.1	0.1
西北	15.6	13.0	13.9	10.8	9.9	8.9

数据来源：《中国能源统计年鉴2012》。

分省区看，2011年大部分的省份煤油产量基本上都有所增加，但较2010年相比，增速放缓。其中广西、湖南的煤油产量分别增长了4倍、1.6倍，主要是受基数较小的影响。

同时，2011年煤油产量超过100万吨的省份基本上都是经济发达地区，煤油生产布局完全靠近市场，而不受资源约束。煤油生产第一大省广东2011年产量保持在300万吨以上，江苏紧接辽宁突破200万吨，浙江、上海、北京、天津和福建的煤油生产量均已超过100万吨，如表12-13和图12-8所示。

表12-13　　2006～2011年中国分地区煤油生产　　单位：万吨

地区	2006年	2007年	2008年	2009年	2010年	2011年
北京	11.6	36.4	85.2	111.6	116.1	126.4
天津	27.4	35.1	21.8	32.7	81.2	115.0
河北	13.2	11.1	12.2	7.1	4.3	—
辽宁	218.7	206.2	230.1	231.9	224.2	222.0
吉林	—	—	0.1	—	—	—
黑龙江	20.6	23.5	25.0	28.5	31.5	34.7
上海	112.3	121.2	137.0	149.7	149.3	150.1
江苏	99.5	141.0	108.9	156.9	165.6	201.3
浙江	127.3	153.8	129.4	146.1	154.6	162.9
福建	6.3	5.6	6.4	32.3	94.7	106.8
江西	1.6	1.3	0.1	—	—	—
山东	31.7	35.1	37.9	68.0	86.7	92.2
河南	21.2	32.5	31.2	49.3	56.9	47.7
湖北	7.8	12.6	15.7	23.5	46.2	51.2
湖南	8.0	8.4	4.1	3.8	4.8	12.5
广东	164.2	204.8	188.6	298.6	344.0	366.1

续表

地区	2006年	2007年	2008年	2009年	2010年	2011年
广西	—	—	—	2.9	3.3	18.4
海南	3.4	32.8	31.1	35.4	44.6	68.1
四川	1.9	1.4	1.1	0.8	1.1	0.9
陕西	8.9	11.3	15.7	18.7	27.7	25.7
甘肃	48.6	48.5	49.6	50.7	32.3	31.7
新疆	34.8	30.6	38.7	30.9	45.6	46.1

数据来源：《中国能源统计年鉴2012》。

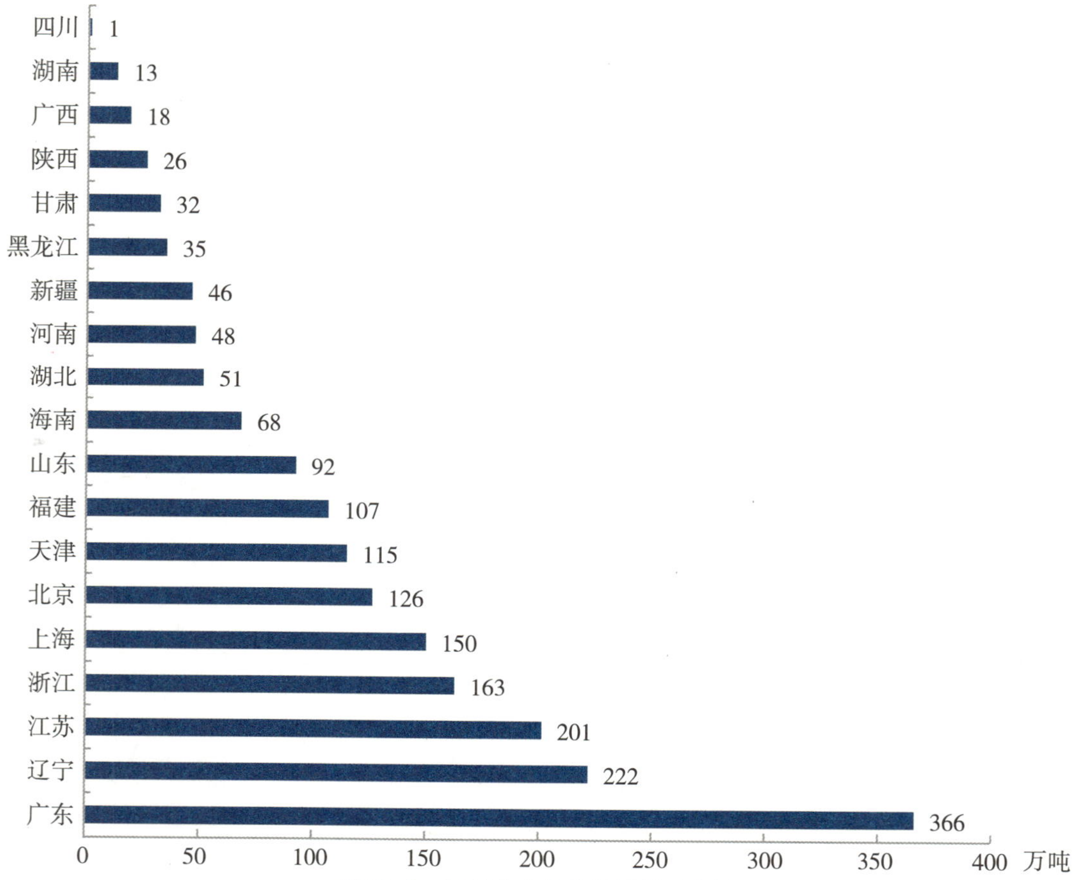

图12-8 2011年中国分地区煤油产量

数据来源：《中国能源统计年鉴2012》。

五、原油和成品油净调入省份增多，净调出省份减少

从各省的调入调出情况来看，原油净调入省份主要集中在经济实力雄厚、原油消费需求旺盛的省份和炼油能力较强的省份。2011年原油净调入最多的省份是辽宁，共调入4553万吨，其次是广东、甘肃、广西和江苏，这五个省份净调入原油占全部净调入省份的63.7%。海南、河南和宁夏的原油净调入量不足

100万吨。原油净调出省份主要集中在原油生产大省，如黑龙江、天津、陕西、新疆和河北分别净调出3528万、2720万、1213万、1105万吨和121万吨，占全部净调出省份的98.6%，其余净调出省份原油净调出量不足100万吨，有内蒙古（85万吨）、青海（39万吨），如图12–9所示。

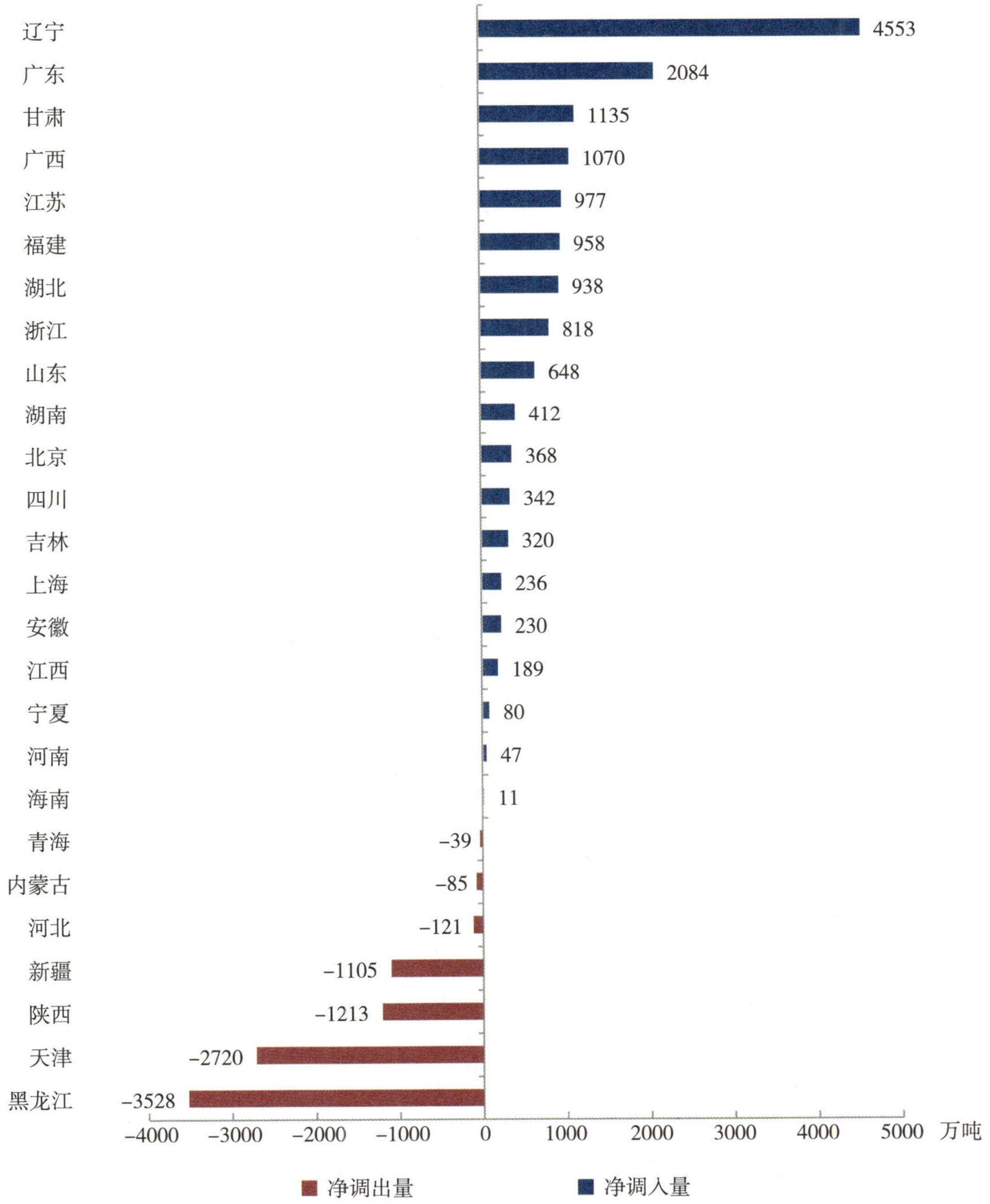

图12–9　2011年各省原油净调入情况

数据来源：《中国能源统计年鉴2012》。

从成品油的调入调出情况看，净调入成品油的省份多为原油资源匮乏和炼油能力薄弱的省份，成品油净调入最多的省份是四川，净调入1263万吨，其次是内蒙古、云南、山西和重庆，这五个省份成品油净调入总量占全部成品油净调入的一半左右。成品油的净调出省份主要集中在石油资源丰富和炼油能力比较强的省份，辽宁、山东、甘肃、新疆和陕西是成品油净调出最多的五个省份，这五个省份成品油净调出总量占全部成品油净调出总量的87.6%，其中辽宁和山东净调出均超过1000万吨，如图12-10所示。

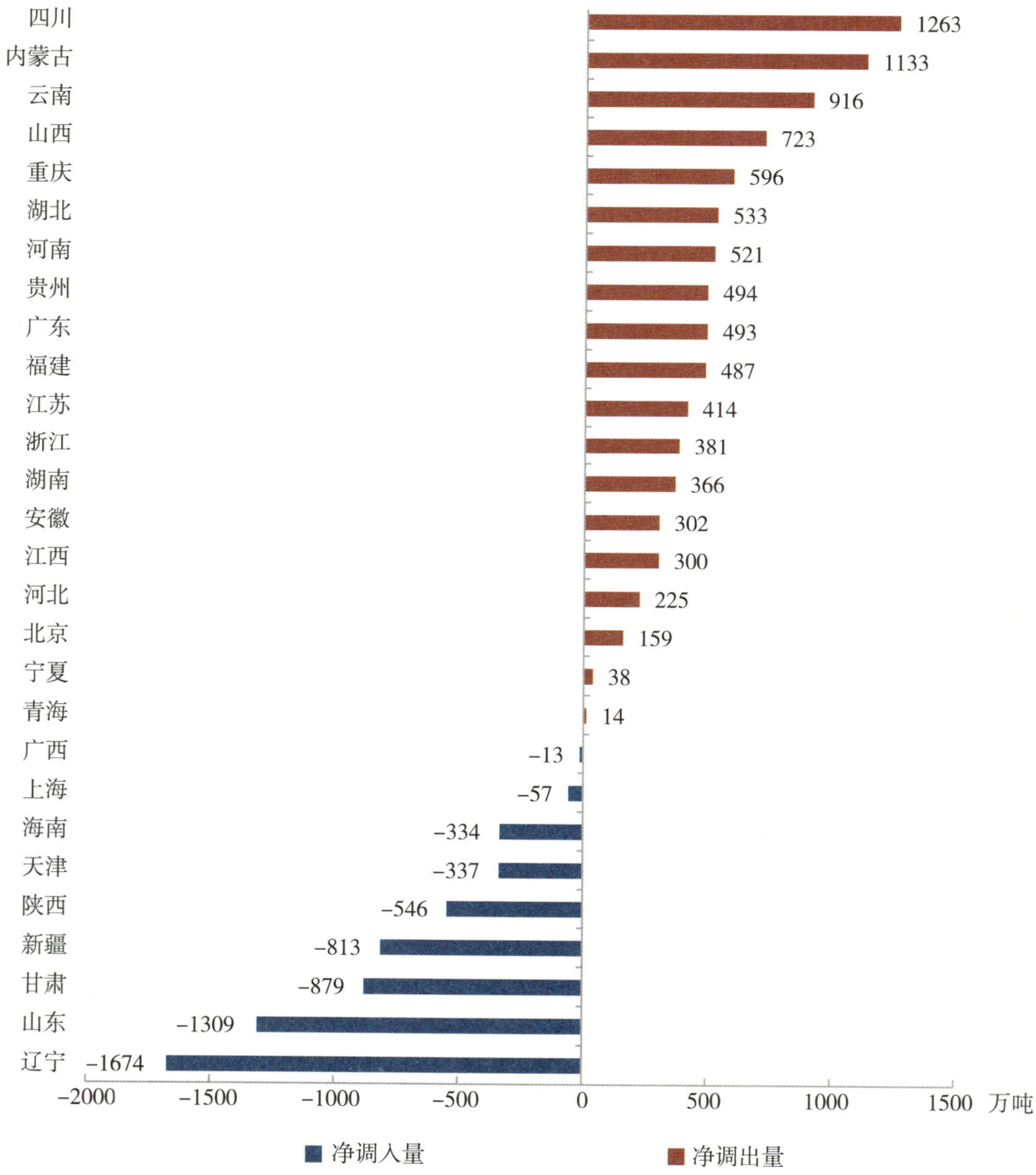

图12-10 2011年各省成品油净调入情况

数据来源：《中国能源统计年鉴2012》。

六、储采比保持稳定，原油生产持续保障能力不强

2011年中国原油剩余经济可采储量为23.6亿吨，较2011年增加6440万吨，原油产量与2011年持平，因而2011原油储采比较2011年小幅上升，为11.6。在整个“十一五”期间及“十二五”开局之年，中国的原油储采比都比较稳定，在11～12之间波动，如表12-14所示。

表12–14　　2006～2011年中国原油剩余经济可采储量及储采比

年份	剩余经济可采储量（亿吨）	原油产量（亿吨）	储采比
2006	22.0	1.85	11.9
2007	21.0	1.86	11.3
2008	21.3	1.90	11.2
2009	21.6	1.89	11.4
2010	22.9	2.03	11.3
2011	23.6	2.03	11.6

数据来源：国土资源部，《全国油气矿产储量通报2011》。

从世界范围看，根据BP统计数据，2011年世界石油储采比为54.2。中国石油储采比为9.9，不足世界平均水平的1/5，排在主要产油国的末位。委内瑞拉、伊拉克、利比亚和加拿大的储采比均超过100，居世界前列。美国的储采比为10.8，略高于中国，如表12-15所示。

表12–15　　2011年可采储量及储采比国际比较

国家/地区	可采储量（亿吨）	占比（%）	储采比
世界	2343	100	54.2
沙特阿拉伯	365	16.1	65.2
委内瑞拉	463	17.9	>100
伊朗	208	9.1	95.8
伊拉克	193	8.7	>100
科威特	140	6.1	97
阿拉伯联合酋长国	130	5.9	80.7
俄罗斯	121	5.3	23.5
利比亚	61	2.9	>100
哈萨克斯坦	39	1.8	44.7
尼日利亚	50	2.3	41.5
加拿大	282	10.6	>100

续表

国家/地区	可采储量（亿吨）	占比（%）	储采比
美国	37	1.9	10.8
卡塔尔	32	1.5	39.3
中国	20	0.9	9.9
巴西	22	0.9	18.8

数据来源：BP Statistical Review of World Energy 2012。

分地区看，2011年中国原油剩余经济可采储量为235925万吨，黑龙江、新疆、渤海、河北和陕西分列前五位，剩余经济可采储量分别为40083万、36061万、28923万、23350万吨和22902万吨，四川、云南、广东、海南和广西分列后五位。

从储采比来看，全国原油储采比为11.6年。储采比排名前五的是甘肃、宁夏、河北、广西和吉林。其中甘肃的储采比为181.5年，主要原因是原油产量较小，而剩余经济可采储量又较大导致。除了河北和吉林外，宁夏和广西由于原油产量偏低而导致储采比较高，如表12-16所示。

表12–16　　2011年中国分地区储量及储采比　　单位：万吨

地区	累计探明地质储量			剩余技术可采储量	剩余经济可采储量	原油产量	储采比
	合计	已开发	未开发				
全国	3233236	2453697	779540	315061	235926	20287.6	11.6
天津	40824	31725	9100	2459	1294	3187.8	—
河北	249952	163643	86309	27611	23350	586.1	39.8
内蒙古	61370	39537	21834	8520	5937	—	—
辽宁	236785	190343	46442	17782	11136	1000	11.1
吉林	146668	94022	52646	17789	13122	739.4	17.7
黑龙江	610197	523637	86561	51273	40083	4006	10.0
江苏	29007	23466	5541	2932	1934	189	10.2
安徽	2237	1564	673	209	149	—	—
山东	522779	445069	77710	34227	21815	2713.5	8.0
河南	79728	69976	9752	5193	2661	485.5	5.5
湖北	15393	12333	3061	1303	734	79	9.3
广东	60	54	6	8	8	1152.8	—
广西	1708	1078	630	143	57	2.3	24.8
海南	158	0	158	29	29	19.7	1.5
四川	8241	8241	0	26	-25	16.2	—
云南	41	41	0	12	4	—	—

续表

地区	累计探明地质储量			剩余技术可采储量	剩余经济可采储量	原油产量	储采比
	合计	已开发	未开发				
陕西	274102	214543	59559	29844	22902	3225.4	7.1
甘肃	113624	61295	52329	15529	11364	62.6	181.5
青海	43565	35231	8334	5527	3161	195	16.2
宁夏	3805	3433	372	710	624	3.6	173.3
新疆	457572	292730	164842	50073	36061	2615.6	13.8
渤海	235189	165556	69633	31677	28923	—	—
东海	2323	853	1470	433	430	—	—
南海	97907	75330	22577	11754	10174	—	—

数据来源：国土资源部，《全国油气矿产储量通报2011》。

分盆地看，原油剩余经济可采储量最高的是渤海湾盆地，剩余经济可采储量为58714万吨，占全国原油剩余经济可采储量的24.9%，其次是松辽盆地、鄂尔多斯盆地、渤海海域和准噶尔盆地，这五个盆地原油剩余经济可采储量总和占全国原油剩余经济可采储量的82.9%，如表12–17所示。

表12–17　2011年中国分盆地原油储量　　单位：万吨

盆地	累计探明地质储量			剩余技术可采储量	剩余经济可采储量
	合计	已开发	未开发		
全国	3233236	2453697	779540	315061	235926
松辽盆地	755509	618325	137184	68518	52491
海拉尔盆地	22780	12466	10314	6017	3069
依兰伊通盆地	8241	4621	3619	1228	1023
二连盆地	31090	21662	9429	3708	2483
彰武盆地	1040	871	169	155	98
银根盆地	615	121	494	112	77
渤海湾盆地	1099512	876761	222770	84683	58714
苏北盆地	31244	25030	6214	3141	20826
江汉盆地	15393	12333	3061	1303	734
南襄盆地	29497	23123	6374	2434	1444
鄂尔多斯盆地	374633	265239	109394	444808	34131
四川盆地	8241	8241	0	26	–25

续表

盆地	累计探明地质储量			剩余技术可采储量	剩余经济可采储量
	合计	已开发	未开发		
准噶尔盆地	235495	164220	71275	28536	21350
吐鲁番-哈密盆地	32494	27233	5261	3795	1596
焉耆盆地	2021	1715	306	96	43
塔里木盆地	179076	93609	85467	16702	12415
三塘湖盆地	8486	5953	2533	944	658
柴达木盆地	43454	35231	8223	5505	3145
酒西盆地	16730	14032	2698	1268	757
民和盆地	111	0	111	22	16
三水盆地	60	54	6	8	8
百色盆地	1708	1078	630	143	57
景谷盆地	61	41	20	12	4
渤海海域	235189	165556	69633	31677	28923
东海盆地	2323	853	1470	433	430
珠江口盆地	74826	63516	11210	8852	7798
北部湾盆地	23239	11714	11526	2930	2405

数据来源：国土资源部，《全国油气矿产储量通报2011》。

分公司看，2011年，中石油的原油剩余经济可采储量为15.3亿吨，占全国原油剩余经济可采储量的64.8%，中海油和中石化的原油剩余经济可采储量持平，均为3.9亿吨，各占全国原油剩余经济可采储量的16.5%，三大石油公司共占据全国原油剩余可采储量的97.9%，如表12–18所示。

表12–18　　2011年中国分公司原油探明储量　　单位：亿吨

公司	累计探明地质储量			剩余技术可采储量	剩余经济可采储量
	合计	已开发	未开发		
全国	323.3	245.4	77.9	31.5	23.6
中石油	199.7	150.6	49.1	20.4	15.3
中石化	80.2	62.6	17.6	6.1	3.9
中海油	33.5	24.1	9.4	4.4	3.9
地方	10.1	8.0	2.1	0.7	0.5

数据来源：国土资源部，《全国油气矿产储量通报2011》。

七、石油进口持续增长，对外依存度继续上升

近年来，国内原油产量相对平稳，而需求持续上升，石油进口逐年增加。2012年累计进口石油3.11亿吨，其中原油2.71亿吨，同比增长6.8%，增速与2011年持平；出口244万吨，减少7万吨；净进口2.69亿吨，较2011年增加1742吨，同比增长7.1%。2012年成品油累计进口717万吨，出口1223万吨，净出口506万吨，汽柴煤三大成品油全面净出口，如图12-11、图12-12和表12-19所示。

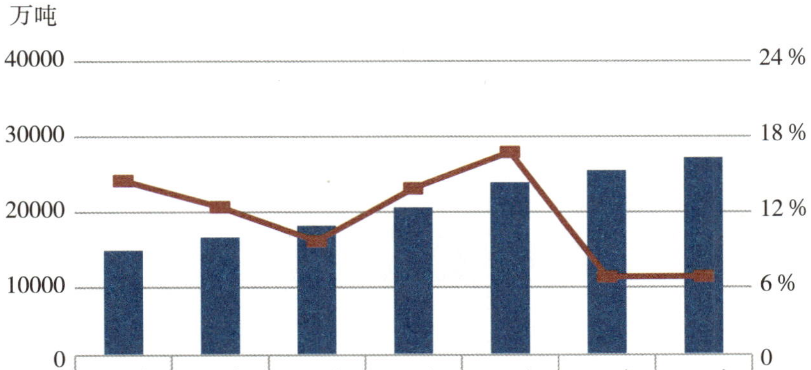

	2006年	2007年	2008年	2009年	2010年	2011年	2012年
进口量（万吨）	14517	16316	17889	20365	23768	25378	27102
增长率（%）	14.5	12.4	9.6	13.8	16.7	6.8	6.8

图12-11　2006～2012年中国原油进口量及增长率

数据来源：2006～2011年数据来自《中国能源统计年鉴2012》，2012年数据来自《2012年国民经济和社会发展统计公报》。

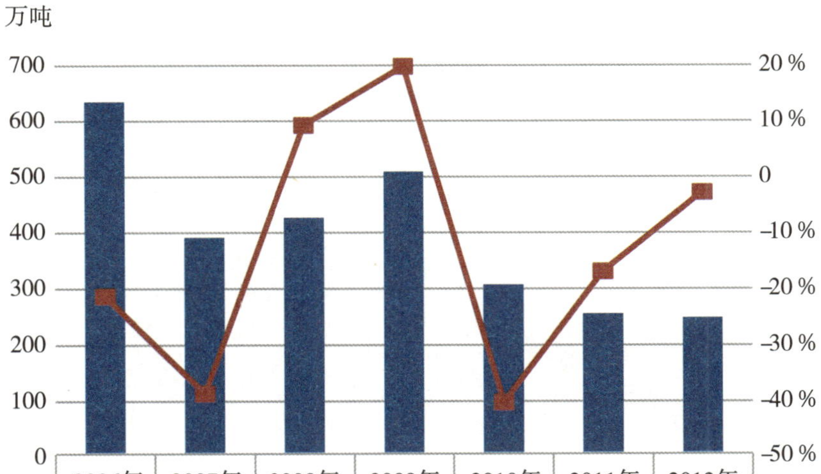

	2006年	2007年	2008年	2009年	2010年	2011年	2012年
出口量（万吨）	634	388	424	507	303	251	244
增长率（%）	-21.4	-38.7	9.1	19.7	-40.3	-17.0	-3.0

图12-12　2006～2012年中国原油出口量及增长率

数据来源：2006～2011年数据来自《中国能源统计年鉴2012》，2012年数据来自中国石油和化学工业联合会。

表12–19　　中国原油及成品油产量及进出口量　　单位：万吨

项目	年份	产量	进口量	出口量	净进口	表观消费量
原油	2000	16300	7027	1031	5996	22296
	2005	18135	12682	807	11875	30010
	2006	18477	14517	634	13883	32360
	2007	18632	16317	389	15928	34560
	2008	19044	17889	424	17465	36509
	2009	18949	20365	507	19858	38821
	2010	20301	23768	303	23465	43929
	2011	20288	25378	251	25127	45415
	2012	20700	27102	244	26865	47566
汽油	2000	4134.7	0	455	−455.2	3679.49
	2005	5433.0	0	560	−560.0	4873
	2006	5595.0	6	351	−344.9	5250.05
	2007	5917.9	23	464	−441.6	5476.33
	2008	6347.2	199	203	−4.7	6342.52
	2009	7320.7	4	492	−487.5	6833.2
	2010	7360.5	133	517	−384.0	6976.47
	2011	7917.9	2.9	406	−403.1	7514.8
	2012	8976	1	292	−291	8684
煤油	2000	872.3	255	199	56.6	928.88
	2005	1006.5	328	269	59.6	1066.08
	2006	975.5	561	371	189.8	1165.28
	2007	1153.3	524	448	76.3	1229.55
	2008	1158.9	648	536	111.4	1270.26
	2009	1480.3	612	594	17.7	1497.99
	2010	1924.4	487	605	−118.0	1806.39
	2011	1932.4	875.1	966.8	−91.7	1840.7
	2012	2132	621	745	−124	2008

续表

项目	年份	产量	进口量	出口量	净进口	表观消费量
柴油	2000	7079.6	26	55	−29.5	7050.08
	2005	11090.2	53	148	−94.4	10995.79
	2006	11762.4	71	78	−7.1	11755.34
	2007	12359.1	162	66	96.1	12455.2
	2008	13409.2	624	63	561.4	13970.55
	2009	14288.6	184	451	−267.1	14021.5
	2010	14924.4	180	464	−284.0	14640.38
	2011	15689.7	243	229	−14.0	15675.7
	2012	17000	95	186	−91	16909

数据来源：2006～2011年数据来自《中国能源统计年鉴2012》，2012年数据来自中国石油和化学工业联合会。

近年来，国内原油产量相对平稳，而需求增长较快，进口石油（原油及石油产品）数量逐年增加，石油及原油对外依存度逐年上升，2012年石油对外依存度上升到58.3%，比2011年提高0.8个百分点。原油对外依存度上升到56.9%，比2011年提高1.6个百分点，如图12–13所示。

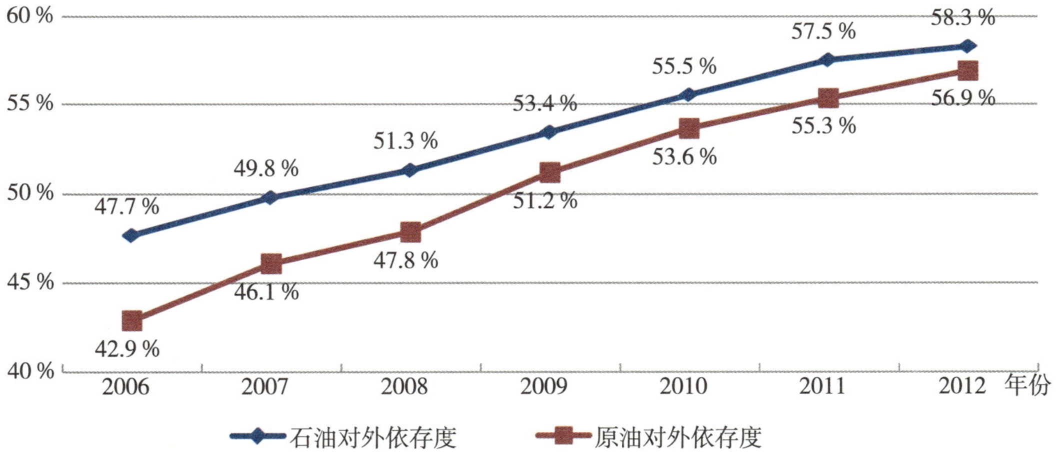

图12–13　2006～2012年中国石油和原油对外依存度

数据来源：2006～2011年数据根据《中国能源统计年鉴2012》相关数据计算得到，
2012年数据根据中国石油和化学工业联合会公布数据计算得到。

第十三章 天然气生产与供应

一、天然气产量增速放缓，非常规天然气比重上升

2012年，中国天然气产量为1072.2亿米^3，较2011年增加45.3亿米^3，同比增长4.4%，增长率较2011年低4个百分点左右，为2006年以来最低水平，如图13–1所示。2012年中国天然气生产以川渝气区、塔里木气区和长庆气区为主，三大气区产量占全国总产量50%以上。天然气产量的增量主要来自长庆气田和塔里木气田。

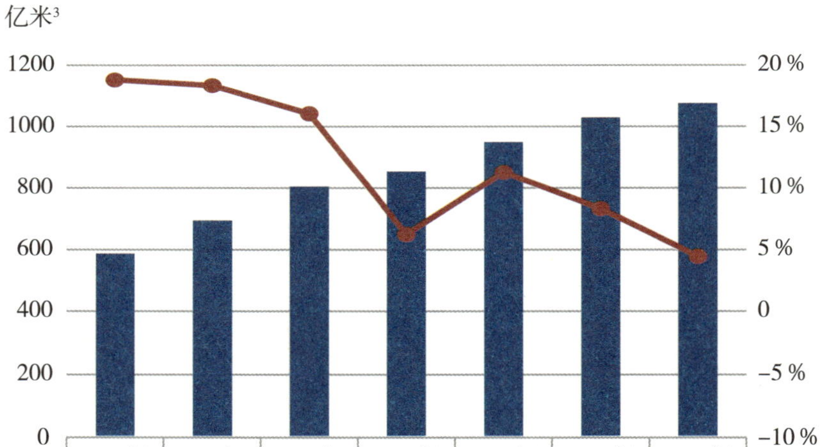

	2006年	2007年	2008年	2009年	2010年	2011年	2012年
产量（亿米^3）	585.5	692.4	803.0	852.7	948.5	1026.9	1072.2
增长率（%）	18.7	18.3	16.0	6.2	11.2	8.3	4.4

图13–1　2006～2012年中国天然气产量及增长率

数据来源：2006～2011年数据来自《中国能源统计年鉴2012》，
2012年数据来自《2012年国民经济和社会发展统计公报》。

根据BP统计数据，2011年全球天然气产量为32762亿米^3，中国天然气产量占全球天然气产量的比重为3.1%，以微弱的优势超过挪威，成为继美国、俄罗斯、加拿大、伊朗、卡塔尔之后世界第六大天然气生产国，是世界七个天然气年产量超过1000亿米^{3}的国家之一，如图13–2所示。但中国的天然气产量与领先国家的差距仍很大，仅为美国（6513亿米^3）的16%，约为俄罗斯（6070亿米^3）的17%。据统计公报

数据，2012年世界天然气产量稳步提升，接近3.4万亿米^3，同比增长约3.7%，比中国天然气产量增长率低0.7个百分点。

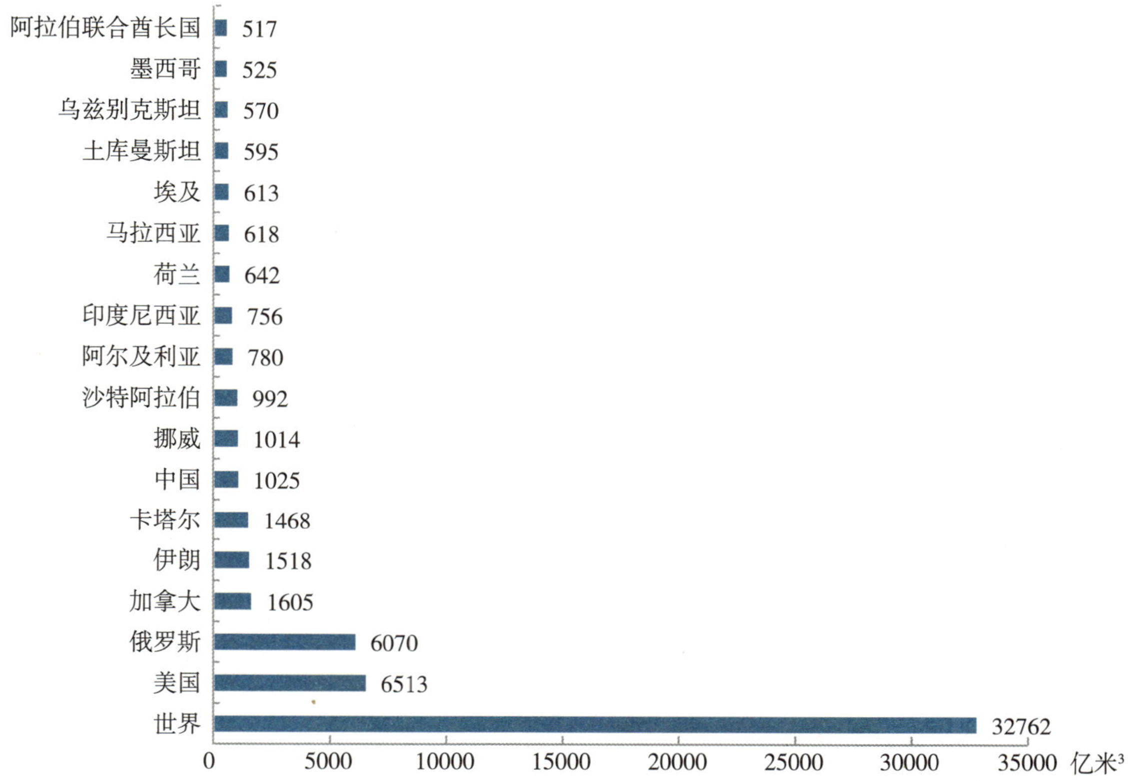

图13-2 2011年世界及主要国家天然气产量

数据来源：BP Statistical Review of World Energy 2012。

2012年，中国三类非常规天然气（致密气、煤层气和页岩气）产量达到445亿米^3，占全部天然气产量的41.5%。其中致密气（低渗透天然气）产量320亿米^3，增长率为25%；煤层气产量125亿米^3，增长率为8.8%；页岩气产量0.5亿米^3，如图13-3所示。

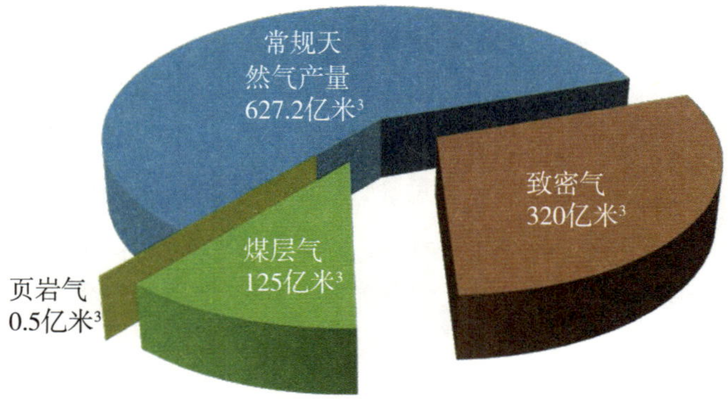

图13-3 2012年中国天然气产量

数据来源：国务院发展研究中心。

二、陕西省天然气产量全国第一，长庆气田产量居全国气田之首

中国的天然气产量主要集中在西北地区和西南地区，两地区的产量之和超过全国天然气总产量的80%。2011年，西北地区天然气产量达到571.4亿米^3，占全国天然气产量比重约56%；西南地区天然气产量达到269.6亿米^3，占全国天然气产量比重约26%。与2010年相比，各地区天然气产量比重没有明显变化。华中、华东和华北地区天然气产量最少，比重分别为0.6%、0.9%和3%，且有不断下降的趋势，如图13-4所示。

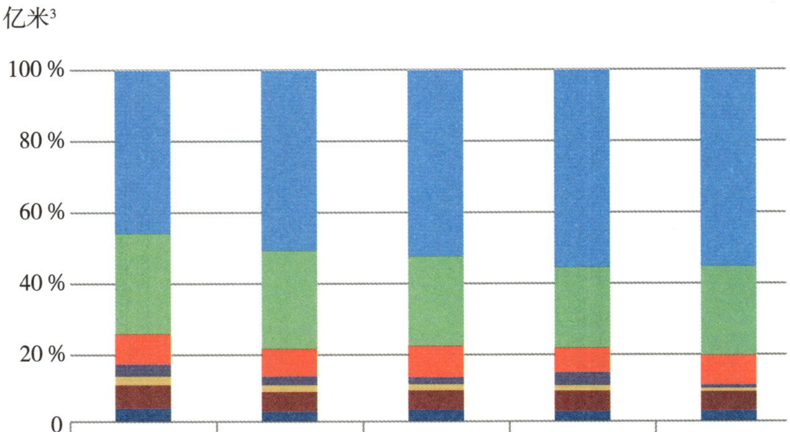

	2006年	2007年	2008年	2009年	2010年
西北（亿米^3）	271.2	355.0	425.2	478.3	529.7
西南（亿米^3）	166.6	192.6	203.8	194.3	239.0
华南（亿米^3）	51.0	54.5	71.6	60.3	80.2
华中（亿米^3）	19.8	16.9	15.8	31.3	8.7
华东（亿米^3）	14.8	13.5	14.0	13.7	9.2
东北（亿米^3）	39.0	39.4	44.6	49.8	51.7
华北（亿米^3）	23.1	20.5	28.0	25.2	29.9

图13-4　2006～2011年中国分区域天然气产量及比重

数据来源：《中国能源统计年鉴2012》。

分省区看，2011年陕西超越四川和新疆成为天然气产量第一的省份，产量达到272.2亿米^3，增长率高达21.8%，如表13-1所示。第二位是四川，产量达到267.8亿米^3，增长率为12.7%。2011年新疆的天然气产量下降，从2010年第一天然气大省降到第三位，产量为234亿米^3，增长率为－6.0%。中国天然气生产主要集中在陕西、四川和新疆，三个省份的天然气产量之和占全国的比重为75%。

表13–1　　2006～2011年中国部分省份天然气产量　　单位：亿米^3

区域	省份	2006年	2007年	2008年	2009年	2010年	2011年
华北	天津	10.5	13.3	14.0	14.3	17.2	18.4
	河北	6.6	7.1	8.7	10.9	12.7	12.2
	山西	6.0	—	5.2	—	—	—
东北	辽宁	11.9	8.7	8.7	8.1	8.0	7.2
	吉林	2.4	5.2	8.7	11.6	13.7	15.0
	黑龙江	24.7	25.5	27.1	30.0	30.0	31.0
华东	上海	5.6	5.1	4.3	4.0	3.3	3.3
	江苏	0.6	0.6	0.6	0.6	0.6	0.5
	浙江	—	—	0.3	—	—	—
	山东	8.6	7.8	8.9	9.1	5.3	5.2
华中	河南	18.7	15.8	11.2	29.6	6.7	5.0
	湖北	1.2	1.2	1.4	1.7	2.0	1.6
	湖南	—	—	3.2	—	—	—
华南	广东	49.0	52.5	60.8	58.4	78.4	83.3
	广西	—	—	8.5	—	—	—
	海南	2.1	2.0	2.3	1.9	1.8	2.0
西南	重庆	6.5	5.0	9.5	0.6	1.2	1.7
	四川	160.0	187.5	194.2	193.6	237.7	267.8
	贵州	—	—	—	0.1	0.1	—
	云南	0.2	0.1	0.1	0.0	0.1	0.1
西北	陕西	80.5	110.1	144.2	189.5	223.5	272.2
	甘肃	1.5	0.6	1.4	0.3	0.2	0.2
	青海	25.0	34.0	43.7	43.1	56.1	65.0
	新疆	164.2	210.2	235.9	245.4	249.9	234.0

数据来源：《中国能源统计年鉴2012》。

分气田看，长庆、塔里木、塔河、新疆、四川等西部天然气田2011年累计生产天然气729亿米^3，同比增长4.3%，如表13–2所示。其中，长庆气田2011年天然气产量258亿米^3，居全国气田首位，也是中国目前油气产量增长最快的气田之一，近十年来天然气产量的平均增长率约22.5%，2011年为22%。塔河油气田2012年加快建设，全年生产天然气16.5亿米^3。新疆油气田2012年生产天然气31亿米^3。

表13–2 2005～2011年中国各油田天然气产量 单位：亿米^3

油气田/生产企业	2005年	2006年	2007年	2008年	2009年	2010年	2011年
大庆	24.43	24.53	25.5	27.1	30.04	29.89	31.03
辽河	9.21	8.9	8.72	8.71	8.1	8.01	7.22
华北	5.73	5.5	5.53	5.53	5.5	5.5	3.7
大港	3.32	3.25	5.42	5.54	5.37	3.7	4.46
新疆	28.95	28.81	29.05	34.24	12	38.01	37.1
塔里木	56.77	110.14	154.14	183.83	180.91	183.6	170.5
吐哈	15.32	16.54	17.3	15.1	15	12.51	10.5
西南	118.3	133.15	144.71	148.33	150.32	153.6	142.06
长庆	75.31	80.24	110.1	143.79	189.52	211.07	258.33
青海	21.21	24.5	34.02	43.65	43.07	56.1	65.01
玉 门	0.79	0.78	0.62	0.5	0.29	0.21	0.19
冀 东	0.77	0.96	1.5	3.06	4.58	4.32	4.39
吉 林	2.73	2.76	3.81	5.75	12	14.1	15.51
南 方	1.66	2.05	2.03	2.32	—	1.84	1.96
四川局	2.19	—	—	—	—	—	—
中国石油集团小计	366.67	442.12	542.45	617.45	682.56	722.48	751.96
胜利	8.8	8.01	7.84	7.7	7	5.15	5
中原	16.61	16.4	14.8	10.61	8.25	5.66	4.38
河 南	1.01	0.83	0.7	0.61	0.57	0.59	0.64
江 汉	1.21	1.21	1.22	1.35	1.6	1.6	1.6
江 苏	0.64	0.61	0.55	0.58	0.57	0.56	0.54
滇黔桂	0.8	0.61	—	—	—	—	—
中国石化西北分公司	5.2	8.71	9.53	12.72	13.45	15.8	—
中国石化西南分公司	21.03	22.07	26.88	27.05	—	26.5	—
中国石化华东分公司	—	—	0.03	0.78	—	0	—
中国石化华北分公司	3.98	10.49	14.53	19.16	—	22.36	—
中国石化东北分公司	1.75	1.7	1.35	1.4	—	3.35	—
中国石化集团小计	61.03	70.63	77.43	81.96	83.97	125.07	146.38

续表

油气田/生产企业	2005年	2006年	2007年	2008年	2009年	2010年	2011年
中国海洋石油总公司	50.89	62.11	66.63	71.29	70.28	92.13	101.17
其他	20.91	10.67	7.54	4.95	—	3.92	—
全国合计	499.5	585.53	694.05	774.87	840.71	944.6	1012.79

数据来源：中国石油天然气集团公司、中国石油化工集团公司、中国海洋石油总公司、中国石油和化学工业联合会。国土资源部，《2011年全国油气矿产储通报》。

分企业看，2012年三大石油公司的天然气产量快速增长，达到1068亿米³，同比增长6.9%。中石油2012年天然气产量为802.9亿米³，同比增长6.8%；中石化天然气产量169.4亿米³，同比增长15.7%；中海油全年天然气产量96亿米³，同比下降5%。三大石油公司几乎垄断了中国全部的天然气生产，2012年中石油、中石化和中海油的天然气产量占全国天然气产量的比重分别为75%、16%、9%，其他公司的天然气产量占比几乎可以忽略不计，如表13-3和图13-5所示。

表13-3　2011、2012年中国三大石油公司天然气产量及变化情况　单位：亿米³

公司	2011年	2012年	同比增长率（%）
中石油	752.0	802.9	6.8
中石化	146.4	169.4	15.7
中海油	101.2	96.0	-5.0

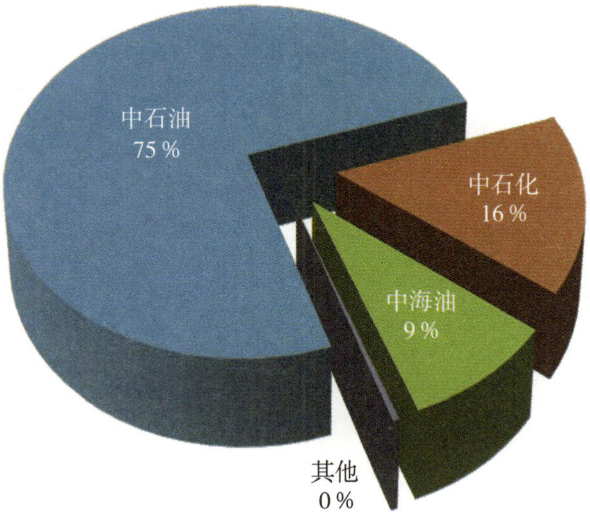

图13-5　2012年中国石油公司天然气产量比重分布

数据来源：国土资源部及三大石油公司2012年年报。

三、天然气储采比仅为国际平均水平一半，资源约束明显

根据BP统计数据，2011年中国天然气储采比为30.2，不足世界平均水平（63.6）的一半，如表13-4所示。在天然气年产量超过1000亿米^{3}的国家（美国、俄罗斯、加拿大、伊朗、卡塔尔、中国和挪威）中，只有伊朗和卡塔尔的储采比超过100，俄罗斯的储采比为73.5，而挪威、美国和加拿大的储采比分别为20.7、13.1和12.5。

表13-4　　2011年世界主要国家和地区天然气储采比

国家/地区	储量（亿米^3）	产量（亿米^3）	储采比
世界	2084000	32762	63.6
非OECD国家	1897000	21081	90.0
OECD国家	187000	11681	16.0
俄罗斯	446000	6070	73.5
伊朗	331000	1518	218.1
土库曼斯坦	243000	595	408.4
美国	85000	6513	13.1
沙特阿拉伯	82000	992	82.7
阿拉伯联合酋长国	61000	517	118.0
尼日利亚	51000	399	127.8
阿尔及利亚	45000	780	57.7
澳大利亚	38000	450	84.4
伊拉克	36000	19	1894.7
中国	31000	1025	30.2
印度尼西亚	30000	756	39.7
卡塔尔	250000	1468	170.3
马来西亚	24000	618	38.8
埃及	22000	613	35.9
挪威	21000	1014	20.7
加拿大	20000	1605	12.5
哈萨克斯坦	19000	193	98.4
科威特	18000	130	138.5
乌兹别克斯坦	16000	570	28.1
利比亚	15000	41	365.9
阿塞拜疆	13000	148	87.8
印度	12000	461	26.0

续表

国家/地区	储量（亿米³）	产量（亿米³）	储采比
荷兰	11000	642	17.1
乌克兰	9000	182	49.5
巴基斯坦	8000	392	20.4
越南	6000	85	70.6
巴西	5000	167	29.9
墨西哥	4000	525	7.6
特立尼达和多巴哥	4000	407	9.8
阿根廷	3000	383	7.8
泰国	3000	370	8.1
英国	2000	452	4.4

数据来源：BP Statistical Review of World Energy 2012。

四、天然气进口大幅上升，对外依存度上升7个百分点

2012年中国天然气进口量大幅上升，达到442亿米³，较2011年增加133亿米³，同比增长43%。中国天然气对外依存度自2006年来持续攀升，2012年已高达27.76%，比2011年增加7个百分点，如图13-6所示。

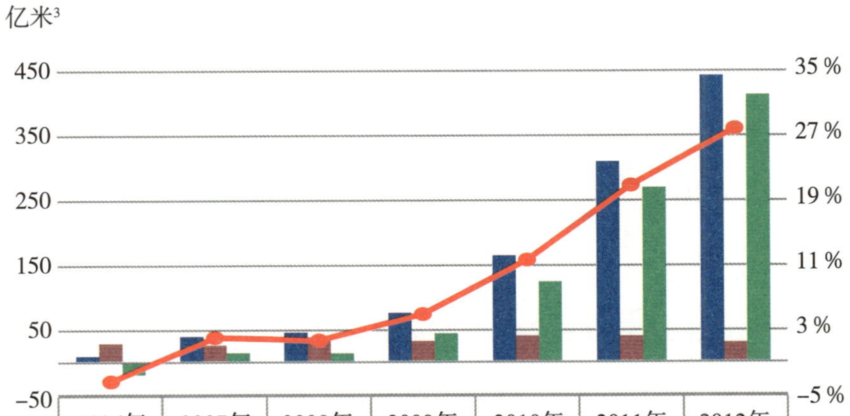

	2006年	2007年	2008年	2009年	2010年	2011年	2012年
进口量（亿米³）	9.5	40.2	46.0	76.3	164.7	309.0	442
出口量（亿米³）	29.0	26.0	32.5	32.1	40.3	40.0	30.0
净进口（亿米³）	-19.5	14.2	13.6	44.3	124.4	269.0	412.0
对外依存度（%）	-3.44	2.01	1.66	4.93	11.60	20.78	27.76

图13-6　2006～2012年中国天然气进出口及对外依存度

数据来源：2006～2011年数据来自《中国能源统计年鉴2012》，2012年为预计数。

2012年中国管道天然气和LNG进口量都快速增长。在2012年的进口天然气中，管道天然气进口和LNG进口比重为53：47，管道天然气进口量首次超过了LNG进口量。但与世界天然气贸易中管道气和LNG的比重（2011年为68：32）相比，中国进口天然气的管道气比重仍然较低。

中国积极建设中亚、中缅和中俄三大管道天然气进口通道，实现天然气进口来源的多元化。中国的LNG进口则主要依靠来自于卡塔尔、澳大利亚、印度尼西亚和马来西亚的合同气，以及来自也门、俄罗斯、尼日利亚等国的现货LNG，其中现货LNG占中国LNG进口总量的10.3%，如图13-7、图13-8所示。

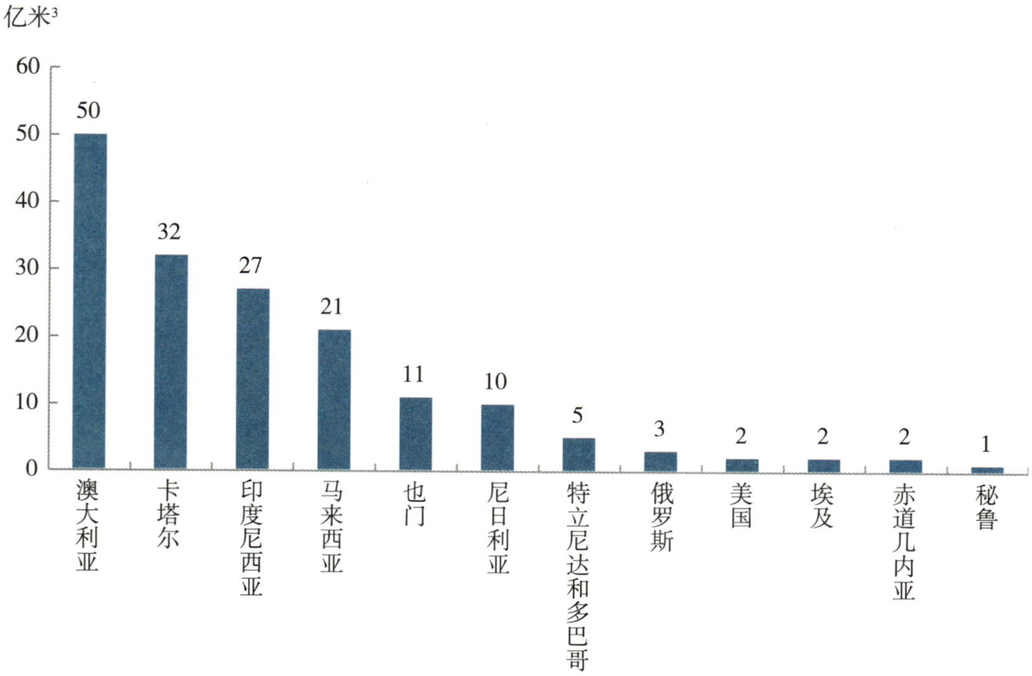

图13-7　2011年中国管道天然气进口来源及进口量分布情况

数据来源：BP Statistical Review of World Energy 2012。

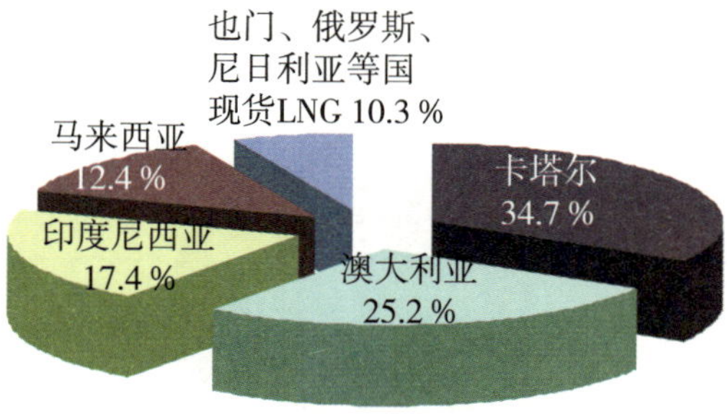

图13-8　2012年中国LNG进口来源及进口量分布情况

数据来源：中石油经济技术研究院，《2012年国内外油气行业发展报告》。

五、江苏天然气调入量居首位，陕西调出量最大

中国天然气资源在各省份之间分布不均，为了缓解地区用气紧张问题，天然气产量大省向天然气紧缺省区调出天然气。2012年，随着陕西成为天然气第一生产大省，该省也成为调出天然气第一大省区，调出天然气210.42亿米^3。主要的天然气调出省份还包括内蒙古、新疆和四川等。天然气调入省主要为经济比较发达、天然气消费量较大的省份，其中江苏以92.66亿米^{3}的调入量居各省之首。此外，北京、海南、河南、山东等也是重要的天然气调入省。多数省份为单纯的天然气调出或调入省，少数省区同时调出和调入天然气，这样的省区有天津、陕西和重庆，如表13-5和图13-9所示。

表13-5　　2011年中国各省份天然气调入/调出量　　单位：亿米^3

省份	调入量	调出量	净调入量
北京	72.96	—	72.96
天津	19.36	12.3	7.06
河北	22.77	—	22.77
山西	15.33	10.66	4.67
内蒙古	—	208.26	-208.26
辽宁	31.68	—	31.68
吉林	—	—	0
黑龙江	—	—	0
上海	31.29	—	31.29
江苏	92.66	—	92.66
浙江	43	—	43
安徽	20	—	20
福建	—	—	0
江西	3.35	—	3.35
山东	46.07	—	46.07
河南	49.88	—	49.88
湖北	24.83	—	24.83
湖南	14.65	—	14.65
广东	0.51	—	0.51
广西	2.37	—	2.37
海南	65.98	—	65.98
重庆	33.42	33.05	0.37
四川	—	87.03	-87.03
贵州	4.54	—	4.54
云南	4.13	—	4.13

续表

省份	调入量	调出量	净调入量
陕西	—	210.42	-210.42
甘肃	2.13	—	2.13
青海	—	33	-33
宁夏	18.58	—	18.58
新疆	—	140.37	-140.37

数据来源：《中国能源统计年鉴2012》。

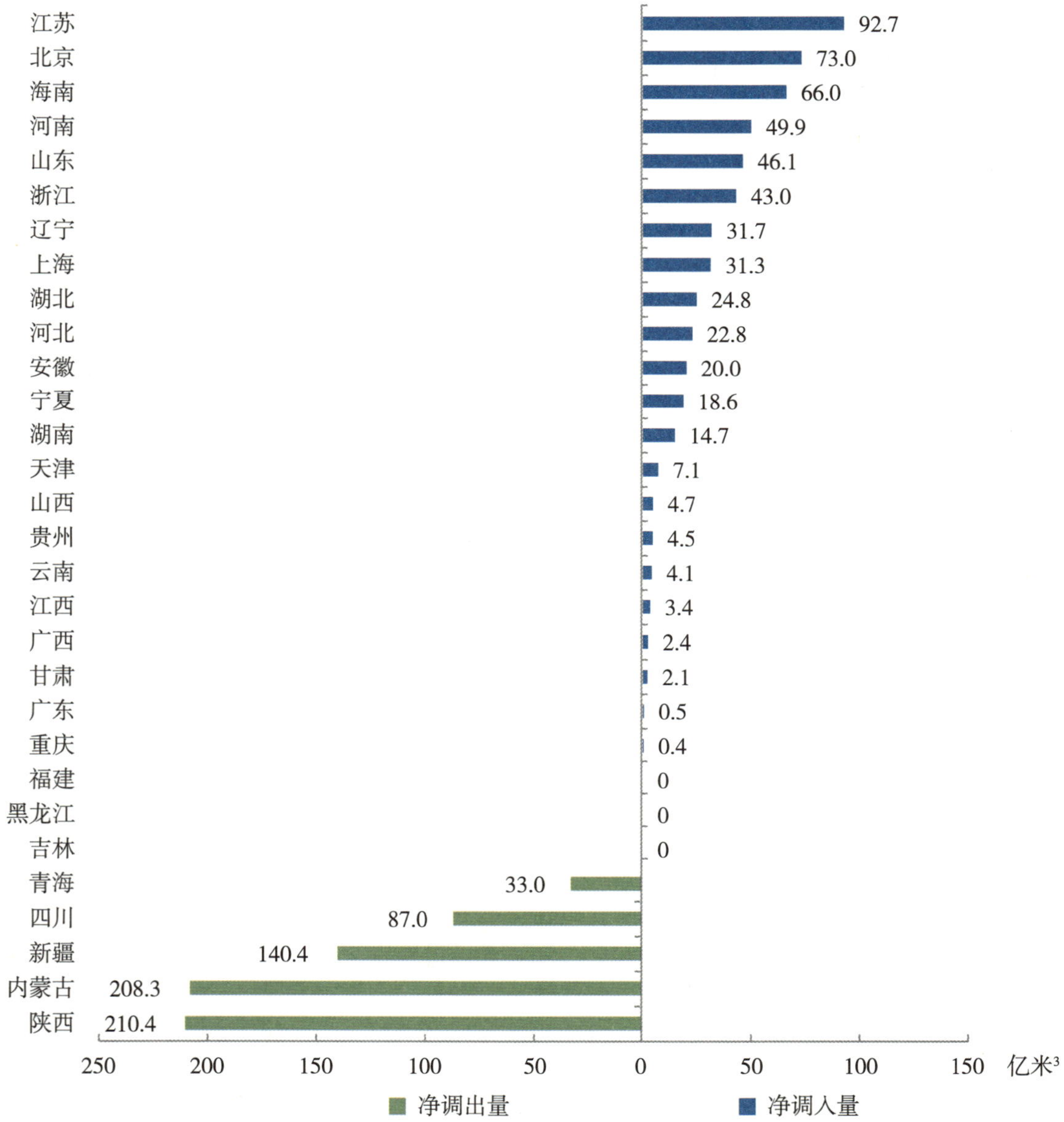

图13-9 2011年中国各省份天然气净调入量

数据来源：《中国能源统计年鉴2012》。

第十四章 电力生产与供应

一、发电量近5万亿千瓦·时，同比增长5.2%

2012年中国发电量达49774亿千瓦·时，比2011年增加2468亿千瓦·时，同比增长5.2%，增长率回落6.6个百分点，为2006年以来最低水平，如图14-1所示。日均发电量为136亿千瓦·时/天，比2011年增加6.4亿千瓦·时/天。

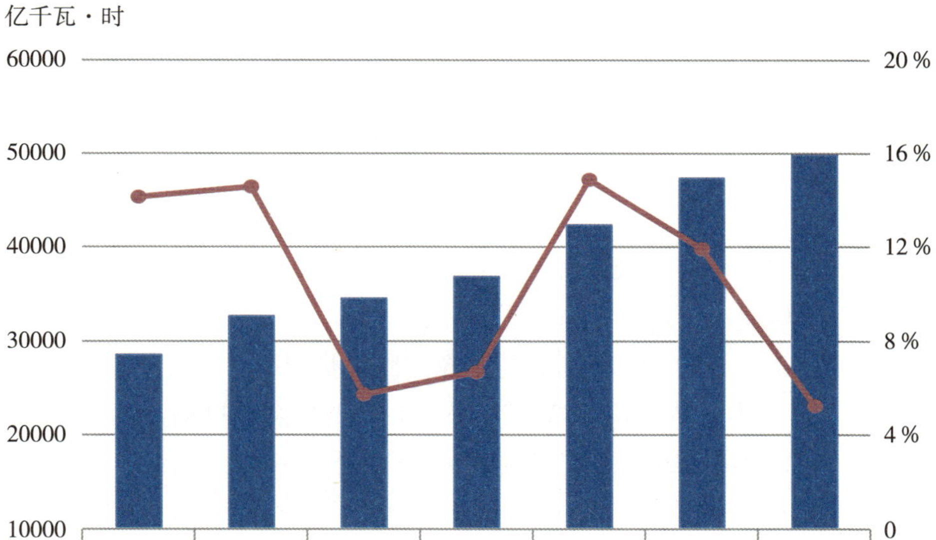

	2006年	2007年	2008年	2009年	2010年	2011年	2012年
发电量（亿千瓦·时）	28499	32644	34510	36812	42278	47306	49774
增长率（%）	14.1	14.6	5.7	6.7	14.9	11.9	5.2

图14-1 2006～2012年中国发电量历史比较

数据来源：2006～2011年数据来自《2011年电力工业统计资料汇编》，
2012年数据来自《2012年电力工业统计快报》。

根据BP统计数据，2011年中国发电量为47001亿千瓦·时，美国发电量为43080亿千瓦·时，中国超越美国成为世界上发电量最多的国家，占世界发电总量的比重为21.35%，比日本、俄罗斯、印度、德国、加拿大五国的发电量总和还要多，如图14-2所示。

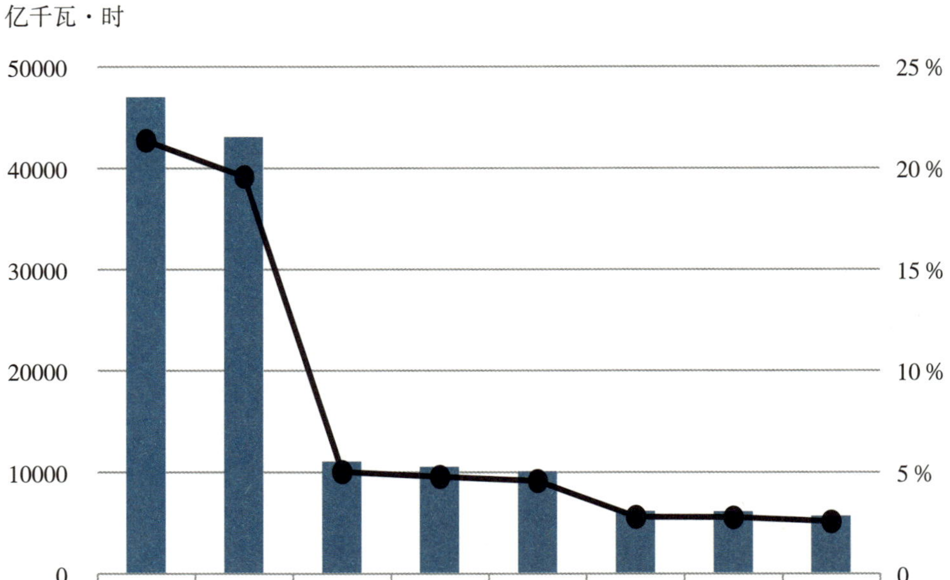

	中国	美国	日本	俄罗斯	印度	德国	加拿大	法国
发电量（亿千瓦·时）	47001	43080	11042	10516	10062	6145	6076	5643
占比（%）	21.35	19.57	5.01	4.78	4.57	2.79	2.76	2.56

图14–2　2011年主要国家发电量比较

数据来源：BP Statistical Review of World Energy 2012。

分地区看，2012年有四个省份发电量超过3000亿千瓦·时，分别是江苏（4157亿千瓦·时）、广东（3505亿千瓦·时）、内蒙古（3330亿千瓦·时）和山东（3306亿千瓦·时）；其中，江苏发电量超过4000亿千瓦·时，比英国2011年全国发电量（3653亿千瓦·时）还要多；此外，还有6个省发电量介于2000亿～3000亿千瓦·时之间，11个省发电量介于1000亿～2000亿千瓦·时之间；发电量低于1000亿千瓦·时的省有十个，排名最后的西藏发电量只有21亿千瓦·时，如图14–3所示。

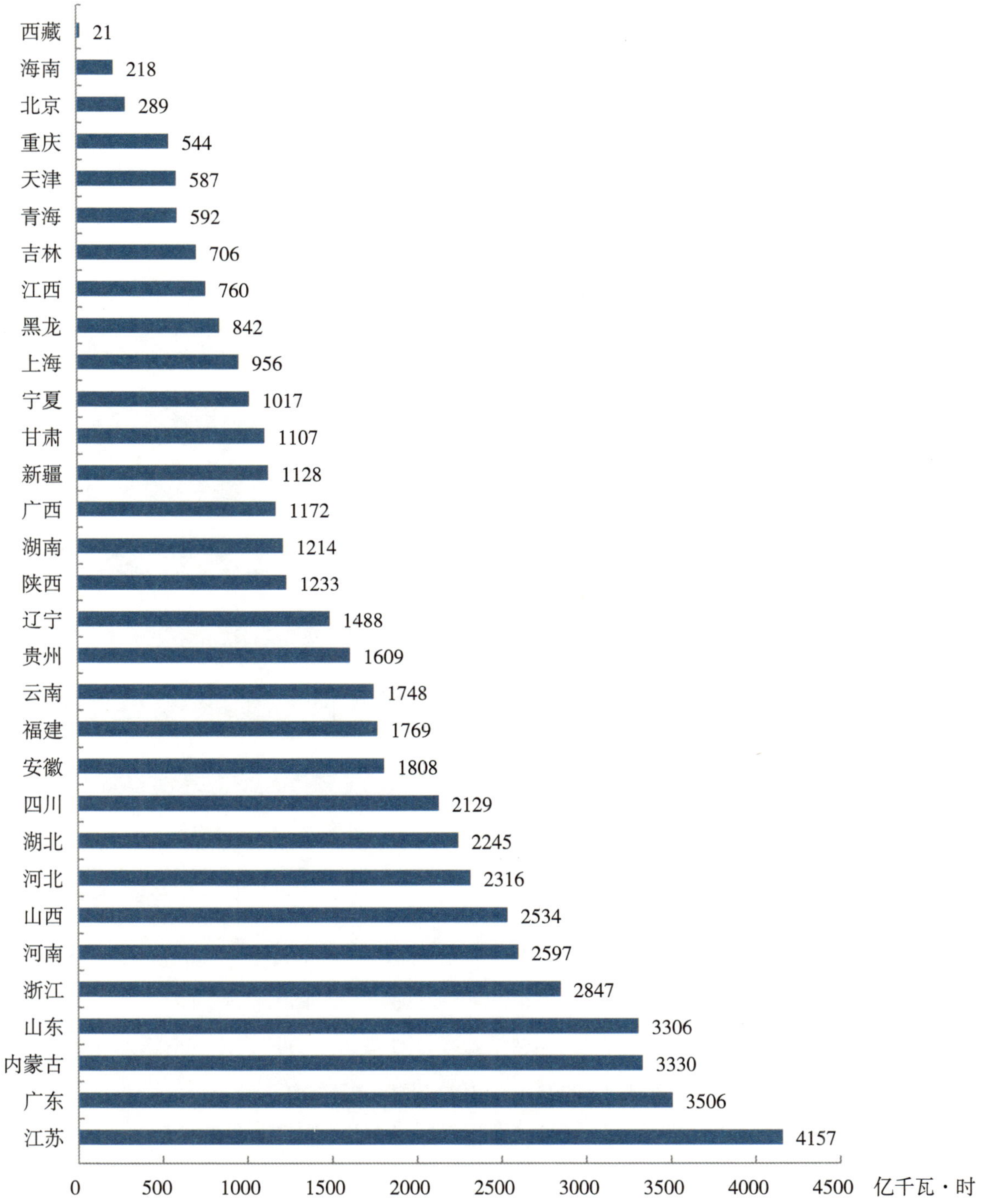

图14-3　2012年中国分地区发电量

数据来源：《2012年电力工业统计快报》。

二、火电发电量比重下降，非化石能源发电量比重上升

2012年中国发电电源结构中，火电发电量39108亿千瓦·时，同比增长0.3%，占全国发电量的78.6%，比2011年降低了3.9个百分点，自2006年以来首次低于80%；水电发电量8641亿千瓦·时，同比增长29.3%，占全国发电量的17.4%，比2011年提高3.2个百分点；核电、并网风电发电量分别为982亿千瓦·时和1004亿千瓦·时，同比增长12.6%和35.5%，占全国发电量的比重分别比2011年提高0.1个和0.5个百分点，如图14-4所示。

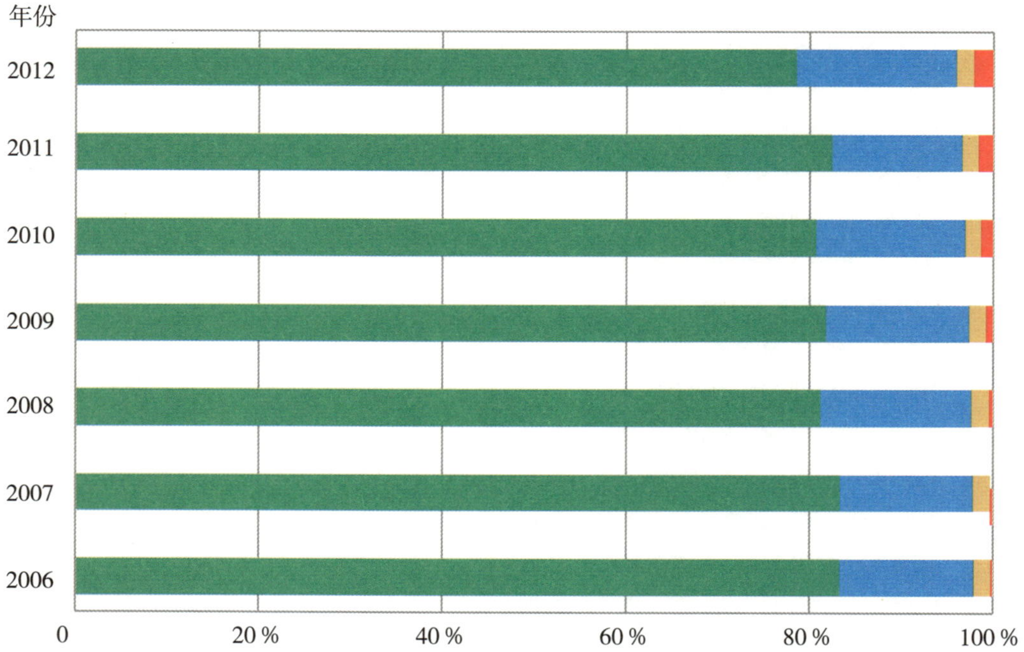

	2006年	2007年	2008年	2009年	2010年	2011年	2012年
火电（%）	83.31	83.34	81.22	81.81	80.96	82.45	78.57
水电（%）	14.56	14.44	16.39	15.53	16.24	14.12	17.36
核电（%）	1.92	1.93	2.01	1.90	1.77	1.84	1.97
其他（%）	0.21	0.29	0.39	0.75	1.30	1.58	2.09

图14-4　2006～2012年中国发电电源结构

数据来源：2006～2011年数据来自《2011年电力工业统计资料汇编》，
2012年数据来自《2012年电力工业统计快报》。

如图14-5所示，与世界其他国家相比，2012年中国的火电比重依然较高，为78.57%，仅次于印度（83.8%，2009年）。水电占比为17.36%，低于俄罗斯（17.6%，2009年），高于印度（11.9%，2009年），远

远低于水电占比最高的前两个国家，即巴西（83.8%，2009年）和加拿大（58.8%，2010年）。2012年中国核电占比为1.97%，远远低于核电占比最高的前两个国家，即法国（75.5%，2010年）和韩国（31.1%，2010年）。从上述比较来看，中国清洁能源发电比重较低。中国拥有丰富的水力资源和较为成熟的核能发电技术，风能发电近年来也发展较快，未来应着力提高水电、核电和风电的比重，走清洁能源发展道路。

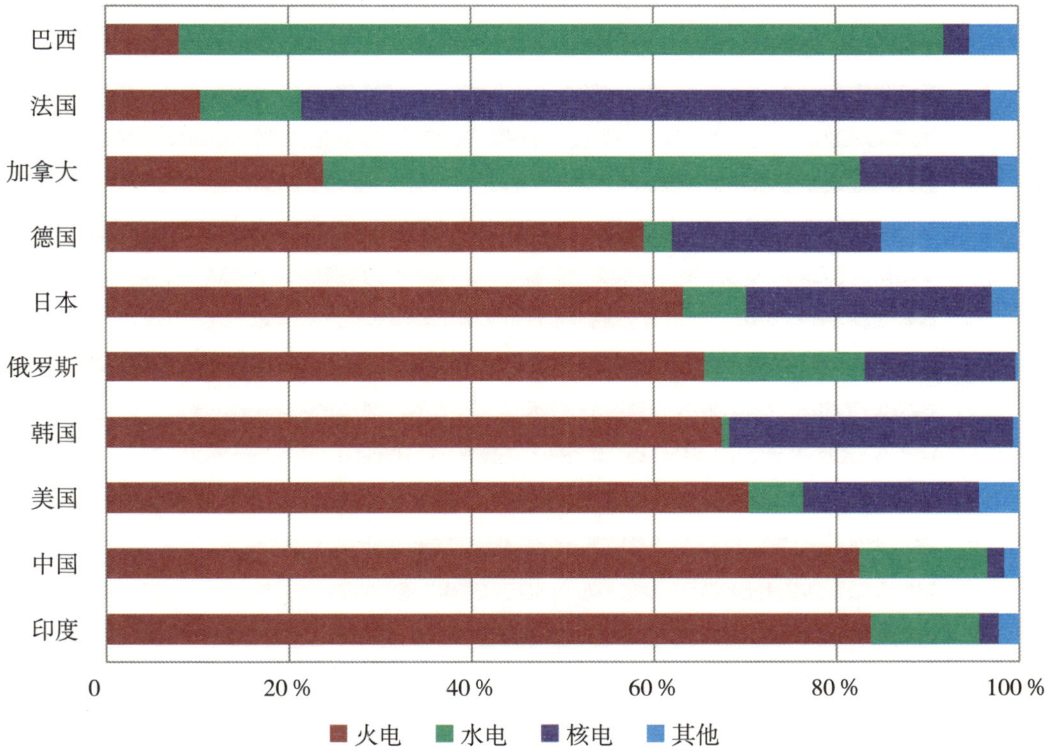

图14-5 部分国家发电结构比较

数据来源：IEA，Energy Balances of OECD Countries 2011、Energy Balances of non-OECD Countries 2011，其中俄罗斯、印度、巴西数据为2009年数据，其他国家为2010年数据。中国数据为2012年数据，来自《2012年电力工业统计快报》。

分地区看，大多数省份与全国情况一致：火电在发电电源结构中占主导地位；只有五个省份发电电源结构中火电比重低于50%，分别是青海、西藏、云南、四川和湖北，水电在这些省份中占主导地位，如图14-6所示。

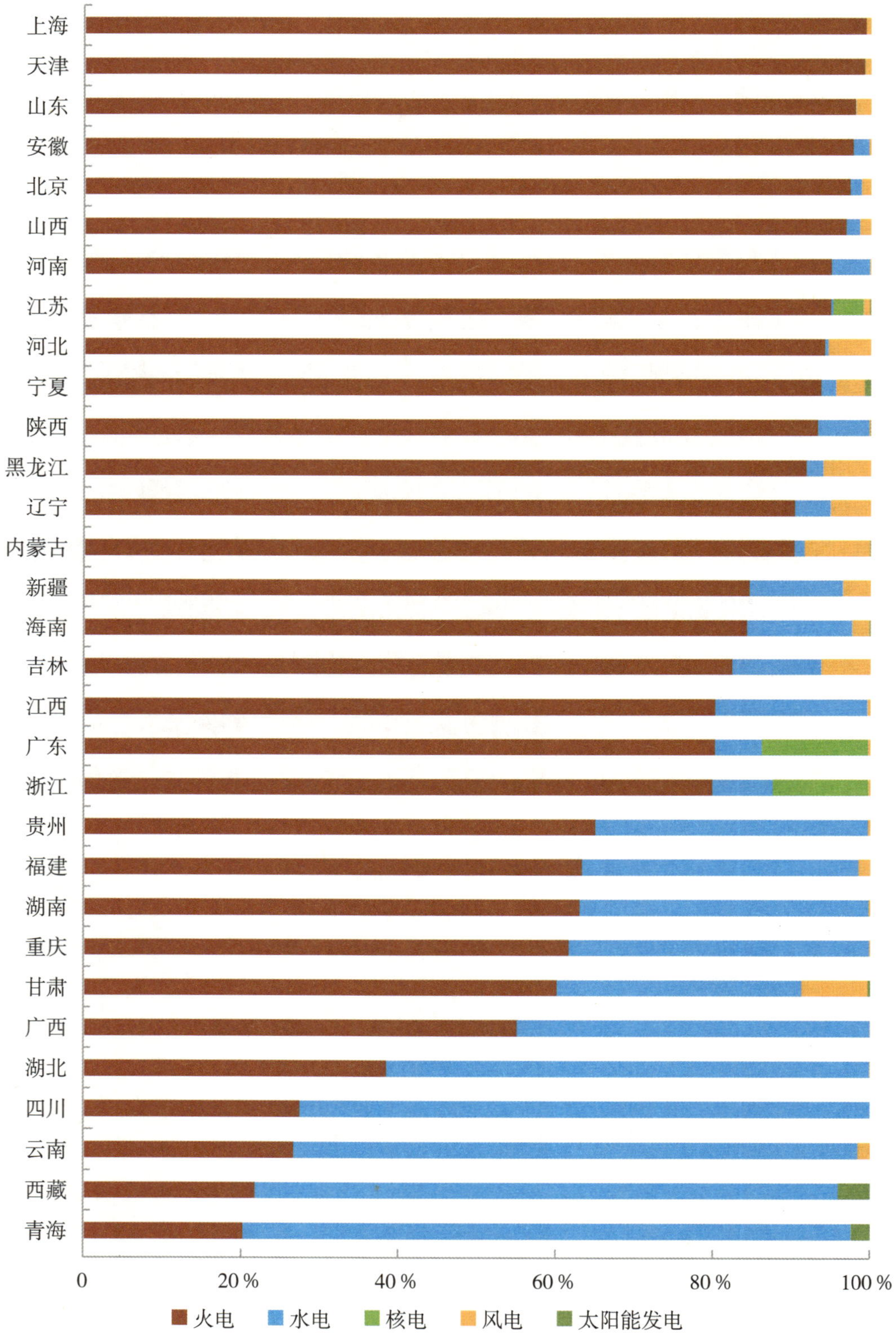

图14-6　2012年中国分地区发电电源结构

数据来源：《2012年电力工业统计快报》。

三、水电设备利用小时数增加，火电设备利用小时数减少

2012年，中国6000千瓦及以上电厂发电设备平均利用小时数达4572小时，比2011年降低158小时，同比下降3.35%；其中，水电设备平均利用小时数为3555小时，同比增加536小时，为近三年的最大值；火电设备平均利用小时数为4965小时，同比下降340小时；核电7838小时，同比增加79小时，风电1893小时，同比增加18小时，如图14-7所示。

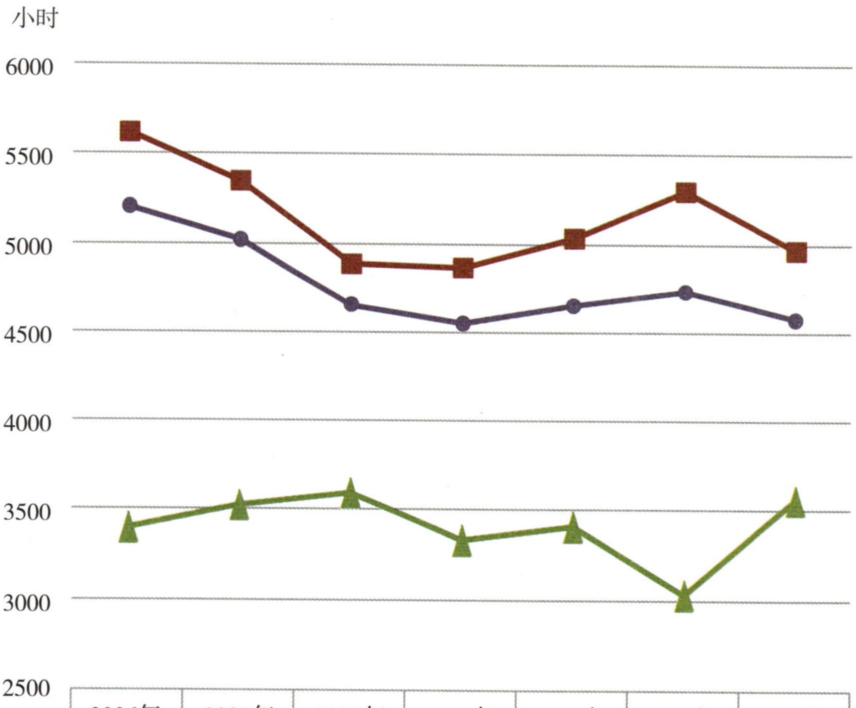

	2006年	2007年	2008年	2009年	2010年	2011年	2012年
火电设备平均利用小时数（小时）	5612	5344	4885	4865	5031	5294	4965
水电设备平均利用小时数（小时）	3393	3520	3589	3328	3404	3028	3555
发电设备平均利用小时数（小时）	5198	5020	4648	4546	4650	4731	4572

图14-7　2006～2012年中国发电设备利用小时数

数据来源：2006～2011年数据来自《2011年电力工业统计资料汇编》，
2012年数据来自《2012年电力工业统计快报》。

分地区看，2012年发电设备平均利用小时数排名前五的省份依次是江苏（5583小时）、安徽（5299小时）、宁夏（5288小时）、天津（5265小时）、河北（5014小时）；排名最后的五个省份依次是西藏（2731小时）、吉林（3109小时）、湖南（3814小时）、云南（3870小时）、甘肃（3891小时），如图14-8所示。

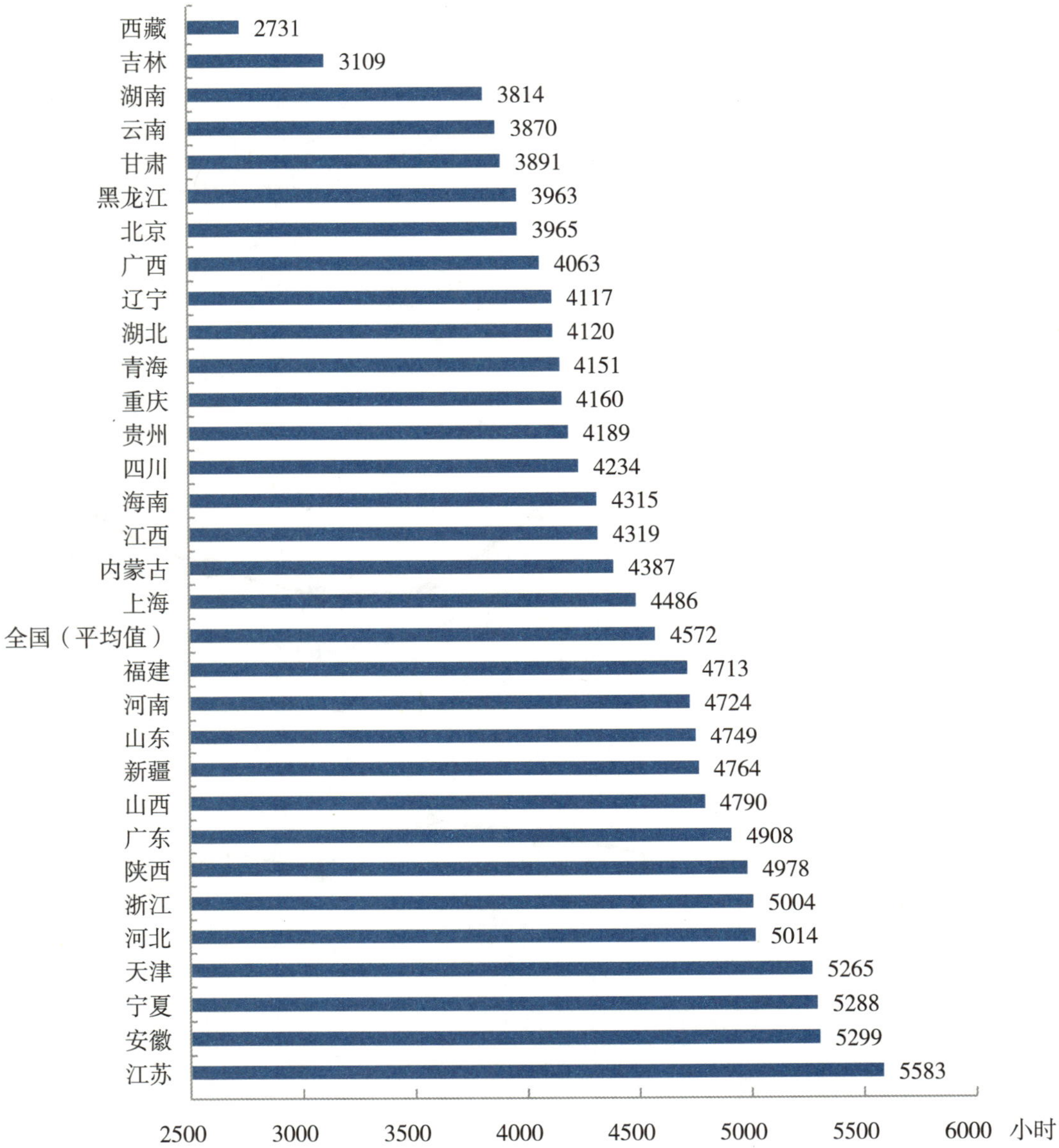

图14–8　2012年中国各省份发电设备平均利用小时数

数据来源：《2012年电力工业统计快报》。

四、各地区发电量调入、调出情况

2012年中国有15个省份为净调入电量省份，有16个省份为净调出电量省份；净调入（或调出）超过100亿千瓦·时的省份有24个；净调入电量排名前五的省份依次是广东（1113亿千瓦·时）、河北（761亿千瓦·时）、北京（585亿千瓦·时）、山东（489亿千瓦·时）和江苏（424亿千瓦·时）；净调出电量排名前五的省份依次是内蒙古（1313亿千瓦·时）、山西（769亿千瓦·时）、湖北（737亿千瓦·时）、贵州（563亿千瓦·时）和安徽（447亿千瓦·时），如图14–9所示。

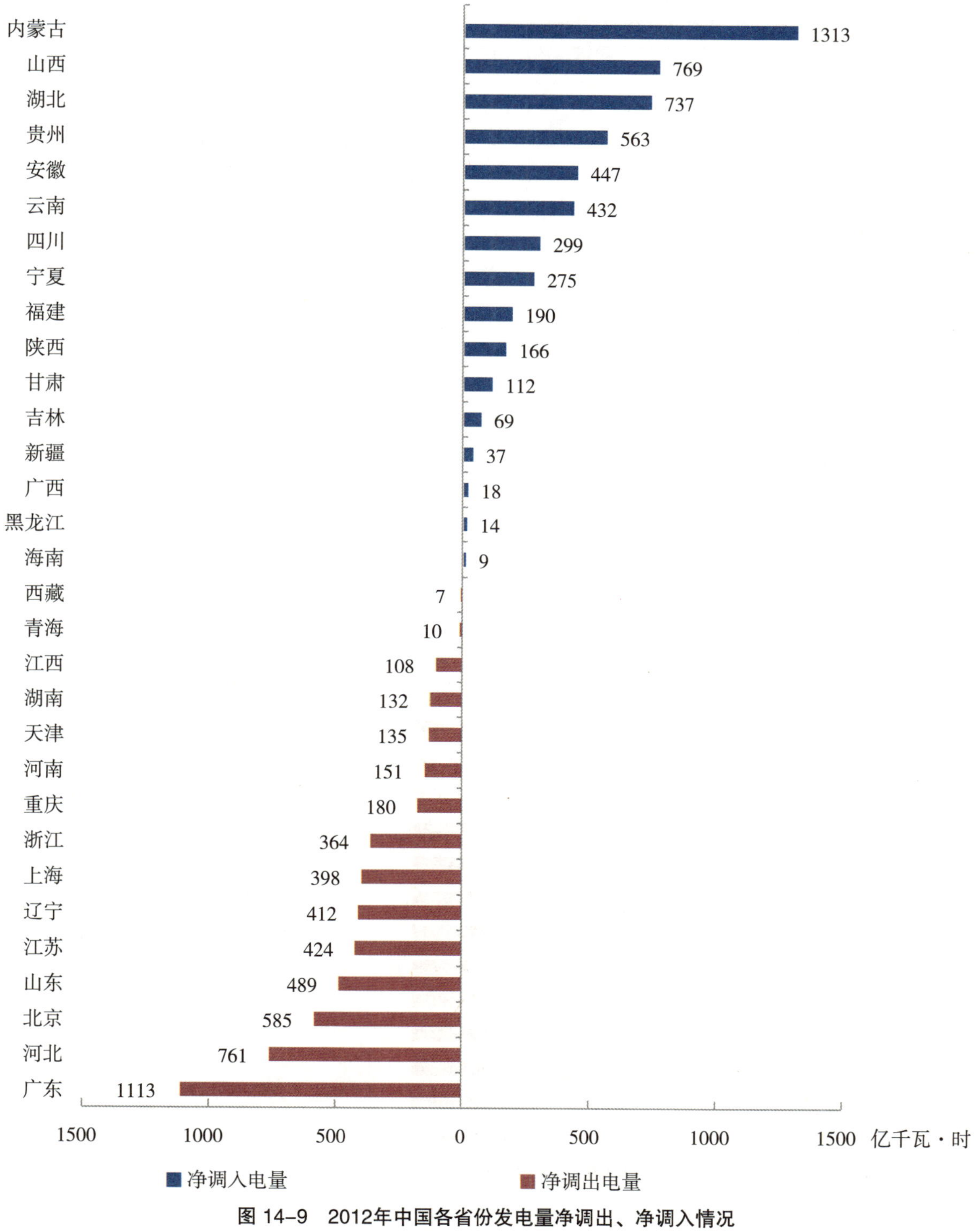

图 14-9　2012年中国各省份发电量净调出、净调入情况

数据来源：《2012年电力工业统计快报》。

从净调入（调出）电量在全部用电量中所占比重来看，2012年全国15个净调入省份中，北京比重最高，为67%；上海和重庆的比重分别为29%和25%，位居第二和第三位。在16个净调出省份中，内蒙古比重最高，为39%；贵州和湖北省位居第二和第三位，比重分别为35%和33%，如图14-10所示。

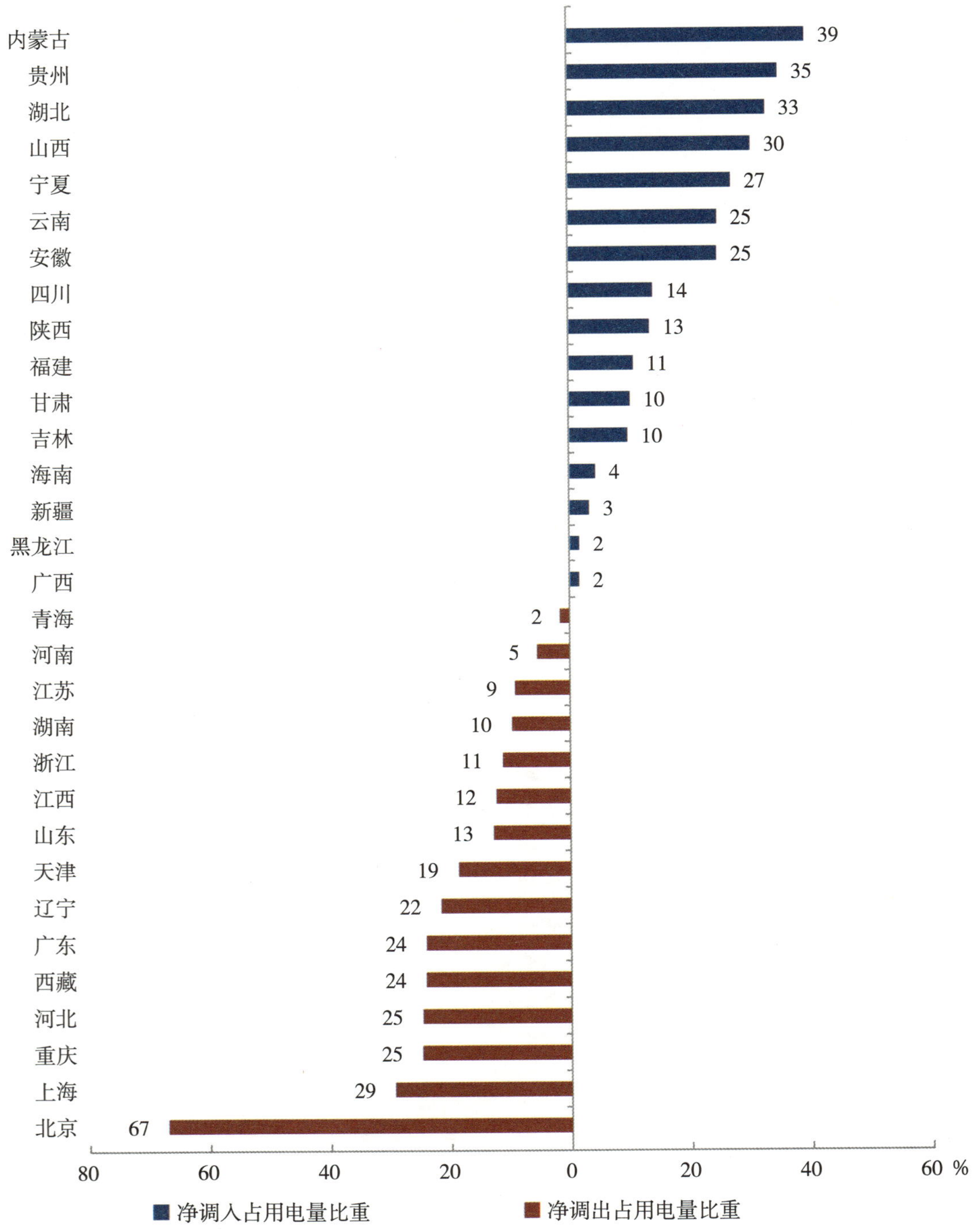

图14-10　2012年各省份调入、调出电量占本省用电量的比重

数据来源：《2012年电力工业统计快报》。

第十五章 非化石能源生产与供应

2012年，中国非化石能源总利用量约为3.5亿吨标准煤，比2011年增长25%，比能源生产总量增长率快20个百分点以上。非化石能源总利用量占一次能源消费总量的比重为9.6%，比2011年提高1.6个百分点。其中，非化石能源发电总量超过1万亿千瓦·时，占总发电量的21.4%，占非化石能源利用总量的比重约为94%，如表15–1、表15–2所示。

表15–1　　2011、2012年中国非化石能源利用量

利用方式	2011年	2012年	同比增长（%）
发电（亿千瓦·时）	8780	11233	27.9
水电	6681	8641	29.3
核电	872	982	12.6
风电	741	1004	35.5
光伏发电	36	84	133.3
各类生物质发电	450	522	16.0
供热、沼气、生物燃料等利用方式（亿吨标准煤）	0.268	0.226	−15.7

数据来源：《2012年电力工业统计快报》、《可再生能源数据手册2012》。

表15–2　　2006～2012年中国非化石能源发电量及占总发电量比重

项目		2006年	2007年	2008年	2009年	2010年	2011年	2012年
总发电量（亿千瓦·时）		28499	32644	34510	36812	42278	47217	49774
增长率（%）		14.11	14.55	5.72	6.67	14.85	11.68	5.42
水电	发电量（亿千瓦·时）	4148	4714	5656	5717	6867	6626	8641
	增长率（%）	4.63	13.64	19.98	1.08	20.12	−3.51	30.41
	占总发电量比重（%）	14.55	14.44	16.39	15.53	16.24	14.03	17.36
核电	发电量（亿千瓦·时）	548.44	628.63	692.19	700.5	747	874	982
	增长率（%）	3.28	14.62	10.11	1.2	6.64	17.01	12.36
	占总发电量比重（%）	1.92	1.93	2.01	1.9	1.77	1.851	1.97

续表

项目		2006年	2007年	2008年	2009年	2010年	2011年	2012年
风电	发电量（亿千瓦·时）	28	57.1	130.79	276.15	494	732	1004
	增长率（%）	75	103.93	129.05	111.14	78.89	48.12	37.16
	占总发电量比重（%）	0.1	0.17	0.38	0.75	1.17	1.549	2.02
地热、潮汐、太阳能等（亿千瓦·时）		—	—	—	2.65	1.52	10	—

数据来源：2006～2011年数据来自《2011年电力工业统计资料汇编》，2012年数据来自《2012年电力工业统计快报》。

一、水电发电量大幅增长，地区分布不均

（1）2012年水电发电量大幅增长。2011年由于气候干旱，水电首次出现负增长；2012年，水电发电量重新恢复增长，达到8641亿千瓦·时，增幅达30.41%。如图15-1所示，水电发电量整体呈增长趋势，但增长率波动较大，占发电总量的比重则一直维持在16%左右。

	2006年	2007年	2008年	2009年	2010年	2011年	2012年
发电量（亿千瓦·时）	4147.69	4713.54	5655.48	5716.82	6867	6626	8641
增长率（%）	4.63	13.64	19.98	1.08	20.12	−3.51	30.41
比重（%）	14.55	14.44	16.39	15.53	16.24	14.03	17.36

图15-1　2006～2012年中国水电发电量、增长率及其所占比重

数据来源：2006～2011年数据来自《2011年电力统计资料汇编》，2012年数据来自《2012电力工业统计快报》。

从水电发电量的世界排名看，根据BP统计数据，2010年中国的水电发电量为7238亿千瓦·时，远超过居于第二位的巴西（4033亿千瓦·时），居于世界首位，如图15-2所示。但从水电占发电量的比重来看，中国仅为17.2%，远远低于巴西的78.2%和加拿大的59.2%。

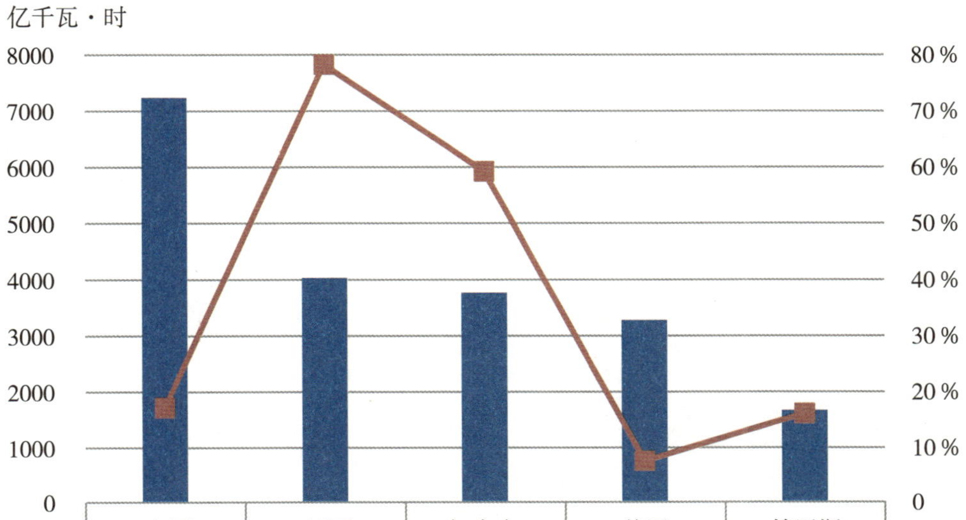

	中国	巴西	加拿大	美国	俄罗斯
发电量（亿千瓦·时）	7238	4033	3764	3275	1668
占比（%）	17.20	78.20	59.20	7.60	16.10

图15-2 世界主要国家水电发电量及占比

数据来源：IEA，Energy Balances of OECD Countries 2012、Energy Balances of non-OECD Countries 2012，其中中国、巴西、俄罗斯为2010年数据。

（2）水电生产西多东少，与需求呈逆向分布。如表15-3所示，从各省区的水电生产量看，2012年水电生产主要集中在四川、湖北、云南、福建等水力资源丰富的省份，而北京、上海、天津、山东、河北等东部地区水电生产量较少。同时，从水电占总发电量比重看，2012年水电占比最高的五个省份依次是青海、四川、云南、西藏、湖北，分别为77.33%、72.56%、71.79%、69.59%、61.45%；而江苏、山东、天津、上海等全国用电负荷最大的省份水电占比几乎为零。因此，为了大力发展水电，实现全国电力资源的清洁化转型，必须实施“西电东送”。

表15-3　2006～2012年中国各省份水电发电量　单位：亿千瓦·时

省份	2006年	2007年	2008年	2009年	2010年	2011年	2012年	增长率（%）
四川	784.65	814.13	980.86	1065.41	1213.42	1364.02	1545	13.27
湖北	756.06	937.7	1272.47	1205.92	1263.83	1163.89	1380	18.57
云南	355.72	430.95	647.28	622.8	814.12	1007.43	1255	24.57

续表

省份	2006年	2007年	2008年	2009年	2010年	2011年	2012年	增长率（%）
福建	346.82	311.59	399.61	275.92	453.69	285.20	623	118.44
贵州	225.96	340.62	394.04	400.88	416.58	355.00	559	57.46
广西	243.69	323.52	522.97	516.77	475.26	415.49	526	26.60
青海	209.58	207.76	207.1	276.32	371.11	370.87	458	23.49
湖南	290.69	312.56	407	409.43	502.53	459.03	446	-2.84
甘肃	170.45	189.08	188.72	250.21	262.32	252.00	344	36.51
浙江	139.76	118.15	143.49	152.67	230.85	161.72	220	36.04
广东	267.99	241.03	388.31	269.34	348.86	331.03	210	-36.56
重庆	56.43	83.75	171.61	165.74	169.25	184.27	208	12.88
江西	95.4	85.06	167.26	85.07	117.85	79.82	147	84.16
新疆	53.42	58.84	73.93	79.55	97.08	114.58	133	16.08
河南	88.26	88.53	98.77	93.15	91.67	103.42	128	23.77
陕西	39.88	55.45	64.23	74.59	87.24	99.63	81	-18.70
吉林	54.6	61.83	58.91	56.28	105.5	62.90	80	27.19
辽宁	47.03	43.81	38.58	28.81	43.98	31.69	68	114.58
山西	23.87	47.32	23.36	21.66	36.63	34.63	44	27.06
内蒙古	12.8	11.86	11.18	14.82	16.29	12.21	43	252.17
安徽	15.72	19.67	28.14	16.39	18.85	17.90	36	101.12
海南	11.59	13.09	12.72	14.95	13.34	12.55	29	131.08
宁夏	16.38	17.47	16.08	17.36	18.02	16.75	19	13.43
黑龙江	14.74	10.41	17.56	17.09	22.53	17.02	18	5.76
西藏	13.79	13.99	14.53	15.27	15.85	20.62	15	-27.26
江苏	3.05	2.95	6.65	2.23	2.98	2.02	12	494.06
河北	14.42	5.68	10.95	5.71	5.55	7.25	10	37.93
北京	4.94	4.93	0.36	0.37	4.4	4.48	4	-10.71
山东	0.17	0.77	2.8	1.74	2.14	2.03	1	-50.74
天津	—	0.14	0.14	—	—	0.13	0	-100.00
上海	—	—	—	—	—	0	0	—

数据来源：2006～2011年数据来自《中国能源统计年鉴2012》，2012年数据来自《2012年电力行业统计快报》。

二、风电发电量突破1000亿千瓦·时，占总发电量比重提高近0.5个百分点

2012年中国风电发电量为1004亿千瓦·时，比2011年（732亿千瓦·时）增长37.16%，增长率不到

“十一五”期间平均增长率（99.6%）的一半，增速继续放缓（如图15–3所示），但是大大高于同期除太阳能以外其他电源发电量增速。同时，2012年风电占总发电量的比重为2.02%，比2011年提高0.47个百分点，如图15–4所示。

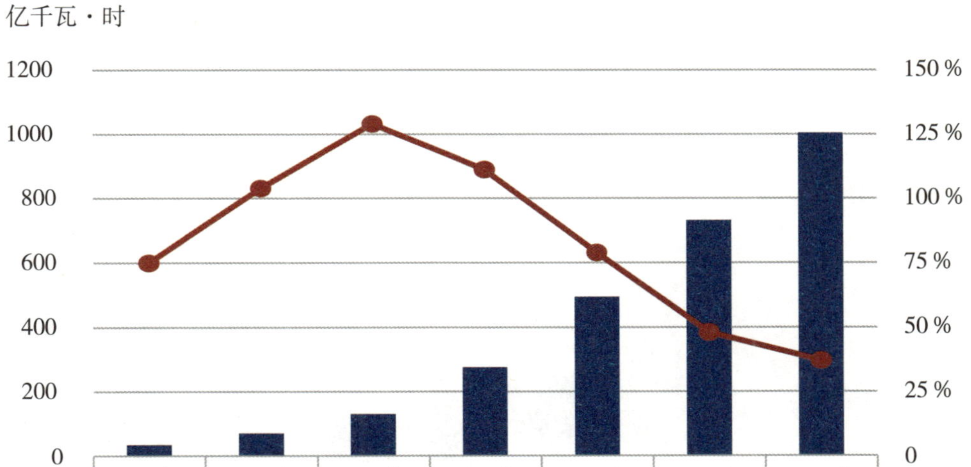

	2006年	2007年	2008年	2009年	2010年	2011年	2012年
■ 发电量（亿千瓦·时）	28	57.1	130.79	276.15	494	732	1004
●增长率（%）	75	103.93	129.05	111.14	78.89	48.12	37.16

图15–3　2006～2012年中国风电发电量及增长率

数据来源：2006～2011年数据来自《中国能源统计年鉴2012》，
2012年数据来自《2012年电力工业统计快报》。

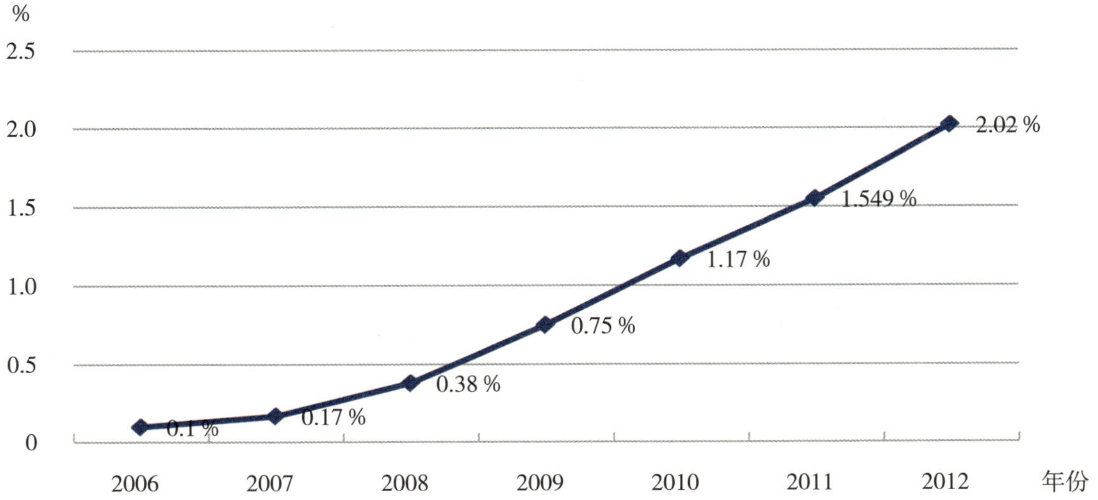

图15–4　2006～2012年中国风电发电量占总发电比重

数据来源：2006～2011年数据来自《中国能源统计年鉴2012》，
2012年数据来自《2012年电力工业统计快报》。

三、核电发电量增长放缓，占总发电量比重较低

2012年中国核电发电量为982亿千瓦·时，同比增加12.36%，是“十一五”期间平均增长率（7.2%）的2倍左右，占总发电量的比重为1.97%，这与政府支持核电发展的政策有直接的关系。但核电发电量在总发电量中所占比重依然很小，基本稳定在略低于2%的水平，如图15-5和图15-6所示。

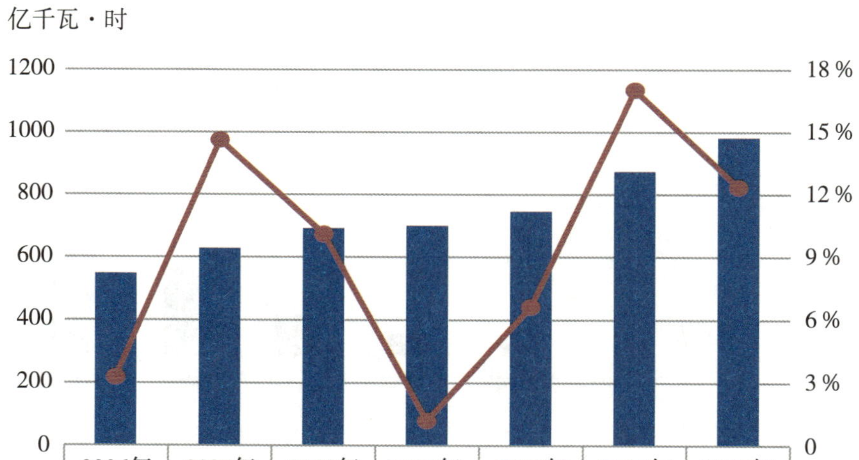

	2006年	2007年	2008年	2009年	2010年	2011年	2012年
发电量（亿千瓦·时）	548.44	628.63	692.19	700.5	747	874	982
增长率（%）	3.28	14.62	10.11	1.20	6.64	17.01	12.36

图15-5　2006～2012年中国核电发电量及增长率

数据来源：2006～2011年数据来自《中国能源统计年鉴2012》，2012年数据来自《2012年电力工业统计快报》。

图15-6　2006～2012年中国核电发电量占发电总量比重

数据来源：2006～2011年数据来自《中国能源统计年鉴2012》，2012年数据来自《2012年电力工业统计快报》。

从世界排名看，2012年中国核电发电量为982亿千瓦·时，排名世界第八，核电发电量最高的是美国（8389亿千瓦·时，2011年）。从核电发电量占总发电量比重看，中国2012年核电比重为2.0%，排名靠后；核电占比最高的国家是法国，为79.4%（2011年），而核电生产大国美国2011年的核电比重也只有19%，如图15-7所示。

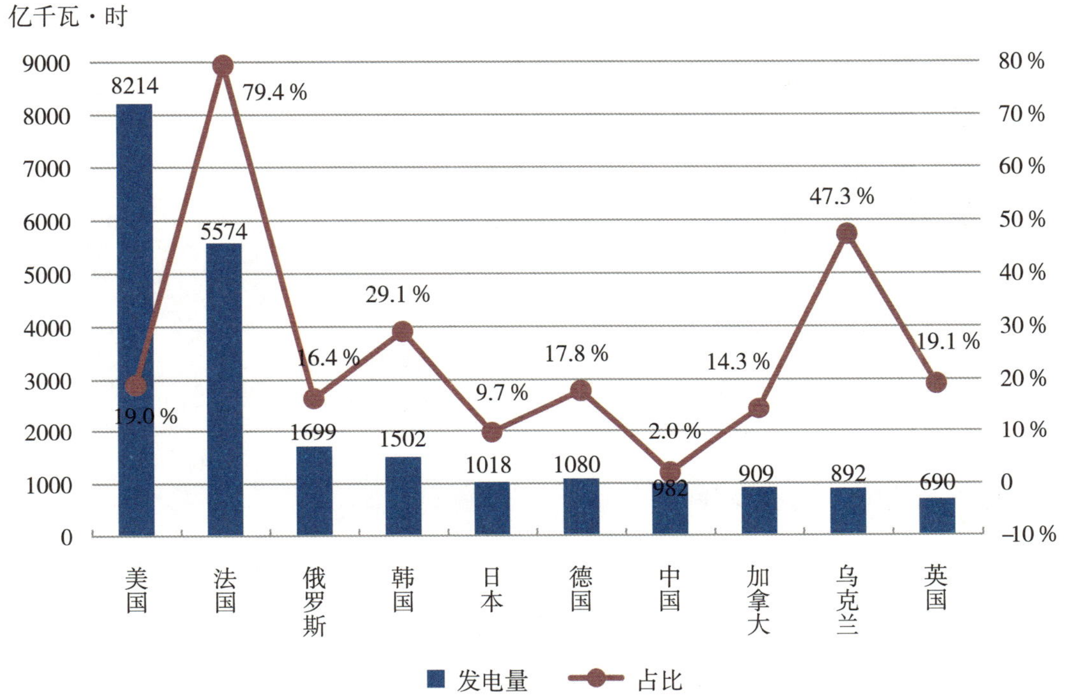

图15-7 核电发电量及占比的国际比较

数据来源：IEA，Energy Balances of OECD Countries 2012、Energy Balances of non-OECD Countries 2012，其中乌克兰、俄罗斯为2010年数据；中国数据为2012年数据，来自《2012年电力工业统计快报》。

四、太阳能发电量大幅度增长，但比重仍然较低

2012年中国的太阳能发电量为35亿千瓦·时，与2011年的7亿千瓦·时相比，同比增加4倍以上，但太阳能发电量在总发电量中的比重仍然很小，仅占0.7个百分点。分地区来看，太阳能的利用主要集中在青海、宁夏、江苏、甘肃和内蒙古，尤其是太阳能资源丰富的青海，太阳能装机容量为136万千瓦，发电量为14.5亿千瓦·时，约占中国太阳能总发电量的41%，如图15-8所示。

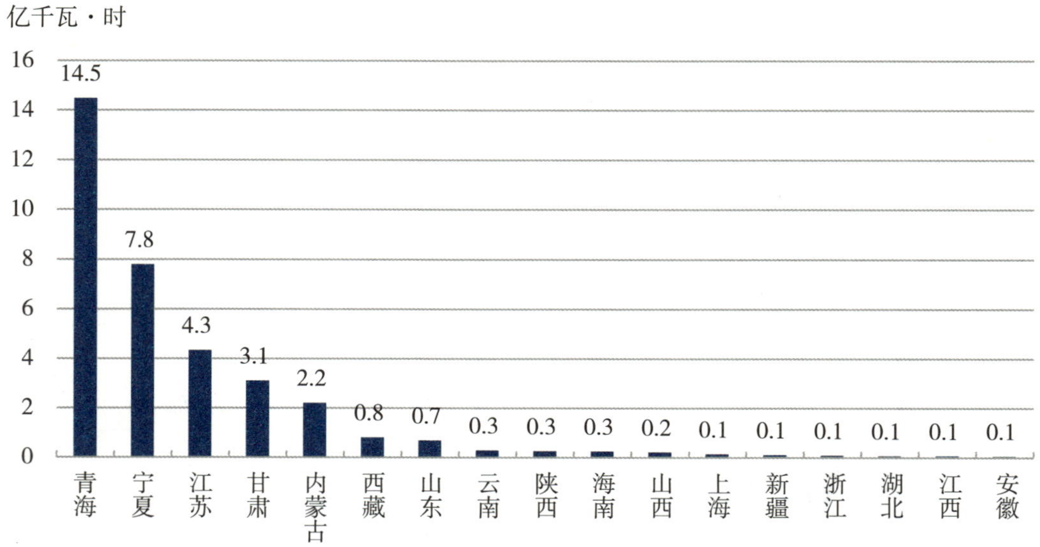

图15-8　2012年中国部分省份太阳能发电量

数据来源：《2012年电力工业统计快报》。

五、生物质能多元利用，稳步发展

2012年，中国各类生物质发电量为870亿千瓦·时，比2011年的750亿千瓦·时增长了16个百分点。农村户用沼气达到5000万户，农业废弃物沼气工程达到11万处。

第四篇 能源价格与绩效

2012年，中国能源价格与绩效受宏观经济形势影响较大，国内主要能源的价格水平受供需因素影响明显，同时，与国际能源价格的挂钩日益密切。其中，煤炭价格总体下降，环渤海动力煤平均价格（5500千卡）由年初的797元/吨下降到年末的634元/吨，冶金煤价格较年初普遍下降300～400元/吨，国际煤炭价格稳定在90美元/吨左右，低于国内价格。石油价格随国际油价波动，国内成品油价格“四涨四跌”，成品油价格调整机制更加制度化，煤油价格市场化改革效果显著，煤油价格比国内现有定价机制更及时灵敏。天然气价格普遍偏低，低于国际平均水平，民用天然气价格基本维持在2.4元/米^{3}左右，变动幅度很小；工业用气价格从2011年4月开始逐步抬升，从2.57元/米^{3}上升至2012年末的2.98元/米^3，民用和公用天然气价格差距逐步拉大。电力方面，全国平均销售电价为625.19元/（兆瓦·时），同比增长7.21%，其中，输配环节电价占销售电价的比重约为30%。此外，2012年7月1日始，居民阶梯电价全面试行，二、三档电价有所提高。非化石能源方面，小水电价格有所上调，但水电价格总体偏低，风电上网电价在0.51～0.61元浮动，核电上网电价约为0.50元/（千瓦·时），太阳能标杆电价1.09元/（千瓦·时），可再生能源电价实现全面补贴，其中，生物质发电电价补贴总额达20亿元，占到可再生能源电价补贴总额的23.5%。

能源绩效上，煤炭市场景气指数持续处于负值，2012年12月指数为-5.5。煤炭行业的盈利能力有所下降，实现利润（补贴后）1249亿元，同比下降23.35%；油气开采加工业继续盈利，中石油在勘探生产板块实现经营利润2149.55亿元，中石化、中海油的勘探开发总资本支出均同比增长50%以上，精炼石油产品制造企业累计亏损达194家，比2011年增长了15.5%；天然气价格倒挂现象加剧，国内石油公司在天然气的生产经营方面遭遇亏损，2012年中石油在天然气与管道板块经营亏损达21.1亿元，比2011年下降176.3亿元，其中，在销售进口天然气和LNG方面的亏损高达419亿元；发电企业利润大幅增加，火电业务亏损情况有所改善，2012年前11个月，重点电力企业实现利润910.95亿元，较2011年同期增长61.83%，其中，五大发电集团实现利润207.22亿元，同比增长15.87倍，三大电网公司实现利润703.73亿元，同比增长27.81%。

第十六章 煤炭价格与绩效

一、国内煤炭价格总体下降，国际煤炭价格持续下行

如图16–1所示，2012年环渤海动力煤平均价格（5500千卡）由年初的797元/吨下降到年末的634元/吨。全年煤炭价格变化大致经历了三个阶段，2012年5月以前，煤炭供需基本平衡，价格稳定在（775±10）元/吨；5月以后，煤炭供需宽松，价格大幅下跌，到8月降至全年最低点625元/吨，比2011年高点下降230元/吨，比2012年初下降了160元/吨；9月以后，煤炭价格小幅波动回升，保持在（640±10）元/ 吨的低位稳定。冶金煤价格较2012年初普遍下降300～400元/吨，9月以来部分地区炼焦煤价格止跌并有小幅回升，涨幅为100～200元/吨。

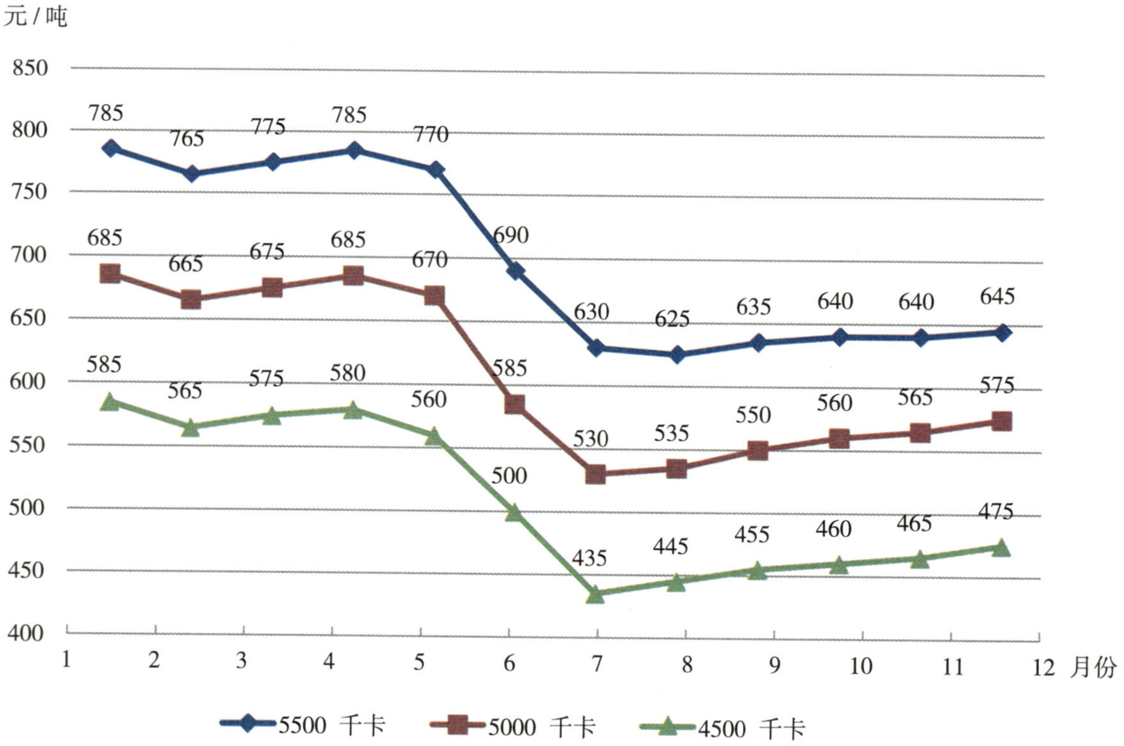

图16–1 2012年各月秦皇岛港动力煤市场交易价格

数据来源：海运煤炭网。

2012年，受全球经济复苏乏力，欧洲、日本、韩国等国家和地区的煤炭需求持续低迷，国际煤炭市场供给宽松，加之流动性资金充裕等因素的影响，国际煤炭价格小幅波动，整体呈下降走势。亚洲市场上，越南下调煤炭出口税至10%，日本上调进口关税和生产加工税，对澳洲6000千卡动力煤市场造成影响；南非理查兹港和“欧洲三港”（阿姆斯特丹、鹿特丹、安特卫普）煤价也承压下行。总体看，2012年国际市场供应宽松，国际煤炭价格稳中趋降，全年维持平均价格约90美元/吨，低于国内市场价格。

二、煤炭行业运行受宏观经济影响，盈利能力下降

2012年，煤炭经济运行受宏观经济形势影响，煤炭市场景气指数持续处于负值，12月指数为－5.5。煤炭行业的盈利能力有所下降，大型煤炭企业（集团）主营业务成本16281亿元，同比增长25.26%；实现利润（补贴后）1249亿元，同比下降23.35%；应收账款净值1709亿元，同比增长25.69%。

三、安全生产形势持续好转，百万吨死亡率首降至0.5以下

2012年，国家继续加大煤矿安全监察监管力度，继续深入开展煤矿瓦斯集中整治，加快生产矿井技术改造和大中型现代化煤矿建设步伐，煤矿安全形势稳定好转。2012年全国煤矿发生事故779起，死亡1384人，同比减少422起、589人，分别下降35.1%和29.9%。百万吨死亡率由2011年的0.56下降到0.37，同比下降33.7%，首次降到0.5以内。

四、需要重点关注的问题及相关的政策建议

（1）关注煤炭产能建设超前的矛盾。“十一五”以来，随着煤炭需求快速增加，煤炭价格持续上涨，煤炭行业效益增加，基建趋热，煤炭洗选业固定资产投资大幅增加。据统计，2006～2012年累计完成投资2.3万亿元左右，形成大量煤炭产能。2012年新增产能超过3.5亿吨，2013年将是在建产能集中释放期。此外，还有一部分煤矿存在“未批先建”、“边批边建”、“批小建大”“超能力生产”等情况，煤矿实际生产能力远大于此。而受宏观经济增速回落、节能减排、结构调整等因素影响，未来2～3年煤炭需求增速将大幅回落，预计保持在4%左右，低于2006～2011年煤炭消费量年均增长6.9%的增速。照此推算，煤炭产能建设大幅超前问题突出，需引起高度重视。

（2）关注煤炭进口大幅增加。受全球经济持续低迷、煤炭需求下降，澳大利亚等产煤国产能的持续释放，美国量化宽松等多重因素影响，2012年，国际煤炭价格继续维持较低水平，中国的煤炭进口大幅度增加。据统计，2012年，中国累计进口煤炭2.89亿吨，同比增长29.8%；累计净进口煤炭2.8亿吨，同比增加7190万吨。进口煤对国内市场，特别是东部地区的调节作用增强。随着中国与东盟合作的继续推进，从印度尼西亚等国的褐煤进口量预计还将增加。褐煤进口量的大幅增长将对中国南方地区煤炭市场产生较大影响，褐煤燃烧引起的污染问题必须引起高度重视。

（3）关注煤炭铁路运输瓶颈制约。当前，晋陕蒙宁煤炭增量已超过全国煤炭增量的80%，今后煤炭生产将继续向“三西”地区集中，煤炭生产与消费逆向布局的矛盾更加突出。铁路运输已经成为影响我国煤炭市场供需关系的主要因素，煤炭是我国铁路货物运输中最大的货种。在铁路各主要干线的货物运输中，“三西”地区主要外运通路煤炭占货物运输量的大部分，但根据国家铁路建设规划，没有新建煤炭运输铁路投入运行。在现有的主要煤炭铁路运输通道扩能中，北通道的大秦线、朔黄线、丰沙大线、集通线、中通道的石太线、邯长线，南通道的侯月线、太焦线等运输能力没有明显增加，预计煤炭运输的区域性、时段性矛盾难以解决。特别是区域性干旱、雨雪冰冻，时段性、季节性大雾、雨雪等恶劣天气仍将严重影响煤炭运输。

（4）煤炭行业健康发展的政策建议。十八大提出，到2020年实现国内生产总值和居民收入比2010年翻一番的目标，未来中国的经济增长仍将保持一定增速。煤炭作为中国的主要基础能源和重要工业原料，煤炭工业健康发展关系国家能源安全和经济安全。但是，我国人均煤炭资源占有仅为世界平均水平的50%，保障能力不足；煤炭工业长期粗放发展积累的矛盾仍然很突出，产业集中度低、技术落后，结构调整与转型发展的任务艰巨；煤炭资源回采率低，资源浪费和环境污染严重；部分地区煤炭勘探开发秩序混乱，生产安全事故多发，不能适应经济和社会的发展。因此，加快煤矿企业兼并重组对于规范煤炭开发秩序、保护和集约开发煤炭资源、合理布局和释放产能、保障能源可靠供应、调整优化产业结构、提高发展质量和效益以及实现长期可持续发展有着重大意义。

第十七章 石油价格与绩效

一、国际油价波动频繁，国内成品油价格“四涨四跌”

分季度看，2012年国际油价总体呈现一涨、二跌、三反弹、四回落的走势：第一季度受西方国家和伊朗之间紧张局势带来的市场恐慌和投机炒作的影响，国际油价强劲上涨，其中WTI涨幅达13.6%，布伦特原油现货价格涨幅达20.3%；第二季度伊朗局势出现缓和，且IEA表示可以随时释放石油战略储备以缓解供应紧张，国际油价大幅回落；第三季度，欧盟对伊朗的全面制裁生效，一系列地缘政治升温，受此影响，WTI原油现货价格升至99美元/桶，布伦特油价现货升至117.5美元/桶，涨幅达25.8%和35.6%；第四季度受到美国大选等因素的影响，国际油价整体呈现下行走势。

总的来看，2012年WTI年原油均价为94.16美元/桶，略低于2011年的95美元/桶，而布伦特原油年均价为111.58美元/桶，略高于2011年的111.2美元/桶，并创下历史新高，如图17–1所示。

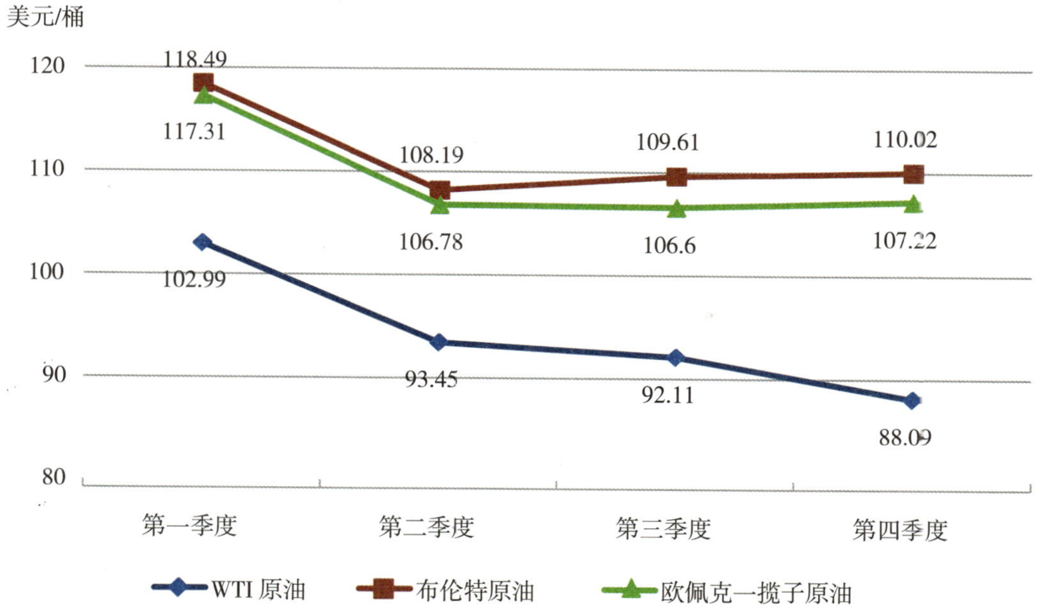

图17–1 2012年国际原油价格

数据来源：中石油经济技术研究院，《2012年国内外油气行业发展报告》。

与此相对应，2012年以来，中国国内成品油价格调整较为频繁，比2011年增加了5次。2012年，国内成品油定价参考的国际三种原油平均价格共有8次价格变动率超过8%，国家均相应调整了国内成品油价格，4次上调4次下调，成品油价格调整机制更加制度化。这8次调整分别是汽油、柴油价格2月8日每吨分别上调300元，3月19日每吨分别上调600元，5月9日每吨分别下调330元和310元，6月8日每吨分别下调530元和510元，7月10日每吨分别下调420元和400元，8月9日每吨分别上调390元和370元，9月10日每吨分别上调550元和540元，11月15日每吨分别下调300元和310元，如表17-1所示。此外，煤油价格市场化改革效果显著，煤油价格比国内现有定价机制更为及时灵敏。

表17-1　　2012年中国成品油历次调整情况

时　间	内　容
2012年11月15日	汽、柴油价格每吨分别下调310元和300元
2012年9月10日	汽、柴油价格每吨分别上调550元和540元
2012年8月10日	汽、柴油价格每吨分别上调390元和370元
2012年7月11日	汽、柴油价格每吨分别下调420元和400元
2012年6月9日	汽、柴油价格每吨分别下调530元和510元
2012年5月10日	汽、柴油价格每吨分别下调330元和310元
2012年3月20日	汽、柴油价格每吨分别上涨600元
2012年2月8日	汽、柴油价格每吨分别上涨300元

数据来源：国家发展和改革委员会。

二、油气开采加工业继续盈利，炼油厂开工率略有下降

2012年中国各大石油公司加大勘探开发投入，陆上油气突出新区勘探，海上加强深水勘探，取得多项油气发现。在行业绩效方面，2012年中石油在勘探生产板块实现营业额7898.18亿元，比2011年增长1.9%，同时勘探与生产板块经营支出5748.63亿元，比2011年增长3.5%。由于积极应对油价变动，科学组织油气生产，不断夯实可持续发展基础，中石油在该板块实现经营利润2149.55亿元。中石化前三季度勘探及开采事业支出349.99亿元，同比增长50.4%。中海油前三季度勘探开发总资本支出393.68亿元，同比增长58%。

2012年，中国炼油工业规模继续快速扩张，但原油加工业增速明显放缓，炼油厂开工率略有下降。炼油装置平均规模略有提升，装置结构不断调整，油品质量升级继续推进，多元化市场主体进一步发展，一批大型新建和改扩建炼油装置建设继续推进，中国继续成为世界炼油工厂建设发展的热点和亮点地区。截止到2012年底，我国原油一次加工能力为5.75亿吨/年，较2011年底增加3500万吨/年，同比增加6.5%，炼能增长率加快2.5个百分点，但低于消费量增长率2.1个百分点。其中，中石油和中石化合计炼油能力比2011年增加1800万吨，占新增炼油能力的一半以上，其他“中字头”企业炼油能力新增600万吨，

而地方炼油厂炼油能力新增1100万吨，外资公司炼油能力变化不大。

根据中国石油和化学工业联合会统计数据，2012年全年中国精炼石油产品制造企业共有1296家，其中2012年亏损企业累计为194家，比2011年的168家增长了15.5%。2012年精炼石油产品制造企业应收账款为624.1亿元，同比2011年447.7亿元增加了39.4%。2012年我国精炼石油产品制造企业产值为662.1亿元，同比2011年607.7亿元增长9%。2012年精炼石油产品制造企业的资产累计13866.2亿元比2011年的12431.4亿元增长11.5%，如表17–2所示。

表17–2　　2012年中国精炼石油产品制造业市场经营情况　　单位：万元

经济指标		内　容
企业数（个）		1296
亏损企业数（个）	1～12月累计	194
	2011年同期	168
	同比（%）	15.5
亏损企业亏损额	1～12月累计	6544589
	2011年同期	8120198
	同比（%）	−19.4
应收账款	1～12月累计	6241024
	2011年同期	4477097
	同比（%）	39.4
产成品	1～12月累计	6621350
	2011年同期	6076919
	同比（%）	9
流动资产平均余额	1～12月累计	65653354
	2011年同期	58176363
	同比（%）	12.9
存货	1～12月累计	28594863
	2011年同期	25552705
	同比（%）	11.9
资产合计	1～12月累计	138661933
	2011年同期	124314217
	同比（%）	11.5
负债合计	1～12月累计	83185762
	2011年同期	75016509
	同比（%）	10.9

续表

经济指标		内　容
主营业务收入	1～12月累计	337725840
	2011年同期	310927040
	同比（%）	8.6
产品销售成本	1～12月累计	297336591
	2011年同期	272568422
	同比（%）	9.1
产品销售税金及附加费	1～12月累计	29980743
	2011年同期	28751255
	同比（%）	4.3
产品销售费用	1～12月累计	1785654
	2011年同期	1477290
	同比（%）	20.9
管理费用	1～12月累计	6341094
	2011年同期	6461534
	同比（%）	-1.9
财务费用	1～12月累计	2110974
	2011年同期	1513391
	同比（%）	39.5
利息支出	1～12月累计	1959870
	2011年同期	1515017
	同比（%）	29.4
利润总额	1～12月累计	35912
	2011年同期	-1649823
	同比（%）	
利税总额	1～12月累计	38686054
	2011年同期	35353110
	同比（%）	9.4
应交增值税	1～12月累计	8669400
	2011年同期	8251678
	同比（%）	5.1
从业人数（人）	1～12月累计	518169
	2011年同期	507426
	同比（%）	2.1

数据来源：国家统计局。

三、需要重点关注的问题及相关的政策建议

（1）面对环境问题，成品油升级压力加大。目前在国内汽油产量中，国Ⅲ标准的约占70%，国Ⅳ标准的约占10%，国Ⅴ标准的约占4%，其余低于国Ⅲ标准；柴油产量中，国Ⅴ标准的约占1%，国Ⅳ标准的约占4%，国Ⅲ标准的约占25%，其余为普通柴油。汽油质量略好于柴油。环保要求油品质量升级的压力加大，成品油价格上涨压力加大。

（2）消费税征收政策的调整对隐性资源影响。2012年，国家税务总局先后发布46号、47号文，分别是《关于催化料、焦化料征收消费税的公告》和《关于消费税有关政策问题的公告》。前者规定从2012年11月1日起催化料和焦化料按燃料油标准征收消费税。后者的内容包括：① 自2013年1月1日起对符合汽油、柴油、石脑油、溶剂油、航空煤油、润滑油和燃料油征收规定的产品，按相应规定征收消费税；② 其他产品，在与国家标准或行业标准名称、质量标准一致，且按有关产品检验证明在主管税务机关进行备案的，不征收消费税，否则，视同石脑油征收消费税；③ 规定沥青产品的出厂必须符合国家质量标准且在主管税务机关有相关产品质量检验证明备案，否则都需按燃料油征收消费税；④明确了工业生产企业之外的石油贸易商将其外购的未缴纳消费税产品以消费税应税产品对外销售的，或者将外购低消费税率产品以高税率应税产品对外销售的，都需按规定销售产品类别缴纳消费税。

消费税政策调整对未来地炼生产和调和油有一定抑制作用，以燃料油为主要原料的地方炼厂利润将减少至少100元/吨；以炼厂液化气为原料通过芳构化生产汽油组分的企业有可能面临亏损。

第十八章 天然气价格与绩效

一、国内天然气价格偏低，低于国际水平

中国国内天然气价格主要包括出厂价格、门站价格和终端消费价格。2012年中国主要气田的出厂价格：长庆油田1.022元/米^3，塔里木油田1.015元/米^3，四川普光气田1.51元/米^3。由于各个气田天然气出厂价不同，管输费用也存在差别，所以各省份天然气门站价格各有不同。以重点省份的门站价格为例，广东和广西作为天然气价格改革的试点地区，门站价格分别定为2.74元/米^{3}和2.57元/米^3。江苏因为民用、电厂和工业用气的管输费用不同（分别为0.94、0.62元/米^{3}和0.79元/米^3），所以形成三个相应的门站价格：1.955、1.635元/米^{3}和1.805元/米^3。北京的天然气门站价格相对较低，为1.472元/米^3。

各城市因天然气消费结构不同，从而天然气终端消费价格也有不同，如表18–1所示。

表18–1 2012年中国主要城市分部门天然气终端消费价格 单位：元/米^3

城市	居民	工商业	发电等	车用
北京	2.28	2.84	2.28	4.73
南京	2.2	2.95	2.099	4.6
广州	3.45	3.7	1.610–2.4	—
乌鲁木齐	1.37	1.76	2.11	2.08
成都	1.89	2.2	2.2	4

数据来源：中国价格协会能源供水价格专业委员会。

从价格变动趋势来看，自2009年以来，民用天然气价格基本维持在2.4元/米^{3}左右，变动幅度很小，价格偏低而且稳定。工业用气价格从2011年4月开始逐步抬升，从2.57元/米^{3}上升至2.98元/米^3，民用和公用天然气价格差距逐步拉大，如图18–1所示。

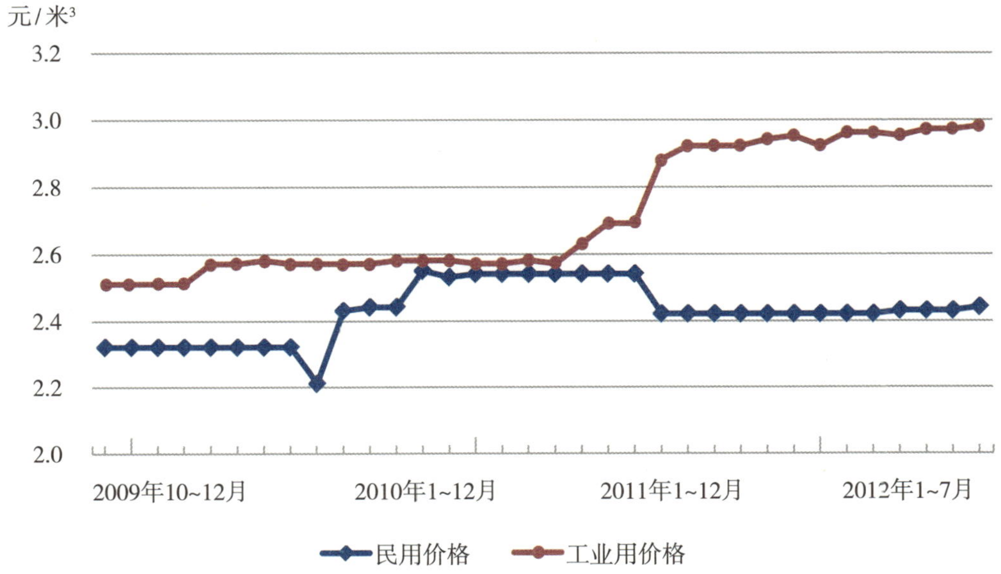

图18-1　2009～2012年中国36个大中城市天然气价格变化趋势

数据来源：中国价格协会能源供水价格专业委员会。

与国际天然气价格相比较，中国民用天然气的价格处于较低水平，2012年中国民用天然气价格仅为法国民用天然气价格的一半。中国工业用天然气的价格则处于较高水平，略低于韩国，与法国基本持平，如图18-2所示。

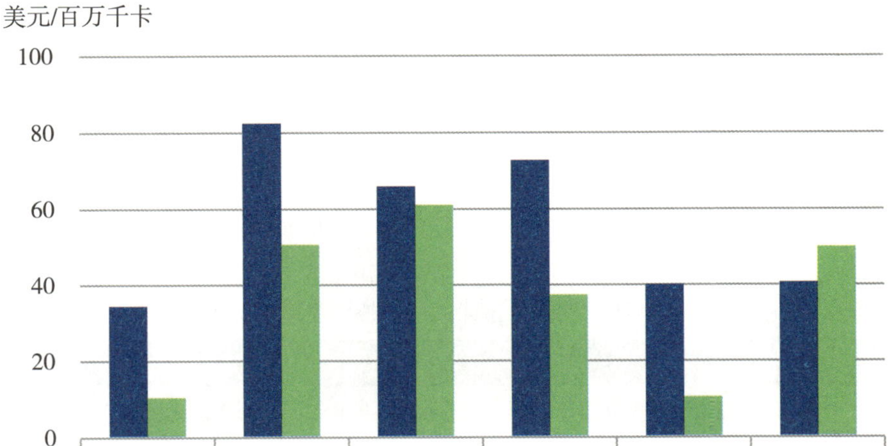

	加拿大	法国	韩国	英国	美国	中国
民用（美元/百万千卡）	34.4	82.4	65.9	72.7	40.0	40.6
工业（美元/百万千卡）	10.3	50.6	61.0	37.3	10.4	50.0

图18-2　2012年天然气销售价格的国际比较

数据来源：国际数据来自IEA，《能源价格和税率2012》第二季度价格数据；中国数据来自中国价格协会能源供水价格专业委员会2012年7月价格数据。

二、天然气供需基本平衡，高峰时期用气紧张

2012年，随着国内天然气生产的增长以及进口天然气的大幅上升，中国天然气供需形势好转，不断增长的天然气需求基本得到满足，呈现供需两旺的局面。

供应方面，2012年中国天然气产量1072亿米^3，进口总量442亿米^3，出口30亿米^3，净进口412亿米^3，总供应量约为1484亿米^3。需求方面，2012年中国天然气总消费量达到1480亿米^3。总供给和总需求相差很小，2012年天然气供需基本平衡，但局部地区和时段仍然存在供气紧张。从全年分季度供需形势看，第一季度受到低温供暖用气需求增加的影响，天然气表观消费量高达375亿米^3，虽然产量亦处高位，但仍处于供需紧平衡状态。第二季度随着供暖用气需求下降，供需紧张形势得到缓解。第三季度随着用电高峰到来，长三角、珠三角等局部地区发电用气需求上升造成局部地区的供需紧张。第四季度，北方地区供暖用气大幅上升，因为缺乏充足的储气调峰设施，高峰时期用气紧张。此外，武汉市因为供暖用气增加，出现日供应缺口40万米^3。

三、“两广”价改推进，气价改革向“阶梯化”发展

2012年，“两广”（广东、广西）的天然气价格改革稳步推进。安徽、广西和广东等地实行价格联动机制，对终端用气价格进行动态管理。2012年7月，上海石油交易所推出第一个天然气现货交易平台，探索建立适用于高峰期用气需求的市场化定价体系。

广东价改效果显著。国家发展和改革委员会为广东制定的最高门站价格为2.74元/米^3，低于当地其他替代能源，有利于推动天然气市场发展。2012年底，广西开始使用管道天然气，国家发展和改革委员会制定的最高门站价格为2.57元/米^3。广西和广东对管道燃气价格进行动态管理，实行管道燃气价格与门站价格的联动机制。

随着“两广”天然气价格改革试点的推进，改革扩大试点的方案已经完成，定价方法将沿用在“两广”试点的“市场净回值”法。目前，天然气消费大省也在积极研究适合本省实际的价改策略并对天然气价格进行一定的调整，如表18–2所示。

表18–2　2012年各省市天然气价格调整举措与价改策略的制定

省市	调整举措与价改策略
安徽、广东、广西	实施天然气价格联动机制。安徽调整本省6个城市的居民生活用价格并建立了天然气上下游价格联动机制
四川	实行天然气综合价格。自产天然气和外购气综合作价，不再单独制定外购气价格。2012年10月1日起，除居民生活、车用压缩天然气（Compressed Natural Gas,CNG）和化肥生产用气外的其他用气实行全省统一最高门站价格为1.98元/米^3。化肥生产统一最高门站价格为1.34元/米^3。居民用气和CNG用气暂不调整

续表

省 市	调整举措与价改策略
北京	提高居民用气价格。2012年12月北京市发展和改革委员会统一上调管道天然气居民用气价格，上调幅度为0.23元/米^3
南京	举行天然气价格听证会，拟推行阶梯气价

数据来源：中石油经济技术研究院，《2012年国内外油气行业发展报告》。

伴随着天然气价格改革的推广，包括河南、河北等在内的省份及部分城市也开始实施天然气价格“阶梯化”，如表18–3所示。

表18–3　各地区阶梯气价情况

省市	时间	要点	结果
河南	2011年12月10日	提价、阶梯化	每户每月用气不超出50米^{3}的，价格平均上调每米^3 0.35元；每户每月超出50米^{3}以上的，在基准价格（前面上调后的价格）的基础上，价格再上调三成
南京	2012年8月22日	提价、阶梯化、联动	小幅调价（控制在0.2元以内）；阶梯定价方式（月用气15米^{3}以下，不涨价；15～50米^{3}部分，每米^{3}涨0.4～2.6元；月用气超过50米^{3}部分每米^3 3元）；与天然气门站价格联动幅度达到8%时调价
河北	2012年10月24日	阶梯化、联动	出台《关于发挥价格杠杆作用促进改善发展和生态环境的实施意见》，规定要研究制定天然气上下游价格联动办法，理顺天然气价格与可替代能源比较关系，积极探索天然气按热值计价和阶梯气价策略
广东	2012年12月3日	阶梯化、联动	出台《管道燃气价格的管理办法（试行）》规定在条件成熟时，对广东省居民用户逐步推行阶梯式气价，并将建立购气成本与城市管道燃气销售价格联动机制，由各地市分别举行听证会。办法自2013年1月1日起实行
湖南	2012年12月4日	阶梯化	发布《关于长沙、株洲、湘潭三市居民生活用天然气试行阶梯气价的通知》，自2012年12月1日起，居民用户年度购气量600米^3（含600米^3）以下的，作为优先类用气，实行第一档气量气价，执行现行居民生活用气价格每米^3 2.45元；年购气量超出600米^{3}的部分，作为允许类用气，实行第二档气量气价，每米^3 3元

资料来源：中石油经济技术研究院，《2012年国内外油气行业发展报告》。

四、价格倒挂仍然存在，石油公司利润受损

2012年1～11月中国进口液化气最高和最低价格分别为0.77元/米^{3}和4.18元/米^3，到岸均价为2.55元/米^3，同比上涨23.8%。1～11月管道天然气进口均价为2.46元/米^3，同比上涨21.2%。2012年底较2011年底相比，进口液化气和燃料油的价格出现了19%的涨幅，而“两广”天然气的门站价格一直没有调整，导致国内外天然气价格存在较大价差。进口天然气价格上涨使得天然气价格倒挂更加严重。

由于进口天然气数量增加以及价格倒挂现象加剧，国内石油公司在天然气的生产经营方面遭遇亏损。以中石油为例，2012年该公司在天然气与管道板块经营亏损达21.1亿元，和2011年的经营利润155.3亿元

相比，下降了176.3亿元，其中，在销售进口天然气和LNG方面的亏损高达419亿元，如表18–4所示。中石化2012年销售天然气平均实现价格仅为1.28元/米^3，中海油平均实现价格约为1.29元/米^3。

表18–4　中石油2011、2012年天然气与管道板块经营情况　单位：亿元

项目	2012年	2011年	增长率（%）
营业额	2021.96	1730.58	16.84
经营支出	2043.06	1575.28	29.70
经营利润	–21.1	155.3	–113.59

数据来源：中石油2012年年报。

五、需要重点关注的问题及相关的政策建议

（一）重点关注的问题

（1）价格机制改革推广面临的问题。

天然气价格机制改革在非试点省份的推广面临一定的阻力，问题主要表现在：①“两广”天然气以进口为主，价格本身较高，不具有普遍性，价格机制改革过程中可能由价格变动引发的矛盾没有充分体现，在推广过程中这些矛盾可能比较突出；② 目前“市场净回值”定价法规定的调价时间间隔比较长，反映变化滞后，尚无法准确捕捉市场动态；③ 价格机制改革试点中心为上海，但中国目前存在京津唐、西南、珠三角等多个天然气消费中心，以上海的价格为基准代表性不强；④ 相关法律法规的建设和监管机制的完善也是保障价格机制改革顺利进行需要解决的问题。

（2）城市燃气安全稳定供气压力加大。

近年，城市燃气快速发展，消费量急剧增加，2012年城市燃气占消费总量的比重高达30%。城市燃气特别是供暖用气的发展加大了城市用气的峰谷差，北京峰谷差高达11∶1，上海为3∶1，重庆为2∶1，中国安全稳定供气和调峰压力明显加大。季节性峰谷差将持续增大，需要解决的日调峰和小时调峰等一系列问题也已经出现。但中国的储气库建设滞后于市场发展，工作气量仅占全国消费量的1.7%，急需加快储气调峰设施建设，制定合理有效的储气调峰制度。

（3）市场投资主体日趋多元化。

2012年，中国进一步扩大天然气市场准入，国家能源局发布了《关于鼓励和引导民间资本进一步扩大能源领域投资的实施意见》，鼓励民间资本及外资以多种方式参与天然气勘探开发和基础设施建设。根据中国页岩气发展规划，国家将鼓励民间资本参与页岩气的勘探开发，页岩气的矿权转让采取公开招标的方式。在中游领域，西三线建设首次引入了社会和民营资本，由中石油和社保基金、宝钢集团等单位共同投资建设，实现了投资主体多元化。下游开发利用领域已经形成央企、地方国企、民企、外企等共同参与的多主体竞争格局。

（4）对外依存度不断提高。

为了保障天然气供应，中国积极构建进口通道，实现进口来源多元化，2012年中国天然气进口总量422亿米^3，占全国天然气消费总量近30%，未来该比重会继续上升，中国已经成为世界天然气消费量最大的四个国家（美国、俄罗斯、伊朗、中国）中唯一需要大量进口天然气的国家。虽然大量进口管道气和LNG可以大幅提升供应能力，但由于资源掌控和运、储、用过程中的不确定性，有必要尽早关注引进资源的供应安全。

（二）政策建议

（1）继续深化天然气价格改革。

针对价格机制改革经验推广中会遇到的省际差别问题，各天然气消费大省应积极研究适合本省实际情况的价格机制改革政策。比如四川为了疏导自产气和外购气的价格矛盾，将现行自产天然气和外购天然气分别作价的方式改为综合作价，不再单独制定外购气价格，这一定价方式为理顺自产气和外购气价进行了有益的尝试，对其他省份也有示范作用。

在进一步深化天然气价改的过程中，政府应当对调价周期和中心市场做出新的考量，同时法律法规和监管机制的完善也是保障价改顺利进行需要解决的问题。

（2）加快储备调峰以应对城市燃气安全稳定供气的压力。

由于储气建设滞后，需要大力建设储气调峰设施，制定合理有效的储气调峰制度，明确供用各方责任，共同确保稳定供气。建议加大监管力度，落实由天然气生产和销售企业建立天然气商业储备，满足市场季节性调峰和资源供应中断时的应急用气需求的制度；落实由城镇燃气企业和社会民间资本建立天然气商业储备，满足所供区域的日、小时调峰和应急用气要求的制度。

（3）加强天然气监管。

随着天然气市场的逐步开放，建立健全的燃气监管体系，加强行业监管对天然气市场的健康发展十分重要。

（4）提高储气水平以保证天然气供气安全。

随着天然气对外依存度加大，中国需要尽早关注引进资源的供气安全。目前可用作地下储气的地址单元很少，管道气储备系数远低于国际水平，而多数的LNG接收站仍处于初期建设阶段，LNG储气能力不足。加快建立储气设施，采用各种措施加大天然气储备能力是保障资源安全的必然选择。

第十九章 电力价格与绩效

一、居民阶梯电价全面试行，二、三档电价提高

2012年7月1日，我国全面试行居民阶梯式电价。这标志着酝酿四年之久的阶梯电价，正式进入全面试行阶段。此次阶梯电价试行，以2011年11月29日国家发展改革委印发的《关于居民生活用电试行阶梯电价的指导意见》（以下简称《指导意见》）为政策制定依据。《指导意见》指出：城乡居民每月用电量将按基本用电需求、正常合理用电需求和较高生活质量用电需求划分为三档，电价实行分档递增。《指导意见》提出了各地制定阶梯电价方案的指导性方案，如表19-1所示。

表19-1　阶梯电价起步阶段指导性方案

分档	覆盖范围	电价	备注
第一档	覆盖80%居民用户的户均用电量	维持较低水平，三年内保持基本稳定	具体实施方案由各省（自治区、直辖市）根据指导意见，结合当地实际情况，制定实施方案，经过听证后实施
第二档	覆盖95%居民用户的户均用电量	提价幅度不低于每千瓦·时0.05元	
第三档	超出第二档的电量	提价标准每千瓦·时电为0.3元左右	
免费档	城乡“低保户”和农村“五保户”	每户每月设置10千瓦·时或15千瓦·时免费基数	

数据来源：国家发展和改革委员会。

截至2012年8月7日，全国29个试行居民阶梯电价的省（自治区、直辖市）均已对外公布执行方案。直辖市、东部及东南沿海地区电量标准普遍高于其他地区，首档电量均在200千瓦·时以上。其中，上海、广东夏季标准的首档电量均为260千瓦·时，为全国之最；浙江、江苏同为230千瓦·时；重庆、福建为200千瓦·时。在除新疆、西藏及重庆以外的西部省份中，各地首档电量标准相近，最低为青海省的150千瓦·时，最高为贵州省的190千瓦·时（4～11月为170千瓦·时；其他月份为210千瓦·时），平均为170千瓦·时。中部六省首档电量平均为178千瓦·时，只有山西的首档电量为170千瓦·时，其余省份均为180千瓦·时，如表19-2所示。

表19–2　部分省（自治区、直辖市）阶梯电价方案

省份	第一档		第二档	第三档
北京	每月不超过240千瓦·时		241～400千瓦·时之间的电量，电价标准比第一档电价提高0.05元/（千瓦·时）	超过400千瓦·时的电量，电价标准比第一档电价提高0.3元/（千瓦·时）
上海	户均每年0～3120千瓦·时（含）		户均每年3120～4800千瓦·时（含）	户均每年超过4800千瓦·时的用电量
	分时电价：不作调整		未分时电价加价标准为0.05元/（千瓦·时）；分时电价峰时段每千瓦时电加0.06元，谷时段每千瓦时电加0.03元	未分时电价加价标准为0.3元/（千瓦·时）；分时电价峰时段每千瓦时电加0.36元，谷时段每千瓦时电加0.18元
浙江	（年用电量2760千瓦·时以内）的电价，仍为0.538元/（千瓦·时）		（年用电量2761～4800千瓦·时）的电价在第一档基础上加价0.05元，为0.588元/（千瓦·时）	（年用电量4800千瓦·时以上）的电价在第一档基础上加价0.3元，为0.838元/（千瓦·时）
广东	夏季标准（5～10月）	每月0～260千瓦·时	每月261～600千瓦·时，电价每千瓦时加价0.05元	每月601千瓦·时以上的用电量，电价每千瓦时加价0.30元
	非夏季标准（11月～次年4月）	每月0～200千瓦·时	每月201～400千瓦·时，电价每千瓦时加价0.05元	每月401千瓦·时以上的用电量，电价每千瓦时加价0.30元
江苏	电量230千瓦·时内价格不变		231～400千瓦·时，每千瓦时加价0.05元	400千瓦·时以上，每千瓦时在第一档基础上加价0.30元
重庆	月用电量为200千瓦·时（含）以内的，电价仍为0.52元/（千瓦·时）		月用电量是201～400千瓦·时（含），电价在现有基础上每千瓦时电加0.05元，电价为0.57元/（千瓦·时）	第三档月用电量401千瓦·时（含）以上，电价是在现行电价基础上每千瓦时加收0.3元，电价为0.82元/（千瓦·时）
江西	150千瓦·时以内，保持现有电价		151～280千瓦·时，每千瓦时提高0.05元	用电量281千瓦·时以上为第三档，每千瓦时提高0.30元
海南	夏季：4～10月（共计7个月）	月用电量220千瓦·时以内	月用电量221～360千瓦·时	月用电量在361千瓦·时以上
	冬季：11月至次年3月（共计5个月）	月用电量160千瓦·时以内	月用电量161～290千瓦·时	月用电量在291千瓦·时以上
云南	丰水期：5～11月	所有用电量执行每千瓦时0.45元的优惠电价，比现行0.483元降低0.033元		
	枯水期：12月～次年4月	月用电量170千瓦·时以内，执行0.45元/（千瓦·时）	月用电量在171～260千瓦·时的部分，执行0.5元/（千瓦·时）	超过260千瓦·时的部分，执行0.8元/（千瓦·时）

数据来源：各省（自治区、直辖市）发展和改革委员会。

2012年，中国平均销售电价为625.19元/（兆瓦·时），比2011年增长7.21%（不考虑通膨因素），其中，输配环节电价占销售电价的比重约为30%。分地区看，华东电网和南方电网的销售价格水平较高，均超过670元/（兆瓦·时）；内蒙古电力公司的销售电价水平最低，低于420元/（兆瓦·时）；此外，西北电网电价水平也比较低，为436.21元/（兆瓦·时）。2012年，全国总销售电量为40841.95亿千瓦·时，其中，华北电网和华东电网销售电量居全国前两位，均超过1万亿千瓦·时；内蒙古电力公司销售电量最少，不足1500亿千瓦·时，如表19-3所示。

表19-3 2012年平均输配环节电价

区域	销售电价（不含基金及附加）[元/（兆瓦·时）]	销售电量（亿千瓦·时）	输配环节电价（不含线损）[元/（兆瓦·时）]	输配环节电价占销售电价比重（%）
全国	625.19	40841.95	184.00	29.43
国家电网公司	622.59	32552.95	182.28	29.28
华北（含蒙西）	609.73	11514.00	162.97	26.73
东北	605.36	3109.41	186.55	30.82
西北	436.21	4086.90	126.99	29.11
华东	681.06	10417.26	188.28	27.64
华中	596.88	7632.06	167.92	28.13
南方电网公司	675.09	7010.00	214.83	31.82
内蒙古电力公司	417.95	1279.00	104.94	25.11

数据来源：中国电力企业联合会。

分公司看，三大电网公司中，国家电网公司购电量和销售电量均居于首位，超过3万亿千瓦·时，购电价413.31元/（兆瓦·时）高于全国平均水平，销售电价622.59元/（兆瓦·时）低于全国平均水平；南方电网公司购电量和销售电量位居第二，超过7000亿千瓦·时，购电价［423.08元/（兆瓦·时）］和销售电价［675.09元/(兆瓦·时）］均高于全国平均水平；内蒙古电力公司购电价和销售电价均为全国最低，销售电量为1279亿千瓦·时，居于三大电网公司末位，如表19-4所示。

表19-4 2012年三大电网公司平均购电价和平均销售电价

电网企业	购电价[元/（兆瓦·时）]	购电量（亿千瓦·时）	销售电价[元/（兆瓦·时）]	销售电量（亿千瓦·时）	政府性基金及附加[元/（兆瓦·时）]
国家电网公司	413.31	34339.64	622.59	32552.95	36.81
南方电网公司	423.08	7525.00	675.09	7010.00	40.93
内蒙古电力公司	313.01	1303.00	417.95	1279.00	34.18
全国	411.98	43167.64	625.19	40841.95	37.44

二、电力供需总体平衡偏宽松，迎峰度夏平衡有余

2012年，受电力消费需求增长放缓、来水较好、电煤供应充足等因素影响，全国电力供需总体平衡，东北、西北区域电力供应能力富余较多，南方电网经营区域仅在一季度出现错峰限电，全年未出现电力缺口。

分区域看，华北、华中、华东区域部分省份在四季度个别时段存在电能供应紧张的情况，但均通过加大跨区跨省调剂实现了有效缓解；东北、西北区域有较大的电力富余，在风电或水电大发期间存在较为严重的弃风、弃水现象；南方区域汛期来水较好，二季度之后，电力供需形势总体宽松，广西、云南、贵州有较大盈余。

迎峰度夏期间，全国各省市均未出现缺电，也未出现拉限电情况，为多年来少见的宽松局面。主要原因是经济趋缓导致的用电需求降低，同时夏季大部分省份降雨较多，气温较为凉爽，用电负荷不大。据统计，2012年6月、7月、8月、9月全国最大用电负荷分别为60563万、65615万、64469万千瓦和59282万千瓦，同比分别增长3.24%、3.13%、0.70%和3.03%，较2011年同期增速分别下降7.46个、7.11个、8.14个和5.68个百分点。全国31个省份中，仅山东、河北、江苏、浙江、安徽、福建、河南、江西、四川、重庆、蒙东、陕西、甘肃、宁夏、新疆、广东等16个省级电网用电负荷创新高。迎峰度夏期间，各区域电力供需平衡情况见表19-5。

表19-5　　2012年迎峰度夏期间中国各区域电力供需平衡情况

区域		9月底装机容量（万千瓦）	最高发电负荷（万千瓦）	来水情况	电煤情况	电力余缺
国家电网	华北	24315	15517		库存天数为15.5天	基本平衡
	东北	10321	4667	来水较2011年多半成	充足，电厂存煤可用天数均大于警戒天数	平衡有余，全网电力盈余1500万～2000万千瓦
	华中	21538	12499	来水较好	充足	平衡有余，四川水电大量富余
	华东	21917	17152	来水多年平均偏丰35%	充足，库存天数在20天左右	平衡，未出现电力缺口
	西北	10719	5936	龙羊峡来水偏丰70%	充足，可用天数22天	电力电量供需平衡，陕西、甘肃、宁夏、新疆四省份具备一定的外送能力
南方电网		17536	11639	来水比2011年同期多245%	充足，可用天数26.9天	通过加大跨区跨省电能交易，区域总体平衡

数据来源：原国家电力监管委员会。

三、主要技术经济指标中供电煤耗下降，线损率反弹

（1）供电煤耗326克/（千瓦·时），降低3克。2012年全国6000千瓦及以上火电机组供电标准煤耗326克/（千瓦·时），比2011年同期降低3克/（千瓦·时），自2006年以来持续下降，如图19-1所示。

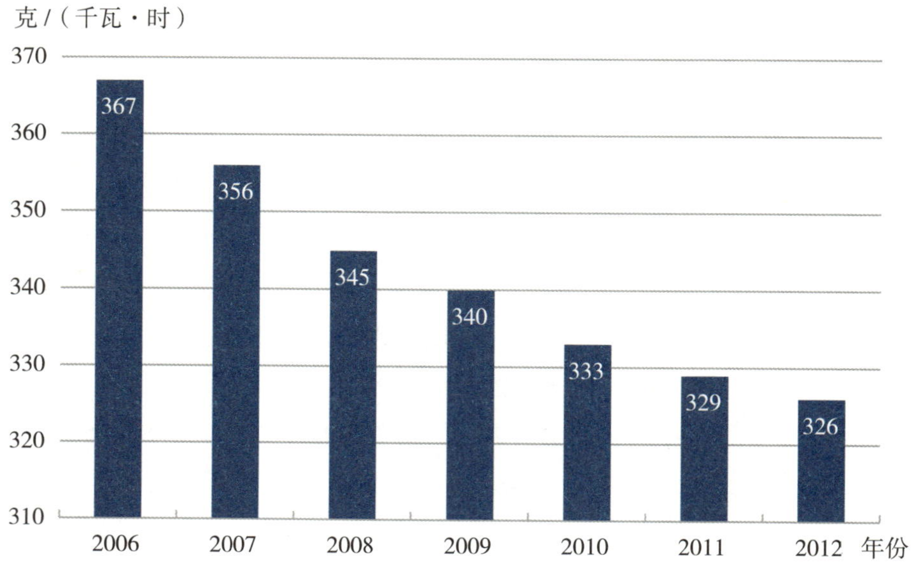

图19-1　2006～2012年中国6000千瓦以上电厂供电煤耗

数据来源：2006～2011年数据来自《2011年电力工业统计资料汇编》，2012年数据来自《2012年电力工业统计快报》。

（2）厂用电率为5.31%，连续四年下降。2012年全国发电厂厂用电率5.31%，同比下降0.08个百分点，连续四年实现下降，其中，水电0.36%，与2011年持平；火电6.19%，比2011年同期降低0.04个百分点，如图19-2所示。

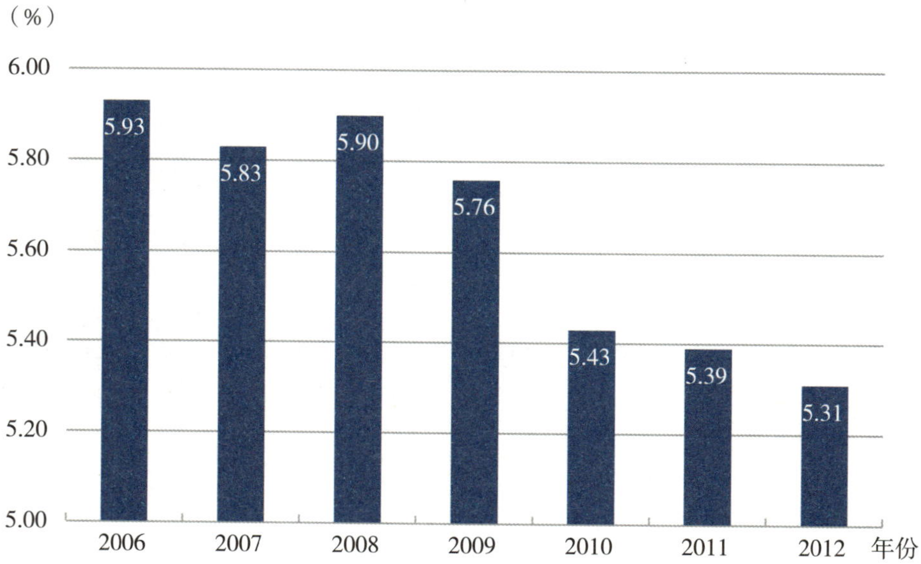

图19-2　2006～2012年中国6000千瓦以上电厂厂用电率

数据来源：2006～2011年数据来自《2011年电力工业统计资料汇编》，2012年数据为预计数。

（3）线损率为6.62%，有所反弹。2012年中国线损率为6.62%，比2011年增加0.1个百分点，未能延续2006年以来逐年降低的趋势，如图19-3所示。

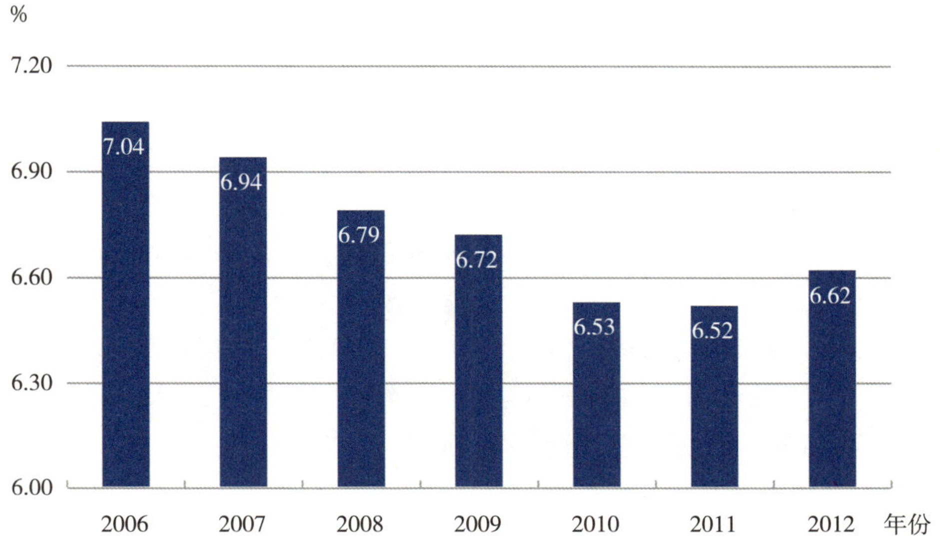

图19-3　2006～2012年中国线损率

数据来源：2006～2011年数据来自《2011年电力工业统计资料汇编》，2012年数据来自《2012年电力工业统计快报》。

四、发电企业利润大幅增加，火电业务亏损情况有所改善

2012年前11个月，重点电力企业（三大电网公司及五大发电集团）实现利润910.95亿元，较2011年同期增长61.83%。其中，五大发电集团实现利润207.22亿元，同比增长15.87倍；三大电网公司实现利润703.73亿元，同比增长27.81%。2012年以来，由于电煤价格的大幅降低，五大发电集团的单位燃料费用由年初的233.84元/（兆瓦·时）降至175.21元/（兆瓦·时），降幅达33.46%，五大发电集团火电业务逐渐好转，并从8月开始实现盈利，随着10月、11月火电利用小时数的增加，盈利持续增长。

电力行业上市公司的年报同样显示：2012年电力行业摆脱亏损阴霾，开始进入回暖阶段。截至2013年3月31日，52家A股电力上市公司中已有24家发布了2012年年报，无一亏损，19家实现净利润同比增长，增幅超过100%的达到13家，其中华电集团旗下的华电国际以1690%的增幅位居第一位。五大发电集团旗舰上市公司均实现净利润同比增长，如表19-6所示。

表19-6　2012年五大发电集团旗舰上市公司净利润

旗舰上市公司	净利润（亿元）	同比增长（%）
华能国际	58.69	362.74
大唐发电	40.08	109.82
国电电力	50.56	38.44

续表

旗舰上市公司	净利润（亿元）	同比增长（%）
华电国际	14.18	1690.18
中国电力	16.81	185.75

数据来源：根据各上市公司2012年年报整理得到。

五、需要重点关注的问题及相关的政策建议

（1）电煤价格并轨后续工作有待完善，煤电联动实施细则有待制定。电煤价格并轨对于完善能源市场机制和能源价格改革具有积极意义。但并轨后，煤炭价格随行就市，加之运输因素的影响，一旦煤炭市场价格转涨，发电企业运营压力就会随之陡增，煤电矛盾有可能再度爆发。建议：① 应加快制定并落实煤电联动实施细则，出台相关煤炭价格指数、电煤中长期合同监管规范等；② 利用好国际市场煤炭相对宽松的环境，进一步扩大煤炭进口，平抑国内电煤市场价格；③ 要确保并轨后电力安全稳定运行，着重解决好局部地区性问题；④ 解决发电企业历史欠账问题。

（2）电源、电网建设需协调发展，特高压及智能电网建设需加快。我国能源资源分布与需求逆向分布，能源结构性的矛盾突出。“三北”地区风电消纳矛盾突出，西南水电比重较大的地区电力供应“丰松枯紧”，水电外送季节性压力较大。同时随着风电、太阳能等新能源发电装机比重的加大，系统调峰需求随之增加，这就需要加大跨区跨省调剂作用，充分发挥电网优化配置能源资源的作用，提高能源利用效率。建议：① 尽快核准建设一批重点项目；② 加快智能电网建设，提高电力系统对风电及太阳能发电等的消纳能力，满足用户多样化的电力需求；③ 加大城乡电网改造力度，促进城镇化建设，提高配电网对分布式能源的消纳能力。

（3）电力行业节能减排工作有待加强，电能在终端能源的消费比重有待提高。党的十八大报告指出：我国面临着资源约束趋紧、环境污染严重、生态系统退化的严峻形势，要把生态文明建设放在突出地位，努力建设美丽中国。加强电力行业节能减排工作是贯彻落实十八大报告的必然要求，意义深远。建议：① 加快以电代煤的步伐，加大热电联产的力度，不断提升电力消费占一次能源比重和电能占终端能源消费比重，以提高能源利用效率和降低全社会的污染物排放水平；② 通过市场机制和经济手段促进节能减排，深化电力需求侧管理，推行合同能源管理，加快推进火电氮氧化物排污权交易、发电权交易等方式；③ 电力行业继续按照节能减排规划、排放标准等要求，高质量完成好脱硝改造计划，提高现有除尘、脱硫、脱硝设施运行的稳定性和可靠性，提高设施运行维护管理水平，发挥好现有环保设施的污染物控制能力。

第二十章 非化石能源价格与绩效

一、全面补贴可再生能源电价

2012年，国家对可再生能源电价进行了全面的资金补助。根据财政部会同国家发展和改革委员会及国家能源局颁发的《可再生能源电价附加补助资金管理暂行办法》，专为可再生能源发电项目接入电网系统而发生的工程投资和运行维护费用，按上网电量给予适当补助。补助标准为：50千米以内每千瓦时0.01元，50～100千米每千瓦时0.02元，100千米及以上每千瓦时0.03元。国家投资或者补贴建设的公共可再生能源独立电力系统的销售电价，执行同一地区分类销售电价，其合理的运行和管理费用超出销售电价的部分，通过可再生能源电价附加给予适当补助，补助标准暂定为每千瓦每年4000元。具体资金拨款如表20-1所示。

表20-1 2012年可再生能源电价附加补助资金预拨汇总 单位：万元

地区	项目	安排资金	合计
总计	风力发电	585087	859752
	太阳能发电	72323	
	生物质发电	202342	
山西	风力发电	7088	7088
内蒙古	风力发电	205609	215736
	太阳能发电	7390	
	生物质发电	2737	
吉林	风力发电	23629	36248
	生物质发电	12619	
黑龙江	风力发电	28357	42000
	生物质发电	13643	
上海	风力发电	2798	3448
	太阳能发电	650	

续表

地区	项目	安排资金	合计
江苏	风力发电	29874	114704
	生物质发电	84830	
浙江	风力发电	4197	9379
	生物质发电	5182	
安徽	风力发电	6444	17748
	太阳能发电	121	
	生物质发电	11183	
江西	风力发电	1659	5121
	生物质发电	3462	
山东	风力发电	75740	127351
	太阳能发电	4462	
	生物质发电	47149	
河南	风力发电	4059	13453
	生物质发电	9394	
湖北	风力发电	1914	9278
	太阳能发电	94	
	生物质发电	7270	
海南	风力发电	6008	6209
	生物质发电	201	
四川	风力发电	597	4501
	生物质发电	3904	
贵州	风力发电	9828	9828
陕西	风力发电	15742	18441
	太阳能发电	1931	
	生物质发电	768	
甘肃	风力发电	77014	94354
	太阳能发电	17340	
宁夏	风力发电	30000	60000
	太阳能发电	30000	
新疆	风力发电	54530	64865
	太阳能发电	10335	

数据来源：财政部。

二、水电

2012年小水电上网电价有一定提高，利好政策让水电投资者重燃热情。如广东阳山粤能电力有限公司，2012年上半年水电总发电量接近2700万千瓦·时，因上网电价增加的0.04元让其直接收入多了108万元。但从整个行业来看，尤其是与火电以及其他非化石能源上网电价［全国核电上网电价大约是0.50元/（千瓦·时），风电约为0.55元/（千瓦·时），太阳能标杆电价1.09元/（千瓦·时）］相比，水电价格仍然偏低。

2012年水电发展最大的问题就是弃水。如四川，在丰水期面临巨大的弃水压力，即便在输电通道全满的情况下，预计一年的弃水至少在100亿米^{3}以上。而在冬季枯水期，又会面临缺电的巨大压力。其主要原因是电网建设跟不上水电开发的步伐，这需要通过多建设调节性强的电站和一系列相应的政策、管理措施还有技术创新来解决。

三、风电

2012年风电上网电价由国家根据可再生能源上网电价制定，在0.51～0.61元之间，根据风资源情况不同而浮动，上网电价对应发电小时数在每年2100～2600小时之间，中值接近2300小时。目前中国还没有制定完善的海上风电的标杆电价政策。从目前国内海上风电发展现状来看，上网电价应定在1元/（千瓦·时）才能保证企业一定的盈利水平。风电运营商大唐新能源风电上网电价（平均）0.6032元/（千瓦·时），增加0.0118元/（千瓦·时），纯利润下跌85%。神华国华能源投资有限公司中标电价在0.62～0.74元/（千瓦·时）之间，已接近陆上风电最高上网价格，但海上风电建设维护成本高，盈利几乎不太可能。

2012年中国风电弃风问题严重，因弃风损失的发电量达到200亿千瓦·时，比2011年增加近一倍，相当于损失了超过100亿元的经济效益。2012年全国风电平均利用小时数1890小时，比2011年的1920小时减少了30小时，个别省份风电利用小时数下降到1400小时左右。从目前风电运行情况看，内蒙古东部、吉林限电问题最为突出，冬季供暖期限电比例已经超过50%。内蒙古西部、甘肃酒泉、张家口坝上地区电网运行限电比例达20%以上，黑龙江、辽宁风电运行限电比例达到10%以上。

目前，中国风电发电量仅占全部电力消费量的2%。按照我国火电有关指标折算，2012年的风电发电量相当于节约燃煤3286万吨标准煤、用水1.67亿吨，减少排放二氧化碳8434万吨、二氧化硫22.8万吨、烟尘4万吨、氮氧化物24.2万吨。而2012年风电因弃风导致的限电量就相当于700万吨标准煤。对此，《关于做好2013年风电并网和消纳相关工作的通知》提出，各电网企业要打破行政区域限制，扩大风能资源配置范围。对已列入核准计划的项目，原则上应在核准计划下发的当年出具项目并网承诺函，避免电力配套设施建设滞后造成弃风限电。与此同时，还应出台确保风电优先上网的具体措施。

四、核电

2012年由于福岛核事故问题，政府决定“十二五”时期只在沿海安排少数经过充分论证的核电项目建设，不安排内陆核电项目。但值得肯定的是，中国核电技术取得了相应的发展，核电综合能源利用效率达到88%左右，略低于美国的90%，显著高于欧洲的75%。尤其是在中国的能源结构和能源短缺情况下，核电仍有巨大的发展空间。2012年10月24日，国务院常务会议再次讨论并通过《核电安全规划（2011～2020年）》和《核电中长期发展规划（2011～2020年）》，会议对当前和今后一个时期的核电建设做出部署，强调核安全的重要性，可以说中国核电发展迎来理性重启。

五、太阳能发电

2012年底，财政部公布预拨山西、内蒙古、吉林等20个省市可再生能源电价附加补助金合计85.98亿元，其中太阳能发电和生物质发电为58.5亿元，占到一半以上。

太阳能光伏技术是近年来发展最快、最有活力的可再生能源利用技术。目前全球主要国家均将发展光伏发电作为利用太阳能的主要形式，随着太阳能电池成本的降低和转换效率的提高，其作为太阳能利用的主要形式将越来越明显。经过多年的发展，我国在太阳能电池硅材料生产、电池和组件生产、专用设备等方面取得很大进步。然而，我国国内太阳能光伏运用市场尚处于起步阶段，且未来呈加速发展趋势。

六、生物质发电

2012年底，财政部公布预拨生物质发电电价补贴总额达20亿元，共涉及14个省(市)，共计202342万元，占到总额的可再生能源电价补贴的23.5%。江苏生物质发电电价补贴受益大，补贴金额达84830万元。具体如表20–2所示。

表20–2　　2012年可再生能源电价附加补助资金预拨情况（生物质发电）

地区	安排资金（万元）
内蒙古	2737
吉林	12619
黑龙江	42000
江苏	84830
浙江	5182
安徽	11183

生物质发电行业作为一个新兴环保的可再生能源发电行业，一直以来被国家看好，但是这几年仍然全线负亏，发展瓶颈较多。如2013年江苏13家生物质电厂陷入行业亏损，主要原因有秸秆收购价格上涨和人力成本上升等。